D1694585

Prosa de Luxe • Anno 2002

Wilhelm Ruprecht Frieling (Hrsg.)

Prosa de Luxe

Anno 2002

FRIELING

Die Deutsche Bibliothek – CIP-Einheitsaufnahme
Prosa de Luxe : Anno ... – Berlin : Frieling.
(Frieling – Anthologien und Jahrbücher)
Erscheint jährlich. – Aufnahme nach 1995
1995 –

Hünefeldzeile 18, D-12247 Berlin-Steglitz
Telefon: 0 30 / 7 66 99 90 • Fax 0 30 / 7 74 41 03
http://www.frieling.de • E-Mail: redaktion@frieling.de

ISBN 3-8280-1793-2
1. Auflage 2002
Umschlaggestaltung: Frieling & Partner

Printed in Germany

Annemarie Ahrens

Gestern und Heute

Eine Familiensaga

Auszug

In der Frühe eines eiskalten Januarmorgens des Jahres 1910 lief Hinrich Matthiesen eilig am vereisten Schleiufer entlang, um auf der Bahnstation Lindaunis noch den Frühzug zu erreichen, denn nur mit diesem würde er auf der Ostseeinsel Fehmarn ankommen. Schaffte er den Zug nicht mehr – behinderten ihn doch sein übergeschulterter Seesack auf dem Rücken wie auch sein Handgepäck, während er darauf achten mußte, auf dem verharschten Weg nicht auszurutschen –, so konnte er sein Unternehmen aufgeben, während ihm doch auf der Insel ein Landjob beim dortigen Fährbetrieb winkte. Er hatte bei der Kaiserlichen Marine abgemustert, fand, zwölf Jahre christliche Seefahrt seien genug, um endlich wieder festen Boden unter den Füßen zu gewinnen und um endlich auch eine Familie gründen zu können. Lisa, seine langjährige Braut, hatte er vor kurzem, nach Erhalt der Zusage auf eine Anstellung, geheiratet. Ihr wollte er auch das Los einer Seemannsfrau ersparen, denn er wußte viel zu gut, was es hieß, um Mann und Vater zu bangen, der bei Sturm und Unwetter mit seinem Schiff auf hoher See war. Seine Mutter hatte oft Ängste ausgestanden, und dieses Schicksal hatte er Lisa ersparen wollen und deshalb auch das Angebot seines Vaters, sein Schiff weiterzuführen, weil er sich zur Ruhe setzen wollte, ausgeschlagen …

Bei derlei Nachgedanken, vorsichtig stets auf den schmalen Weg am Ufer entlang achtend, hatte Hinrich den Bahnhof erreicht und sah den Zug zu seiner großen Erleichterung noch dastehen. Die Lokomotive stand jedoch schon abfahrbereit, und der Bahnhofsvorsteher kam bereits mit seiner roten Kelle herbei, um das Signal zur Abfahrt zu geben. So stieg Hinrich rasch in den Zug und nahm auf der Holzbank eines Raucherabteils Platz, nachdem er seinen Seesack, noch aus seiner Marinezeit stammend, und sein Handgepäck im Gepäcknetz verstaut hatte. Es befanden sich nur wenige Mitreisende im Abteil, die ihn nicht weiter störten, so daß er sich genüßlich eine Zigarre anzündete und – nachdem sich der Zug ächzend und unter großer Dampfentwicklung in Bewegung gesetzt hatte – seinen Gedanken nachhängen konnte.

Er mußte es schon als glücklichen Zufall ansehen, daß ihm Rainer Hintz, der seine alte Mutter in seinem Heimatstädtchen besucht hatte und den er noch von früher gut kannte, über den Weg lief. Rainer war seit Jahren Kapitän des Fährschiffes, welches den Sund überquerte und die Insel Fehmarn mit dem Festland verband. Als er nun hörte, daß er die christliche Seefahrt an den Nagel gehängt hatte und nun einen Landjob suchte, sagte er ihm: „Mensch, Hinrich, das trifft sich gut! Da bewirb dich mal bei der Lübeck-Büchener Eisenbahn-Gesellschaft, der der Fährbetrieb auf der Insel untersteht und wo ich seit längerem Käpt'n bin. Denn Leute wie dich – mit deiner Auslandserfahrung durch die langjährige Zugehörigkeit zur Kaiserlichen Marine sowie deinem Patent für Schiffe auf großer Fahrt, das du auf der Seefahrtsschule in Lübeck erworben hast, wie ich mir habe erzählen lassen – suchen sie dringend."

Rainer hatte noch hinzugefügt, daß er bei der Direktion ein gutes Wort für ihn einlegen wolle, denn er habe einen guten Draht nach oben.

Das hörte sich gut an. Außerdem wußte er von seiner Mutter, daß sich Rainer auf der Insel sehr wohl fühlte.

„Komm, Rainer, wir gehen ins Haus. Hier draußen ist es

kalt, und Mutter kann uns einen Grog brauen. Dabei können wir uns näher darüber unterhalten", hatte er gesagt und ihn in die elterliche Wohnung gebeten.

Seine Mutter, erfreut über Rainers Besuch, hatte ihnen den erbetenen Grog zubereitet und sich zu ihnen mit an den Tisch gesetzt, nachdem Hinrich ihr erklärt hatte, daß Rainer sehr wahrscheinlich eine Anstellung für ihn habe.

„Nun erzähl uns mal, Rainer, was mich dort droben auf der fremden Insel erwarten würde!" hatte er gesagt.

Und Rainer, der Kapitän, hatte pausenlos erzählt, so überschwenglich, daß die Mutter später meinte, Rainer habe wohl zu tief ins Glas geguckt und zuviel Grog getrunken.

Rainer hatte keinen Zweifel daran gelassen, daß die Gesellschaft ihn als Ersten Schiffsingenieur engagieren werde, wenn er seiner Bewerbung die notwendigen Unterlagen beifüge, vor allem eine Kopie seines Patents wie auch das Abgangszeugnis der Marine. „Setz dich nur gleich hin und schreibe deine Bewerbung, Hinrich! Nur, das eine sage ich dir gleich: Ein Luxusliner ist das Fährschiff nicht. Auch wirst du im Maschinenraum nicht mit Glacehandschuhen arbeiten wie bei der Kaiserlichen Marine. Und Uniformtragen ist auch nicht üblich. Damit mußt du dich dann abfinden."

Dann hatte er davon gesprochen, daß das Fährschiff während der Frostperiode des Winters ständig hin und her pendeln müsse, um die Fahrrinne offen zu halten, denn wenn sie zufröre, ginge nichts mehr und die Insel wäre vom Festland abgeschnitten. Das sei zu seiner Zeit zum Glück noch nie vorgekommen, denn in einem solchen Falle müßten viele Überstunden gemacht werden. „Aber das bringt Zaster, den du, lieber Hinrich, wenn du doch eine Familie gründen willst, wohl auch gut gebrauchen kannst", hatte er schmunzelnd hinzugefügt und sein Glas leer getrunken.

Sie hatten sich noch eine Zigarre angezündet, und seine mit einem Strickstrumpf am Tisch sitzende Mutter hatte den Kapitän gefragt: „Angenommen, Rainer, Hinrich bekommt die Anstellung auf der Insel – was kommt dann auf ihn zu?“

„Nun, Frau Matthiesen, er bekommt eine Dienstwohnung gestellt mit Stallungen auf dem Hof, so daß er Schweine und Federvieh halten kann. Ich zum Beispiel hole mir im Frühjahr stets ein paar Ferkel vom Bauern, die im Herbst schon schlachtreif sind, so daß wir den Winter über nicht auf den Fleischer angewiesen sind. Und Hühner, Enten und Gänse, sie tragen sehr zur Bereicherung des Küchenzettels bei. Nichts schmeckt so gut wie ein nestfrisches Hühnerei zum Frühstück und wie ein Gänsebraten aus eigener Erzeugung zu Weihnachten.“

Hier hatte er aufgemuckt: „Aber Rainer, das macht doch viel Arbeit! Du hast doch eben noch gesagt, daß viele Überstunden gemacht werden müssen.“

„Da hast du mir nicht richtig zugehört, Hinrich. Überstunden fallen doch nur während der Frostperiode an, denn dann darf die Fahrrinne nicht zufrieren. Für das übrige Jahr bliebe dir genügend Zeit, weil du dann entweder Frühdienst und damit den ganzen Nachmittag oder Spätdienst und so den Vormittag frei hättest. Es bliebe dir sogar noch Zeit für eine einträgliche Hobbyfischerei.“

„Wovon ich keinen blassen Schimmer habe, Rainer, denn ich bin Seemann und kein Fischer“, war seine Antwort gewesen, und so war die Unterhaltung mit Rainer noch eine ganze Weile weitergegangen, bis dieser ihn davon überzeugt hatte, daß es wohl doch aussichtsreich sei, sich um den Landjob auf der Insel Fehmarn zu bemühen.

Am anderen Morgen hatte er sich gleich hingesetzt und seine Bewerbung geschrieben und sie noch am selben Tag abgesandt.

Und nun trug ihn der Zug zu der von Rainer Hintz, dem Kapitän des dortigen Fährbetriebes, in teils recht rosigen Farben geschilderten Insel, hatte er doch schon sehr bald nach Absendung seiner Bewerbung eine positive Nachricht erhalten.

Bei all diesen rückschauenden Gedanken hatte Hinrich mittlerweile Kiel erreicht, wo er einen längeren Aufenthalt haben würde, ehe er den Anschlußzug Richtung Neustadt besteigen konnte. Deshalb suchte er die Bahnhofsgaststätte auf, wo er sich an einem Glas Bier erfrischte und dazu eine Mettwurststulle des ihm von seiner Mutter sorgfältig eingepackten Reiseproviants verzehrte. Danach bestieg er, frisch gestärkt, den Anschlußzug. Damit hatte er bereits fast die Hälfte seiner Reiseroute geschafft. Die nächste Umsteigestation würde Lütjenbrode sein, wo er dann in einen Kleinbahnzug umsteigen mußte, der mit der Fähre über den Sund befördert wurde. Und am Abend nach der Überfahrt mit dem Fährschiff würde er endlich sein Reiseziel erreicht haben, so daß er guten Mutes war.

Die Ankunft

Nach langer, ermüdender Bahnfahrt war Hinrich endlich am Ziel seiner Reise angelangt. Das dreimalige Umsteigen sowie das Halten auf den vielen kleinen Stationen hatten ihn ein wenig genervt, aber was half's, gab es doch keine andere Verbindung.

Nachdem die Lokomotive drei Waggons aufs Fährschiff rangiert hatte, war er aus seinem Raucherabteil ausgestiegen, teils, um sich an Deck des Fährschiffs ein wenig die Beine zu vertreten, aber auch, um dieses ein wenig näher in Augenschein zu nehmen. Ein eisiger Seewind ergriff ihn, so daß er seinen Wollschal fester um den Hals zurrte. Ein Blick auf den Sund zeigte ihm, daß sich darauf hohe Eisbarrieren türmten, auf denen viele frierende und hungernde Seevögel kauerten. Ein trostloser Anblick, der ihm aber nicht neu war, denn in seiner Heimat, an der Schlei, sah es nicht viel anders aus. Die Seevögel hatten im harten Winter ihre liebe Not, und man konnte ihnen nicht helfen. Er empfand Mitleid mit den armen Kreaturen.

Nachdem die Lokomotive das Fährschiff wieder verlassen hatte, blickte Hinrich zur Kapitänskajüte empor, entdeckte aber von Rainer keine Spur. Das enttäuschte ihn ein wenig, doch dann sagte er sich, daß er wohl Frühdienst haben werde, und dann würde er Rainer wohl sehen. Von der Gesellschaft war ihm mitgeteilt worden, daß er seinen Dienst zunächst um fünf Uhr antreten solle und daß in der Winterszeit Überstunden gemacht werden mußten. Nun, das Weshalb und Warum hatte Rainer ihm ja schon erklärt. Die Gesellschaft hatte ihm aber auch mitgeteilt, daß er vorerst in der Bahnhofsgaststätte logieren müsse, weil die für ihn in Aussicht genommene Dienstwohnung derzeit renoviert werde. Für die Logiskosten werde sie aufkommen. Na schön und gut, sagte er sich, das würde er ja wohl auch noch überstehen. Und Lisa, die sich bei ihrer Herrschaft in Kiel recht wohl fühlte, aber auch verwöhnt war durch Zentralheizung und elektrisches Licht, was es auf dem Lande noch nicht gab, würde eben später kommen. Vielleicht war ja dann, wenn seine Dienstwohnung bezugsfertig war und Lisa kommen konnte, auch der eisige Winter bereits vorüber.

Das Fährschiff verließ langsam, die angestauten Eisschollen beiseite drängend, den Fährhafen und bahnte sich seinen Weg durch die offen gehaltene Fahrrinne, nachdem ein paar wohl wegen der eisigen Kälte vermummte Gestalten die Ablegebrücke hochgekurbelt hatten. Die karge Beleuchtung an Deck machte auf Hinrich einen primitiven Eindruck, und er mußte an Rainers Worte denken, ein Luxusliner sei das Fährschiff nicht

– damit hatte Rainer keineswegs etwas Falsches gesagt. Von einem Luxusliner war es nun wahrhaftig weit entfernt.

Hinrich war nun neugierig, wie es im Maschinenraum, seinem künftigen Arbeitsplatz, aussah. Doch als er die eiserne Tür öffnen wollte, um die schmale Stiege hinunterzuklettern, sah er das Schild mit der Aufschrift: *Zutritt für Unbefugte verboten!* Er trat zurück, sagte sich, daß er noch nicht befugt sei, dort hinunterzugehen. So schaute er statt dessen in eine der Kajüten, die wohl als Aufenthalt für Passagiere während der Überfahrt gedacht waren. Als er aber sah, wie diese Kajüte beschaffen war – mit eiserner Stiege nach unten, wo alles stockdunkel war –, konnte er sich nicht recht vorstellen, daß auch nur ein einziger Fahrgast sich dorthin verirren würde. Dies setzte der Primitivität des Fährschiffes, das den stolzen Namen „Fehmarn“ trug, die Krone auf, und so war es unvermeidlich, daß Hinrich vom ersten Eindruck seiner neuen Wirkungsstätte sehr enttäuscht war und nicht verstand, wie Rainer sich da wohl fühlen konnte.

Nachdem die zwei vermummten Gestalten die Brücke zum Anlegen des Schiffes heruntergekurbelt und die Sperrkette entfernt hatten, durfte Hinrich nicht sofort von Bord gehen, was er am liebsten getan hätte, war das Ziel seiner Reise doch nun endlich erreicht. Es mußte erst noch die am Fährbahnhof bereitstehende Lokomotive kommen und die Waggons vom Deck herunterholen. Als das geschehen war, verließ auch er das Fährschiff und ging auf die Bahnhofsgaststätte zu.

Wenigstens hier wurde er nun freundlich begrüßt. „Da sind Sie ja endlich – und sehen ganz verfroren aus! Willkommen, Herr Matthiesen, auf unserer Insel! Käpt'n Hintz hat Sie schon angemeldet und Erbsensuppe mit Eisbein für Sie bei mir bestellt, denn das sei Ihr Leibgericht“, sagte die Wirtin, eine gutaussehende, vollschlanke Frau, die den Ankömmling bat, doch gleich in der Gaststube Platz zu nehmen und sich zur Erwärmung und Erfrischung nach der langen Bahnfahrt an der Erbsensuppe zu laben.

Dieser freundliche Empfang tat Hinrich sichtlich wohl, und so setzte er sich am sauber gedeckten Tisch nieder und verspeiste mit gutem Appetit das ihm von der Wirtin, die sich mit Frau Kruse vorgestellt hatte, servierte Mahl. Als sie nachfragte, ob sie ihm noch einen weiteren Teller Erbsensuppe bringen dürfe, bedankte er sich mit den Worten: „Vielen Dank, Frau Kruse. Es hat mir ganz großartig geschmeckt! Aber ein Teller ist für die Nacht genug, denn sonst schlafe ich nicht, wo ich doch morgen früh wieder heraus muß."

„Ach ja", erwiderte sie, „das hat mir der Käpt'n erzählt, daß er Sie für die Frühschicht eingeteilt habe, weil er da ebenfalls Dienst hat und Sie dann an Bord mit der Mannschaft bekannt machen will."

„Nun, das habe ich mir halbwegs gedacht, da er heute abend nicht an Bord war", sagte Hinrich, erhob sich vom Tisch und nahm sein Gepäck auf, um sich von der Wirtin sein Quartier zeigen zu lassen.

Sie zündete eine Kerze an und begleitete ihn die Treppe hinauf. Dann sperrte sie eine Tür auf und sagte: „Das ist Ihre Schlafkammer, Herr Matthiesen", noch hinzufügend, daß sie der Kälte wegen geheizt habe. Das sah er; in der Ecke stand ein Kanonenofen, der lustig brannte und eine wohlige Wärme verbreitete.

„Hoffentlich schlafen Sie gut, Herr Matthiesen, denn Sie müssen ja schon früh wieder heraus. Aber der Frühstückstisch ist unten in der Gaststube für Sie dann gedeckt."

„Nein, Frau Kruse, das ist nicht nötig, denn in der Frühe habe ich noch keinen Appetit. Aber wenn Sie mit ein paar Stullen zum Mitnehmen einpacken könnten sowie eine Thermosflasche mit Kaffee, wäre ich Ihnen dankbar."

„Das geht in Ordnung, Herr Matthiesen. Und schlafen Sie gut!“

Trotz der guten Wünsche war es Hinrich nicht möglich einzuschlafen, zuviel ging ihm im Kopf herum. Vor allem die negativen Eindrücke, die er vom Fährschiff gewonnen hatte, ließen ihn nicht zur Ruhe kommen. Er versuchte, sich mit dem Gedanken zu beruhigen, daß wohl die spärliche Beleuchtung schuld daran gewesen sei, daß ihm alles recht primitiv vorgekommen war, hatte er doch das Fährschiff nur in Konturen wahrnehmen können. Zwischendurch gebot er sich, doch endlich einzuschlafen, und wälzte sich hin und her. Er fand jedoch keinen Schlaf, denn nun störte ihn auch das Primitive seiner Schlafkammer, die lediglich durch eine Funzel beleuchtet wurde, eine rußende Petroleumlampe, die so wenig Licht spendete, daß er kaum den Inhalt seines Koffers in den Spind hatte einordnen können. Das Mobiliar seiner Kammer bestand nur aus Bett, Spind und kleinem Tisch mit zwei Stühlen, von denen er einen sogleich als Nachtisch ans Bett geschoben und darauf seinen Wecker sowie die Petroleumfunzel gestellt hatte. An dem dreibeinigen Waschständer hatte er sich für die Nacht gesäubert, nachdem er sich aus einem Kessel, den er auf dem Kanonenofen entdeckte, warmes Wasser in die Waschschüssel gefüllt hatte. Nach der langen Bahnfahrt war die Säuberung eine Wohltat gewesen – dennoch konnte er nicht einschlafen.

Als am anderen Morgen der Wecker laut bimmelte, hätte sich Hinrich am liebsten noch mal umgedreht, um den fehlenden Schlaf nachzuholen. Doch das ging nicht, war er sich doch bewußt, daß er seinen Dienst auf dem Fährschiff antreten sollte. So trieb ihn eine gewisse Neugierde, was der Dienstbeginn an seinem neuen Arbeitsplatz ihm bringen würde, aus dem blaukarierten Federbett.

Der Dienstantritt

Eisiger Seewind blies Hinrich ins Gesicht, nachdem er die Bahnhofsgaststätte verlassen hatte und auf die Fähranlage zuging. Dort herrschte bereits Hochbetrieb. Der Schornstein qualmte, und an Deck stand ein Kohlentender, der von zwei vermummten Gestalten entladen wurde, die anschließend die Kohle zum Maschinenraum hinunterließen.

Hinrich grüßte kurz, was von den eifrig Beschäftigten gar nicht bemerkt wurde, und öffnete die Tür zu seinem neuen Arbeitsplatz, als ihn etwas zurückhielt. Erschrocken wandte er sich um und entdeckte Rainer Hintz, den Kapitän des Schiffes.

„Na, Hinrich, gut geschlafen bei Mutter Kruse?“ begrüßte dieser ihn leutselig.

„Nee, Käpt’n, ich habe die ganze Nacht kein Auge zugetan“, erwiderte er.

„Da hast du denn wohl zur Nacht zuviel Erbsensuppe mit Eisbein verspeist, Hinrich, was ja dein Leibgericht ist. Aber Spaß beiseite. Nach der ersten Überfahrt müssen wir den Frühzug vom Festland abwarten und haben ein wenig Zeit, so daß ich dich mit den Kollegen der Frühschicht bekannt machen kann“, erklärte der gutgelaunte Kapitän, mahnte danach jedoch zur Eile, weil der Zug von der Insel bereits an Deck stand.

So blieb Hinrich kaum Zeit, sich im Maschinenraum ein wenig umzusehen, denn schon ertönte von oben das Signal zur Abfahrt. Dabei bemerkte er, daß er nicht allein war und ein rotgesichtiger Mann vor dem großen Heizkessel stand und eifrig Kohle nachschaufelte.

„Moin, Herr Matthiesen!“ rief ihm der Rotgesichtige zu, als er bemerkte, daß der Neue an der Kurbel ihn entdeckt hatte.

„Die Spatzen pfiffen es ja schon vom Dach, daß Sie heute antreten würden, sehr zum Ärgernis von Fritze Flink, dem Sie vor die Nase gesetzt werden", fügte der Heizer hinzu und wischte sich den Schweiß von der Stirn. Das Trajekt brauche nun während der Eiszeit viel Energie, um die Fahrrinne von nachdrängenden Eisschollen freizuhalten, schwatzte er munter drauflos, was Hinrich verwunderte, der sich nach der schlaflosen Nacht als Morgenmuffel erwies, sich aber anhörte, was der Mann vor dem Heizkessel zu erzählen hatte.

Hinrich gab ihm aber immerhin zu verstehen, daß er nach der ersten Überfahrt von Kapitän Hintz bei einem kleinen Umtrunk in der Kapitänskajüte vorgestellt werden solle. Darüber wunderte sich der Heizer, der sich Schultz nannte, und meinte: „Der Ausschank von Alkohol ist auf dem Schiff streng verboten. Und daran hält sich der Käpt'n auch sonst. Aber bei Ihnen, Herr Matthiesen, scheint er eine Ausnahme zu machen, kennen Sie sich doch gut und sind beide an der Schlei beheimatet. Da hat er wohl auch bei der Direktion für Sie ..." Ein lautes Klingeln ließ Hinrich die letzten Worte des Heizers überhören.

Das Schiff war im Hafen auf der anderen Seite des Sunds gelandet und die Anlegebrücke heruntergedreht, der Zug von Heiligenhafen aber noch nicht eingetroffen, so daß Hinrich und der Heizer den Maschinenraum verlassen konnten, um zur Kapitänskajüte zu gelangen. Zuvor aber hatte Schultz nochmals seinen Heizkessel mit Kohle versorgt. Danach sagte er, während beide die eiserne Stiege erklommen, zu Hinrich: „Auf zum fröhlichen Umtrunk, Herr Matthiesen!"

Hinrich amüsierte sich über den schon am frühen Morgen so redseligen und gut gelaunten Kollegen, während ihm selbst noch der fehlende Schlaf zu schaffen machte. Auch amüsierte er sich – als sie wieder ihre Posten eingenommen hatten, nachdem Kapitän Hintz ihn mit den Kollegen der Frühschicht bekannt gemacht, sein Glas erhoben und, ihm zuprostend, gesagt hatte: „Auf gute Zusammenarbeit!“ – darüber, daß Schultz sich mokierte: „Der Käpt’n verstaute die Schnapspulle aber sehr rasch wieder, nachdem er recht sparsam eingeschenkt hatte, nicht?“

Hinrich nickte, fand es aber ganz in Ordnung, wenn doch der Ausschank verboten war.

Allmählich wurde er nun auch munterer und war neugierig, was es mit dem Kollegen Flink auf sich habe, von dem der Heizer nicht gut gesprochen hatte.

„Den Flink werden Sie heute mittag kennenlernen, Herr Matthiesen, denn er wird Sie ablösen. Vor dem aber müssen wir uns alle in acht nehmen, denn er ist ein übler Intrigant, meldet der Direktion jede Kleinigkeit und schreibt sich die Finger wund. Damit glaubt er sich bei der Direktion einen weißen Fuß zu machen. Doch das Gegenteil ist der Fall, denn Sie wurden ihm doch nun vor die Nase gesetzt, und darüber ist er sauer …“

Schultz war noch dabei, sich über ihn auszulassen, als Flink schon die eiserne Stiege herabkam. Nach mehrmaligem Hin- und Herfahren des Trajektes – wobei man Waggons, die von einer Lok auf das Schiffsdeck rangiert wurden, über den Sund beförderte – war es mittlerweile Mittag geworden, was Hinrich sehr begrüßte, denn nach dem Essen wollte er sich ein wenig aufs Ohr legen.

„Ah, der Neue von der Schlei!“ rief Flink Hinrich leutselig entgegen und reichte ihm die Hand zum Gruß. „Willkommen! Der Kapitän hatte Sie ja schon angekündigt“, schwatzte er drauflos, während Schultz Hinrich ermahnte, den Maschinenraum schnellstens zu verlassen, weil das Trajekt in Kürze wieder ablege und er dann nicht von Bord käme.

Hinrich nickte seinem Ablöser freundlich zu, und mit den Worten „Bis später, Herr Flink, ich muß jetzt eilen ...“ rannte er eiligst davon, während er hörte, daß die Brücke schon hochgedreht wurde. Die Matrosen sahen ihn jedoch kommen und hielten einen Augenblick mit dem Heraufdrehen der Anlegebrücke inne, wobei sie ihm zuriefen: „Na, das wurde aber höchste Eisenbahn, Herr Matthiesen!“ Sie hatten ihn ja beim kurzen Umtrunk nach der ersten Überfahrt kennengelernt und meinten unter sich: „Der Neue paßt besser zu uns als Fritze Flink, der Berliner, der unser Platt nicht versteht.“

Unterdes sprang Hinrich mit jugendlichem Elan über die Sperrvorrichtung und ging auf die Bahnhofsgaststätte zu, wo er schon von der Wirtin zum Mittagessen erwartet wurde. Er aß mit gutem Appetit. Und Frau Kruse fragte, als sie den Tisch abräumen kam: „Na, hat es Ihnen geschmeckt?“

„Danke, ja, es war sehr lecker.“ Hinrich stand vom Tisch auf und meinte, er wolle sich ein Stündchen aufs Ohr legen, weil er am Abend wieder zum Dienst müsse. Auch habe er in der Nacht schlecht geschlafen.

Darauf erwiderte die Wirtin, daß man im fremden Bett selten gut schlafe. „Aber bis Ihre Frau dann herkommt, werden Sie sich wohl eingewöhnt haben“, fügte sie lächelnd hinzu – was auch er hoffte.

Nach dem Mittagsschläfchen drängte es Hinrich, schon einmal seine noch in der Renovierung befindliche Dienstwohnung zu besichtigen, damit er Lisa darüber berichten konnte, worauf sie sicherlich neugierig war, um zu erfahren, ob sie schon bald kommen könne. Denn auch sie freute sich schon auf die Zweisamkeit im neuen Heim. Sie planten ja, dann eine Großfamilie zu gründen, kinderlieb, wie sie beide waren. Dieser Gedanke beflügelte ihn, so daß alle frustrierenden Gedanken der letzten Nacht wie weggeblasen waren.

Bei der Besichtigung sah Hinrich, daß seine künftige Dienstwohnung sehr wohl seinen Vorstellungen von einer Großfamilie entsprach, denn das Haus war sehr geräumig, und auch dessen Lage nach Süden mit Blick auf ein Tannenwäldchen gefiel ihm.

Auch die vielen Stallungen im Hof würden für eine Haustierhaltung, wie schon von Rainer vorgeschlagen, sehr nützlich sein. Er würde ihn bitten, sobald Lisa kommen konnte, ihm bei einem Bauern des Dorfes zwei Ferkel zu besorgen, obgleich er gegenüber diesem Vorschlag skeptisch eingestellt gewesen war. Nun sah er die Nützlichkeit einer solchen Viehhaltung selbst ein, ja, diese Idee beflügelte ihn und stimmte ihn zuversichtlich, war er doch auch der Meinung, daß Lisa daran Freude haben werde.

Auch ein Garten gehörte zur Wohnung. Und vom Fenster des oberen Geschosses aus erblickte er die Ostsee. Darüber war er hocherfreut, war er doch von jeher mit dem Meer verbunden gewesen.

Vorerst wirkten jedoch noch die Handwerker, und er würde sich noch eine Weile gedulden müssen, ehe er endgültig von seiner Dienstwohnung Besitz ergreifen und seine liebe Lisa dann kommen lassen konnte.

Sorge bereitete ihm, ob Lisa sich daran gewöhnen würde, statt Licht anzuschalten, eine Kerze anzuzünden oder eine rußende Petroleumlampe, da die Insel noch nicht mit Elektrizität versorgt war. Auch das Wasser von der Pumpe auf dem Hof zu holen, statt nur den Wasserhahn aufdrehen zu müssen, würde für sie eine Umstellung sein, war sie doch von der Großstadt verwöhnt.

Andererseits sagte er sich: ‚Lisa ist ja eine sehr verständige Frau und wird sich schon an das Landleben gewöhnen.‘

Christian Barsch

Wege, Trostbilder, Betrachtungen (III)

–:– WEIHNACHTEN –:– Schnell ist das Weihnachtsfest herangekommen; als ob die Zeit, die der Kindheit meist unbeschreiblich träge vorwärtszugehen schien, nun dem Alter zeigen wollte, daß sie sehr anders kann. Aber es liegt alles allein in den Menschen, in den Augen, den Herzen. Und es entsteht die Frage, wer wohl glücklicher lebt: der, der Reichtum besitzt, ihn jedoch nicht mehr sieht, oder der, der sich reich wähnt, ohne es tatsächlich zu sein; der „Einfältige", der sich mit seinem engen Kreis zufriedengibt, oder der Unersättliche, der die letzten Geheimnisse entschleiern möchte. Sicherlich sind Mittelwege erstrebenswert, leider als Balanceakt zwischen dem Zuwenig und dem Zuviel kaum zu erreichen, und wenn, schwerlich auf Dauer einzuhalten. Das Weihnachtsfest als des Jahres weihevolle, zauberdurchwebte Zeit will den dafür Empfänglichen offensichtlich ihres Daseins eigentliche Werte wieder in Erinnerung rufen: Besinnung und Festlichkeit, Schönheit und Liebe, Andacht und Dankbarkeit. Und es möchte in seinen magischen Bann ziehen, in die Welt der stillen Wunder, der unvergänglichen inneren Schätze, der vertrauensvollen Erwartung; es sollte befreien von fieberhafter Hast, Maßlosigkeit, Übersättigung, schließlich von Lebensüberdruß. Beschenkt nicht die Poesie mit einem ganz besonderen Zauberreich? Dem Schreiber wenigstens scheint weihnachtliche Innigkeit in ihrem Land angesiedelt, das Heimat seiner Göttin ist – heute wahrhaft lieber Weihnachtsgöttin. Dankbar ist er für seine Augen, sein Herz, die wie sie in Richtung Zauber schauen, nicht auf Nutzen und Vorteil. Er spürt im gleichen Maße, in dem sich mit den Jahren vieles abgenutzt und verbraucht hat, sein Traumland heiliger Höhe und Weite entgegenwachsen, die normalen Menschen zwangsläufig fremd bleiben muß. Und da dies Zauberreich immer wieder aufs neue seinen außergewöhnlichen Rang, seine heimliche bezwingende Festlichkeit erweist, wächst es nunmehr, am Ende des seelentagebuchbeginnenden, somit bedeutungsvollen Jahres unversehens, vielleicht sogar mit Bedacht ins Weihnachtliche hinein. Es ruft, fordert fast dringend auf, einmal alles Gewohnte zu verlassen, zurück- und zugleich voranzusteigen in seine Tiefe und in der Göttin den Engel zu suchen, auch ihn zu bitten, einmal für ein kurzes oder langes Stück Zeitlosigkeit Gewohntes, Besitzgewordenes vergessen zu machen, einmal ohne Vorbehalt und Einschränkung tief in besonderem weihnachtlichen Zauber aufgehen zu lassen. Wandern, wandern – vorbei an hellen Fenstern, in denen Lichtbögen stehen und Weihnachtsbäume, hin und wieder auch nur einzelne Lichtchen, vorbei an alten dunklen Häusern, vorbei am Herzen einer Stadt, dem Markt. Wandern dann auf langer, baumbehüteter Straße, vorbei an einzelnen Häusern, deren bescheidenen Fenstern, die etwas von dem verkörpern, was die Welt wohl unwiederbringlich verloren hat. Wandern auf unendlicher Allee, wo Astgittergewölbe auf die Schritte zuläuft, hinter ihnen zurückbleibt. Kalt ist es; der Himmel, besät mit weit entfernt gefrorenen leuchtenden Schneeflocken wie unter den Schritten der Weg, glitzert. Ob die alten Bäume links und rechts sich langbewahrte Weisheiten zuraunen? Ob gar seltene selige Geister angesichts besonderer Stunde über sanfte bewaldete Höhen geflogen kommen und ihre Weihe ausspenden? Hinter weiten Feldern winken erleuchtete Gehöfte, sie wirken wie freudig strahlende Gesichter. Und jedes Herz ist der Göttin ganz nah, näher als jemals. Tief schreiben sich ein als festlich schimmernde Grüße die Sternaugen am Himmel, die Augensterne der Gehöfte. Nähert euch solch einem Gehöft – es sind mehrere, viele, es ist eine Stadt! Ist es die Stadt der Poesie? Und wandert weiter bis zu riesiger Kirche; ihre langhohen illuminierten Fenster sind von feierlicher Verheißung erfüllt. Tretet näher – das Hauptportal steht einladend offen – und tretet ein. Unsterbliche Klänge empfangen euch: man gibt das Weihnachtsoratorium; eben verhallte der von goldblitzenden Trompeten gegliederte Schlußchoral des ersten Teiles „Ach, mein herzliebes Jesulein!“. Im Halbdunkel hinter den vielen andächtigen Zuhörern findet ihr auf der letzten Bank freie Plätze, ahnt ihr über den Köpfen im Schein der herabhängenden Ampeln und der zahllosen wärmenden Kerzen die Ausführenden, Chor, Solisten, Orchester. Die zweite Kantate beginnt; ihr lauscht entrückt der himmlischen Sinfonia, dem strahlenden Choral „Brich an, o schönes Morgenlicht“, ihr hört den Engel beschwören „Fürchtet euch nicht, siehe, ich verkündige euch große Freude“, ihr verfolgt gebannt die schwierigen raschen Linien der Hirtenarie. Sanft wiegt auch eure Seele besänftigend-eindringlicher Alt mit seinem „Schlafe, mein Liebster, genieße der Ruh“, bis ihr in himmlische Pracht geführt werdet von durch nichts zu überbietenden Chorklängen: „Ehre sei Gott in der Höhe“, mündend über die herzschlagkurze Vision des tief bewegenden „Und Friede auf Erden“ schließlich in den jubelnden fugierten Schlußteil „Und den Menschen ein Wohlgefallen“. Dann steht ihr wieder im Freien; wie ein Abschiedsgruß tönt euch der in Sicilianorhythmus gebettete Choral „Wir singen dir in deinem Heer“ nach. Nur schwer gelingt es, zur gewohnten Welt zurückzufinden, in die nächtliche einsame, von weihnachtlichen Fenstern gesäumte Straße, stille Schattenwelt in das Echo der Musik einzubinden.

–:– VORNEUJAHR –:– Grauer, allmählich verdämmernder Spätnachmittag erfüllt des Schreibers Fenster mit gleichsam frostiger Farbe; darin hängt das bizarre Skelett des Baumgeästs;

die grüne Lampe versucht, relativ kaltem Zimmer einen Anschein von Wärme zu verleihen; das Radio spendet leise klassische Musik in allerdings volkstümlicher Mischung. Es ist einer der Nachmittage, an denen die Gedanken wie hungrige Krähen auf gefrorenen Feldern Nahrung zu finden versuchen – sie müssen in die hellen Städte zurück, um Nahrungsähnlichem etwas näher zu sein –, einer der Nachmittage fast am Ende eines der Zeitabschnitte, die zum Sinnen gemacht scheinen, zum Ahnen von Gefühlswelten jenseits des Faßbaren, Beschreibbaren, zum Verlieren in Stimmungen, deren Ungewöhnlichkeit unser gesamtes, immer nur von innen nach außen betrachtetes Leben als absolutes Phänomen anzusehen nötigt. Die Zeit, die ja nicht an sich existiert, sondern für uns nur von Bewegung, von Veränderungen hervorgebracht wird, und geschähen sie lediglich in unserer Seele, hat uns wieder ein Jahr von unserem Leben genommen. Aber sie hat uns das dafür gegeben, was man Erinnerung nennt: ein um so leuchtenderes Besitztum, je stärker und bedeutungsvoller die Ereignisse waren, aus denen es sich zusammensetzt. Wie viele flüchtige Geschehnisse trägt der Wind des Vergessens mit sich fort; nur das Gewichtige stellt unser Inneres in Gestalt von leuchtenden oder auch dunklen Bildern in sich auf. Und die leuchtenden sind es, die zaubervoll schimmernden, strahlenden, die uns den Weg bis an sein Ende tröstend erhellen, die überreichlichen Lohn bedeuten für alles ungerechtfertigt Erlittene, Verlorene, Vorenthaltene. Sie erheben als wertvolle funkelnde Glieder die Kette unserer Lebensstrecken zu kostbarer Einmaligkeit. Unmerklich wurde winterlich kaltes Spätnachmittagsgrau von abendlichem, nachtnahem Dunkel geschluckt. Ahnung und Mahnung jenes endgültigen Dunkels, dem dann wohl kein Morgen mehr folgt. Doch es ist nur das Dunkel, in dem der nächste Teil unserer Zukunft, neues Jahr genannt, verborgen liegt. Wie mag sie aussehen? Was werden wir an der Pforte zum darauffolgenden Abschnitt, nach wiederum einem Jahr wissen und sagen können? Schließlich scheint es, das Dunkel, Folie bilden zu wollen für leuchtendes Zauberreich: Vor dunklem Wolkengrund stellt sich der Bogen des Friedens, der Hoffnung, der Liebe, Sehnsucht und Dankbarkeit um so strahlender dar; er mag für sein traumschönes Zauberspiel eines dunklen Hintergrundes bedürfen. Leuchtendes Zauberreich – welch Gedanke: Auf der ganzen, unendlich großen Welt bewacht eine engelgleiche Göttin für alle Empfänglich-Willigen wie für den Schreiber unvergängliches Refugium. Kein Dank kann groß genug sein, solch einzigartigem Geschenk zu entsprechen. Möge nie unsere Sehnsucht, unsere Liebe erkalten, möge uns niemals die Hoffnung verlassen, mögen diese drei jedesmal neu erwachen, wenn die berühmten feierlichen zwölf Schläge – tönender Steg von vollbrachtem Ende zu aufgehendem Anfang – verhallt sind. Inzwischen ist es völlig finster geworden; gegenüber blinken ein, zwei helle Fenster, etwas ferner eine Straßenlaterne.

Sigrid Constantin

Gedanken zu „Anna und Frederik“

Liebe

Zwei Menschen …
er mag sie, sie mag ihn …
und doch …

Sie gehen getrennte Wege …
fernab voneinander …
sind sich dennoch so nah …

Sie vermissen einander …
doch ständige Nähe …
Alltag …

Vorm „Entzaubern“
fürchten sie sich …
alle beide …

Die Sehnsucht, die Vorfreude …
sie vertieft ihre Liebe …
hebt sie hervor aus dem täglichen Trott …

Sie sind sich so nah …
es gibt keine Schranken …
und sind sich dennoch so fern …

Früher gab's Kämpfe …
das ist lange vorbei …
die Klugheit hat gesiegt …

Zwei Menschen …
notorische Singles …
sie haben ihr Miteinander gefunden …

Von Mal zu Mal …
streben auseinander …
bis zum ersehnten nächsten Mal …

Zwei Menschen …
sie hätten sich längst verloren
in früherer Zeit …

Doch heut …
die moderne Kommunikation …
sie hält sie zusammen …

Wohl nur ganz, ganz selten gibt's zwei Menschen,
die so harmonieren …
in der Liebe … dem Erleben … Genießen …

Zwei Menschen … alt sein …
das wollen sie nicht …
alt werden schon … tun vieles dafür …

Sie essen gesund und in Maßen …
er „hasst" den Bauch …
und sie eigentlich auch …

Sie lieben den Wein …
den weißen, den roten …
doch nie allein …

Sie sporten tagtäglich …
doch jeder den seinen …
er immer allein …

Sie leben nebeneinander her …
viele Jahre schon …
es fehlt das Vertrauen …
sie sprechen nicht …
haben Angst vorm Verlieren …

Warum nur …?
ohne einander schaffen sie's nicht …
miteinander … sie wissen's einfach nicht …

Warum nur lebt jeder sein eigenes Leben …?
ausgefüllte, randvolle Tage …
einsame Nächte, Träume, Sehnen …

Zwei Menschen, alle beide so dumm …
es vergehen die Jahre …
die letzten agilen …

Zwei Menschen …
heute noch eins …
bleiben morgen zurück …
alt, traurig und stumm …

Zwei getrennte Wesen nun …
ohne Hoffnung …
Ich frag mich ehrlich: Warum …?

Frühling 2000

... und dennoch ...

Umwege

Der große Zufall ...
es gibt ihn doch ...
jedenfalls für uns ...

Ein trister Abend im März ...
nieselnder Regen ...
Depression ...

Er sitzt ihr gegenüber ...
er spricht, sie lauscht, sie staunt ...
ein Mensch ...

Sie schaut in seine Augen ...
er bereut, was er sagt, sie sieht's ...
doch er spricht weiter ...

Kein Blitz, kein Beben der Erde ...
nur ein zagendes „Sehn wir uns wieder ...?"
„Ruf mal an ...!"

Gedanken ... ja auf nichts einlassen ...
mal ausgehn ... mal ... was auch immer ...
Beide vom Leben verletzt ...

Tage vergehn, eine ganze Woche ...
das Telefon ... er ist's ...
„Sehn wir uns morgen ...?"

Frühling, hoffnungsvoller könnt es nicht sein ...
sie spaziern durchs knospende Grün ...
halten sich bei den Händen ...

Beim Abschied schenkt sie ihm ihr Buch …
wenn er's gelesen, kennt er auch sie …
Verkraftet er's …?

Am nächsten Tag schon sein Anruf …
„Gehn wir essen heut Abend …?"
Er hat es verkraftet …

Sie sind glücklich seither …
hoffentlich dauert's …
doch … es sieht ganz danach aus …

Frühling 2001

Tausendmal berührt ...

Katinka und Jo lieben ihre Frühstückstreffen. Mindestens einmal im Monat passiert das.

Heute hatte Katinka das kleine Städtchen und das Burgcafé vorgeschlagen. Und wie stets hatten sie sich verplaudert.

Draußen noch ein kurzer Abschied – „Ruf an!“ – und fort war Katinka.

Jo war schon auf dem Weg zum Parkplatz, schaute noch mal auf die Uhr: Der Morgen war ohnehin kaputt. Jo kehrte um.

Lange war sie nicht mehr hier gewesen. Sie bummelte durch die Fußgängerzone und vertiefte sich in die Auslagen. Verflixt noch mal: Ohne Brille ging gar nichts! Sie kramte in der Tasche herum. Natürlich mal wieder nicht ins Etui gesteckt!

‚139 Euro – nee, zu teuer für nur mal so nebenher!‘ Schon waren die schicken Schuhe aus ihren Gedanken verbannt.

Nicht aber der Ärger über ihre ständig rutschende Brille. Außerdem konnte sie kaum was erkennen durch die verschmierten Gläser.

Ausgerechnet *Brillen* im nächsten Schaufenster – ein Optiker.

Ohne lange zu überlegen stand Jo im Laden und reichte der freundlichen Verkäuferin ihr lädiertes Stück entgegen. „Ich glaube, ein Schräubchen ist locker.“

„Einen Augenblick bitte! Nehmen Sie doch so lange Platz.“ Schon war das junge Mädchen hinter der grünen Tür mit der einladenden Aufschrift *Tach!* verschwunden.

Jo grinste ein wenig in sich hinein. Wie blöd hatte sie sich nur wieder ausgedrückt: „ein Schräubchen locker“.

Erschrocken fuhr sie hoch. Die *Tach!*-Tür war aufgeflogen, und ein aufgebrachter, weiß bekittelter, graumähniger Mensch, die Lupe noch auf der gerunzelten Stirn, rief: „Wo ist die Frau?“ Seine Hände waren bewaffnet: In der Rechten hielt er die Brille. Glänzend und mit starren Bügeln, staunte Jo. Mit der Linken schwenkte er ein Etui vor sich her.

Jo aber starrte den Mann an. ‚Christian‘, ahnte sie.

„Christian …?“ Sie reichte ihm die Hand. „Margret“, sagte sie nur – und da schien es zu dämmern bei ihm …

„Einen Cappuccino bitte!“ Jo saß ein wenig später wieder im Burgcafé. Nun wartete sie auf Christian.

Während sie gedankenverloren ihren Kaffee umrührte, war die Vergangenheit auf einmal wieder greifbar nahe. Zwölf Jahre war es her …

Sie stand am offenen Grab, warf eine weiße Rose auf den Sarg. Stumm ergriff sie Christians Hand und verschwand. Mehr konnte sie nicht aushalten.

Denn – gerade erst zwei Wochen war es her, da hatte Christian ihr am Grab ihres Mannes die Hand gereicht.

Unglaublich, zwölf Jahre waren vergangen, und nie wieder hatten ihre Wege sich gekreuzt – bis heute …

„Darf ich?“ Da war er. „Ich freu mich“ war alles, was er sagte zunächst.

Erstaunlich, sie umfassten auf dem Tisch ihre Hände, es schien ganz natürlich, sie schwiegen, sie sahen einander an und dachten zurück …

Jo dachte an ihren Mann Rob. Topfit schien er. Er tobte mit den Hunden, fiel mitten im Spiel einfach um, Sekundenherztod, kurz vor seinem sechzigsten Geburtstag.

Knapp zwei Wochen später fand Christian seine Frau im Bad, Herzschlag. Statt der geplanten Geburtstagsparty zu seinem Sechzigsten fand einen Tag früher Margrets Beerdigung statt.

Margret und Jo waren alte Schulfreundinnen. Nach dem Abi hatten sie sich aus den Augen verloren. Und eines Tages waren sie sich in der nahen Großstadt fast in die Arme gelaufen. Sie konnten es kaum fassen, dass sie seit Jahren in nächster Nachbarschaft lebten.

Sie trafen sich einige Male, plauderten von alten Zeiten, waren so glücklich, sich wiedergefunden zu haben – und dann passierte es: Rob verstarb so plötzlich …

Margret und Christian kamen natürlich zur Beerdigung – die erste Begegnung von Jo und Christian. Sie aber hatte später absolut keine Erinnerung daran.

Zwei Wochen später aber, als sie, völlig unfassbar für sie, an Margrets Grab stand, da erst sah sie ihn genauer an. Daher wohl hatte sie ihn heute auf Anhieb erkannt.

Christian wäre garantiert auf der Straße an ihr vorbeigegangen. Eigentlich kannte er Jo nur von alten Fotos und von Margrets begeisterten Erzählungen aus der Schulzeit. Sie war so froh gewesen, ihre Jo wiederzuhaben.

Jo seufzte. War das lange her! Bestimmt hatte Margret ihren Chris mit ihren alten Geschichten genervt.

Manchmal waren ihre kleinen Abenteuer damals schon recht riskant und gewagt gewesen! Die Freundinnen waren eng Vertraute, voller Lebenslust und Freude und so neugierig auf die Zukunft …

Christian und Jo blickten einander an. So unendlich viel war geschehen inzwischen. Jeder wollte sprechen, erzählen – doch wo beginnen?

Sie schienen das Gleiche zu denken. Schließlich standen sie auf.

„Ich ruf dich an. – Gehn wir essen zusammen?"

„Gern", sagte Jo.

Er brachte sie zum Auto, sie hupte, und er winkte ihr nach, bis sie um die nächste Kurve verschwand …

Irrwege waren sie gegangen. Mal waren sie glücklich gewesen, erstaunlicherweise sogar sehr, mal waren sie unglücklich. Sie machten Erfahrungen, positive wie negative. Verletzt zurückgeblieben am Ende alle beide …

Jo war schon weiter auf ihrem Weg da heraus – das hatte sie erkannt. Sie wollte Christian helfen, wenn er denn ihre Hilfe überhaupt wollte …

Jo hofft so sehr, dass sie den Ausweg aus ihrem Lebens-Labyrinth endlich gefunden hat – und Christian auch …

Willi Corsten

Schönredner von Beruf

Eine Satire

Ich war lange Zeit Politiker, doch dann entschloss ich mich, etwas für die Menschheit zu tun. Um den Übergang ins Arbeitsleben verträglich zu gestalten, nahm ich zunächst an einer zweijährigen Umschulung teil. Groß umzudenken brauchte ich nicht, aber nun darf ich mich wenigstens offiziell Schönredner nennen. Der neue Beruf ernährt seinen Mann, wirft jede Menge Geld ab – und müde wird man davon ebenso wenig wie von dem früheren Hobby.

Gestern wurde ich zu einem Herrn gerufen, der das Meckern seiner Frau nicht mehr ertragen konnte. Der etwa vierzigjährige Mann war untröstlich über seine Glatze und begriff nur allmählich, dass diese segensreiche Fügung endlich den Friseur ersparen würde.

Vollends überzeugte ihn jedoch erst mein Computerausdruck, den ich ihm spottbillig für 30 Euro unterjubelte. Darauf stand geschrieben:

Glatzen schützen ein für alle Mal
vor ungeliebtem Haarausfall.

An dieser Stelle mischte sich die Ehefrau ins Gespräch und beklagte lautstark den Bauchumfang ihres Gatten.

Ich schickte ein Stoßgebet zum Himmel, fluchte leise über die Dummheit des einfachen Volkes und sagte: „Gnädige Frau, die enorme Leibesfülle Ihres Mannes zeugt vom seinem unbändigen Fleiß, denn eines steht wohl fest: Nur wer sich pausenlos durchs Leben futtert, hat rund um die Hüfte etwas zu bieten.

Außerdem schont der Bauch die Wurzelbürste und die Schuhcreme, weil er gnädig die ungeputzten Stiefel verdeckt."

„Aber was mache ich mit meinen Augen?", stotterte der Mann und starrte hilflos den Küchenschrank an.

Diesmal war ich verwirrt und erkannte erst nach geraumer Zeit, dass sein Scharfblick mir gegolten hatte. Dann fing ich mich wieder und sagte mit honigsüßer Stimme: „Das Schielen bedeutet innige Zuneigung. Ihre Äuglein lieben sich abgöttisch und können den Blick nicht voneinander lassen. Danken Sie dem Herrgott für das vermeintliche Missgeschick, denn so dürfen Sie das Liebesspiel der Augen Tag für Tag hautnah beobachten und können nebenher Ihren Gesprächspartner damit total verwirren."

Als ich den Herrn endlich ins seelische Lot gebracht hatte und ungeduldig auf die Uhr schaute, fing die Frau erneut zu keifen an. Einem tosenden Wasserfall gleich redete sie vom knarrenden Holzbein ihres Gatten und von seinem klappernden Gebiss. Doch das bekam der Mann zu meiner großen Erleichterung nicht mit, weil er gerade sein Hörgerät suchte, das in den brodelnden Suppentopf gefallen war.

Derweil kassierte ich mein bescheidenes Honorar von 400 Euro und machte mich auf den Weg zum nächsten Kunden.

Alles für die Katz!

Undank ist der Welt Lohn. In der Tat, diese Aussage kann ich nur bestätigen. Doch lesen Sie selbst, wie es mir ergangen ist.

Ich spazierte mit meinem Dackel am Hinkelbacher See entlang und beobachtete interessiert die Schwäne, die auf den Wellen schaukelten. Plötzlich hallte ein Schrei zu uns herüber und störte die himmlische Ruhe. Unwillig hob ich den Kopf und sah mitten auf dem See ein Boot treiben. Wenige Meter daneben zappelte ein Mann im Wasser und rief mit gellender Stimme: „Hilfe! Hilfe! Ich kann nicht schwimmen!“

Zuerst wollte ich lachen, doch dann hatte ich Verständnis für den Mann, weil ich ja auch Nichtschwimmer bin. Ich setzte mich ans Ufer, zündete meine Pfeife an und überlegte, was da zu machen sei. Nach einer halben Stunde fiel mir ein, dass mein Onkel Bademeister ist. Folglich war es wohl richtig, diesen erfahrenen Mann kommen zu lassen.

Entschlossen stand ich auf, pfiff den Dackel herbei und schlenderte heimwärts. Dort versorgte ich meine vierundzwanzig Kaninchen, kramte Bleistift und Papier hervor und schrieb dem Onkel einen langen Brief. Onkel Bernhard wohnt zwar im Ausland, aber die Postboten dort sind verdammt schnell.

Danach lief alles wie am Schnürchen. Schon am übernächsten Tag traf die gute Seele ein. Wir begrüßten uns freudig, plauderten ein Weilchen über alte Zeiten, aßen ausgiebig zu Mittag und machten uns dann sogleich auf den Weg.

Meine Enttäuschung war riesengroß: Der ganze Aufwand umsonst gewesen! Dass der Herr aus dem Boot so wenig Geduld bewiesen hatte, konnte ich ja noch verzeihen, nicht aber das unmögliche Verhalten seiner Witwe, denn die undankbare Person weigerte sich doch glatt, mir das Porto für den Brief zu erstatten.

Verhängnisvolle Freundschaft

Meinen ersten Gebrauchtwagen, gesponsert von Oma, holten wir bei der Firma Beulenpest ab. Auf der Heimfahrt meinte Oma, das teuer erworbene Vehikel sei grau; ich hingegen glaubte ein verschossenes Rot erkannt zu haben. Wir einigten uns schließlich auf Rostbraun, weil dieser Farbton dominierte. Ganz neu war das gute Stück also nicht mehr. Ein Kotflügel fehlte und der linke Scheinwerfer. Die Lüftung funktionierte aber ausgezeichnet, besonders vom Boden her. Nur die Blinkanlage hatte ein paar Mucken, sie blinkte vorn rechts und hinten links. Doch das irritierte nur den Sonntagsfahrer hinter uns. Wir hatten damit kein Problem! Später fiel mir an dem Wagen noch ein weiteres Übel auf. Der Benzinesel muss in einem früheren Leben Holzfäller gewesen sein! Dies zeigte sich zum ersten Mal, als er auf Opas Hof einen Apfelbaum umnietete. Bei der Reparatur entdeckte ich auch das Maskottchen des Wagens: eine kleine Birke. Sie wuchs in einer Ecke des Kofferraumes und träumte dort still vor sich hin.

Na ja, lange blieben wir nicht beisammen, der Rostbraune und ich. Schuld an der Trennung waren seine unverzeihlichen Seitensprünge. Wie ein liebestoller Zwergpinscher jagte er auf jeden Straßenbaum zu, streichelte heftig dessen Rinde und warf dabei mit Außenspiegeln und Kotflügeln um sich.

Schweigend ertrugen die Bäume seine Attacken und schritten erst zur Tat, als er im Schutz der Dunkelheit eine junge, bildhübsche Tanne flachlegte. Die Rache der hölzernen Riesen war grausam. Ich erlebte sie fast hautnah mit. In einer stürmischen Nacht saß ich am Fenster und schaute zu der knorrigen Eiche hinüber, die bei der Hinrichtung den Henker spielte. Die Eiche wankte und bebte, stürzte dann polternd auf den zudringlichen Sonderling und zerlegte ihn fachmännisch in mehrere Teile. Nur die Scheibenwischer blieben verschont, doch die waren eh schon im Eimer.

Hermann Alfred Denzel

Immanuel Kant und seine Bedeutung für uns heute

Immanuel Kant war und ist auch heute noch der wohl bekannteste und berühmteste deutsche Philosoph. Er lebte und wirkte von 1724 bis 1804 in Königsberg (Ostpreußen), wo 1701 der erste preußische König gekrönt worden war.

Seit 1945 heißt Königsberg Kaliningrad und gehört zu Russland. Kants Bedeutung wird auch in der heutigen Zeit von den dort studierenden russischen Studenten gewürdigt, die manchmal Kränze an seinem Grabmal niederlegen, wie ich mich anlässlich eines Besuches in dieser Stadt selbst überzeugen konnte.

Welche Bedeutung hatte Kants Philosophie seinerzeit, und was ist davon für uns auch heute noch wichtig?

Ich will hier nicht versuchen, Kants umfangreiches Werk und Wirken kritisch zu referieren und zu beleuchten. Das würde den Rahmen dieser kleinen Abhandlung bei weitem sprengen. Ich möchte hier nur einige wenige, für das Gesamtverständnis wichtige Aspekte herausgreifen und diese so darzustellen versuchen, dass sie auch für den interessierten Laien verständlich sind.

Immanuel Kant lebte im Zeitalter der Aufklärung, aber diese wurde erst in der zweiten Hälfte des 18. Jahrhunderts wirksam. Erst mit Erreichen des 45. Lebensjahres begann er an seinem Hauptwerk, der „Kritik der reinen Vernunft“, zu arbeiten, das er zehn Jahre später vollendete. Er versuchte sich von der damals vorherrschenden skeptischen und dogmatischen Philosophie abzugrenzen und die Philosophie auf eine neue, wissenschaftliche Grundlage zu stellen.

Heute, wo die auf Rationalität fußende Wissenschaft zur Selbstverständlichkeit geworden ist und auf dieser Grundlage ständig neue Triumphe feiert, wird von E. P. Fischer vor der sterilen Hölle einer nur auf Rationalität beruhenden, wertfreien Wissenschaft gewarnt, also einem ganz anderen Zeitgeist als damals.

Geblieben sind uns die Probleme im Zusammenhang mit dem irrationalen Teil unserer Persönlichkeit in Verbindung mit der psychophysischen Triebdynamik und ihrer Steuerung. Wir haben zwar – besonders in den letzten einhundert Jahren – hierzu eine ganze Menge neuer Erkenntnisse sammeln können, aber ein entscheidender Fortschritt in der Steuerung oder gar Beherrschung der menschlichen Triebdynamik oder Gefühlswelt ist auch in den am weitesten entwickelten Industriestaaten nicht erzielt worden.

Erst vor kurzem hörte ich die schreckliche Nachricht, dass ein zwölfjähriges Mädchen ihren Freund erstochen hat. Dies ist leider kein Einzelfall und weist mit aller Deutlichkeit darauf hin, dass Erziehung, Moral und auch die bisherige Wissenschaft klar versagt haben. Hier ist ein Umdenken dringend erforderlich. Leider hat man nach wie vor den Eindruck, dass sich niemand von jenen, die als Entscheidungsträger Verantwortung für die Erziehung tragen, ernstlich darum kümmert, wie ich schon in meinem letzten Buch in einem Kapitel über Erziehung erwähnt habe.

Deshalb glaube ich, dass es für jeden interessierten Bürger von Vorteil ist, wenn er etwas über die Kant'sche Philosophie, Ethik und Tugendlehre Bescheid weiß, damit er sich selbst ein Urteil bilden kann, warum bei uns in Deutschland vieles in Bezug auf Moral, Ethik und Erziehung unserer Jugend falsch läuft, was nicht nur die „PISA"-Studie offenbart hat. In dieser Schulleistungs-Vergleichsstudie, an der Schüler aus 32 Ländern teilnahmen, waren unsere Schüler auf dem 26. Platz gelandet, was für unser Schulsystem und allgemein auch für den Leistungsstand unseres Landes eine nicht entschuldbare Blamage darstellt.

Auch die Tatsache, dass das frühere Wirtschaftswunderland Deutschland, ein Land mit einer hoch entwickelten Industrie, sich vier Millionen Arbeitslose leistet oder produziert – je nachdem, wie man das sehen will – und dann noch Fachkräfte aus meist unterentwickelten Ländern anfordern muss, weil die eigenen Landsleute dazu angeblich unfähig sind, ist ein Skandal, den offenbar niemand ernst nimmt; denn sonst hätten sich die Verhältnisse schon längst geändert.

Die viel zu hohe Rate an Kriminalität, insbesondere auch an Jugendkriminalität, Scheidungsrate, Heiratsunwillige oder Heiratsunfähige, Suchtkranke, Arbeitslose, Obdachlose usw. weisen ebenfalls auf den desolaten Zustand unserer Gesellschaft hin, trotz hohem materiellem Lebensstandard.

Deshalb halte ich eine Umorientierung und seelisch-geistige Erneuerung für dringend erforderlich und möchte Sie deshalb gern mit den Ansichten und der Lehre unseres größten deutschen Philosophen bekannt machen. Dabei hoffe ich natürlich, dass Sie sich durch die etwas anspruchsvolle Lektüre nicht abschrecken lassen, sondern sich dadurch vielmehr zufrieden und innerlich bereichert fühlen werden.

Zur Frage der damit im Zusammenhang stehenden Ethik, Sitte und Moral hat Kant einige wichtige Gesichtspunkte vorgetragen, die auch heute noch aktuell sein dürften und eigentlich nicht nur wissenschaftlich, sondern allgemein neu diskutiert werden sollten. Wir brauchen dringend Lösungen für die Probleme unserer Tage. Über fünfzig Jahre nach dem sicher verheerendsten Krieg unserer Geschichte sind unsere Städte wohl größtenteils wieder aufgebaut und scheint die Teilung Deutschlands nun weitgehend überwunden. Nicht vollzogen dagegen sind der geistige Wiederaufbau unseres Landes und die Wiederanknüpfung an die deutsche Kultur der vergangenen Jahrhunderte.

Nach dem gelungenen materiellen Aufbau und der Herstellung einer politisch stabilen Demokratie, die ja die freie geistige Entfaltung ihrer Bürger garantieren und fördern sollte, muss nun endlich eine Besinnung auf die unserer Kultur innewohnenden sittlich-geistigen Kräfte erfolgen, damit der moralisch-kulturelle Niedergang endlich gestoppt wird.

Natürlich sollte nicht nur die angemessene allgemeine und spezielle Bildung und Ausbildung der eigenen Bürger gefördert werden, sondern es sollte zugleich verhindert werden, dass die fähigsten Köpfe und Spezialisten, statt im Lande zu bleiben, ins Ausland abwandern, weil sie bei uns nicht im notwendigen Maße gefördert werden und die ihrem Talent und Leistungsvermögen angemessenen Arbeitsbedingungen erhalten, auf die sie eigentlich ein Recht haben und wie wir anderen Bürger dies auch erwarten, aber politisch darauf keinen Einfluss haben. Abgesehen davon sollten diese Talente aber auch gern im eigenen Land bleiben, sich in dessen Natur und Kultur verwurzelt fühlen und sich mit ihnen identifizieren können, denn jeder Mensch braucht für seine seelische Gesundheit eine Identität, etwas, mit dem er sich im positiven Sinne identifizieren kann, ein Gefühl der Zugehörigkeit, eine innere Ausrichtung, ein Ideal.

Dazu gehören auch Sitte und Moral, die jeder Bürger für sich und die Gemeinschaft, in der er lebt, als Ganzes bejahen und als wertvoll und sinngebend anerkennen können. Außerdem wäre es natürlich von großem Vorteil, wenn sich jeder Bürger mit der im eigenen Land vorherrschenden Kultur, Sitte und Moral identifizieren könnte. Dann würde es ihm leicht fallen, diese Kultur aktiv mitzugestalten und sich in ihr wohl zu fühlen. Dann wären für ihn die bei uns herrschenden und gepflegten Sitten und die Moral im Sinne von Immanuel Kants Sitten- und Tugendlehre kein schweres Joch, das ihm auferlegt ist. Eher das Gegenteil wäre der Fall. Wenn diese Sitten- und Tugendlehre auch im 21. Jahrhundert verstanden, wenn nach ihren Grundsätzen gelebt und gestrebt würde, dann wäre Deutschland wieder ein Land, in dem sich die Bürger wohl und sicher fühlen und mit Recht stolz auf ihr Land sein könnten.

Was Kant seinerzeit vorgetragen und geschrieben hat – wie er übrigens auch gern manchen weisen Spruch aus der Antike zitiert hat –, sollte auch heute noch bzw. wieder gelesen werden und könnte uns auch jetzt noch viel bedeuten. Dies würde mit Sicherheit zur Erneuerung und Wiederbelebung unserer Kultur beitragen, die so dringend erforderlich ist.

Einiges davon soll im Folgenden angeführt und etwas näher erläutert werden.

Immanuel Kant und das Sittengesetz

Kant hat schon früh in seiner Laufbahn an der Universität Königsberg Interesse für ethische Fragen gezeigt und etwa 28-mal Moral- oder praktische Philosophie (Ethik) gelesen. Seine „Grundlegung zur Metaphysik der Sitten“ und die „Kritik der praktischen Vernunft“ hat er aber erst im Alter verfasst, und in ihnen spiegeln sich damit auch sein Charakter und seine Lebensweisheit wider. Kant wollte kein neues Prinzipium der Moralität predigen, wie es später Schopenhauer und Nietzsche versucht haben. Er wollte nur das, was selbst die einfachsten Menschen als sittlich richtig und als ihre moralische Pflicht betrachteten, was die Beurteilung der Werte anbetrifft, in eine zeitlose Ordnung der Dinge und allgemeine Gesetzgebung einbringen. Als Grundlage dieser neuen Gesetzgebung des Sollens können keine subjektiven Maximen, sondern nur praktische Gesetze gelten, die für den Willen jedes Vernunftwesens gelten. So kam Kant zu der Formulierung seines bekannten kategorischen Imperativs:

„Handle so, dass die Maxime deines Willens jederzeit zugleich als Prinzip einer allgemeinen Gesetzgebung gelten könnte.“

Geradezu modern klingt die Vorstellung einer allgemeinen Gesetzgebung, weil darin schon von selbst die Idee der Menschheit enthalten ist. Diese Idee trägt nach Kant jeder Mensch „als das Urbild seiner Handlungen in seiner Seele“, dem wir „jederzeit“, solange und so wahr vernünftige Wesen existieren, nachzustreben verpflichtet sind. Da wir ferner in Gemeinschaft mit Millionen anderer Vernunftwesen (= Menschen) leben, entsteht in uns naturgemäß der Gedanke einer systematischen Verbindung dieser vernünftigen Wesen durch gemeinschaftliche Gesetze zu einem „Reich der Sitten“, in welchem ein jedes Glied nicht bloß Untertan, sondern „jederzeit und allgemein“ gesetzgebender freier Bürger ist. Und indem ich den „reinen“ Willen durch die Vorstellung jener bloßen Form einer allgemeinen Gesetzgebung selbst erst erzeuge, werde ich, wird der Mensch selbst der Schöpfer des Sittengesetzes „vermöge der Autonomie (= Selbstgesetzgebung) seines Willens“.

Es ist ein „freier Selbstzwang“, den er sich auferlegt. Daher, meint Kant, sei das Joch dieses Gesetzes sanft und seine Last leicht. Man hatte ihm ja einen harten Rigorismus vorgeworfen.

Er aber meinte, dass das Gefühl der Freiheit in der Wahl dieses oberen Leitsterns, des Sittengesetzes, weit entfernt davon sei, diesem einen finsteren oder harten Anstrich zu verleihen. Indem sich endlich die Idee der Menschheit auf die eigene Person des Selbst-Gesetzgebers zurückbezieht, wird sie zu der Idee der „Menschheit in mir", das heißt der sittlichen Persönlichkeit. Gerade das formale, durch keinen außer ihm liegenden Beweggrund bestimmte Sittengesetz birgt auf diese Weise die Möglichkeit der reichsten Entfaltung in sich. Es offenbart dem Menschen am besten sein „eigentliches Selbst", seine „bessere Person", seine Würde, die in der „Freiheit eines vernünftigen Wesens unter moralischen Gesetzen" besteht.

All diese hier vorgetragenen Ideen Kants – wie die der allgemeinen Gesetzgebung, des Reichs der Sitten, der Autonomie, der Menschheit und der freien sittlichen Persönlichkeit – verschmelzen schließlich mit dem Zweckgedanken. Denn für Kant ist nicht so sehr das Warum wichtig, sondern das Wozu, das heißt die Ordnung der Zwecke. Dies ist das eigentliche Gebiet unseres Wollens und Handelns. Es geht hierbei um die Unterordnung der niederen unter die höheren Zwecke, der besonderen unter die allgemeinen Zwecke, bis wir zuletzt zu dem Gedanken eines End- oder Selbstzwecks gelangen, der nicht mehr Mittel zu einem höheren ist.

„In der ganzen Schöpfung kann alles, was man will und worüber man etwas vermag, auch bloß als Mittel gebraucht werden; nur der Mensch und mit ihm jedes vernünftige Wesen ist Zweck an sich selbst."

Kant suchte nach einem Gesetz, das für alle Vernunftwesen, das heißt Menschen, verbindlich wäre. Zugleich suchte er nach praktischen Gesetzen, die verbindlich sein könnten für den Willen jedes vernunftbegabten Menschen. Ausgehend von der Vorstellung einer allgemeinen Gesetzgebung gelangte er von selbst zur Idee der Menschheit, die heute in aller Munde ist. Für ein solches Gesetz bliebe als einziger Maßstab dessen Fähigkeit übrig, allgemein gesetzgebend zu sein. Ein Wille, der einzig und allein von dieser bloßen gesetzgebenden Form bestimmt wird bzw. sich bestimmen lässt, heißt bei Kant frei. Und umgekehrt: Für den freien Willen ist jene gesetzgebende Form der alleinige Bestimmungsgrund. Dieses Gesetz bezeichnet Kant als „Grundgesetz der reinen praktischen Vernunft" (Sittengesetz).

Also noch mal: Dieses Grundgesetz, auch als kategorischer Imperativ bezeichnet, lautet:

„Handle so, dass die Maxime deines Willens jederzeit zugleich als Prinzip einer allgemeinen Gesetzgebung gelten könnte."

Wenn nun alle diese Ideen des Reichs der Sitten, wie oben angeführt, sich mit dem Zweckgedanken verbindet, weil nur der Mensch als alleiniges vernünftiges Wesen Zweck an sich selbst ist, so wird aus der obigen Formulierung dann:

„Handle so, dass du die Menschheit sowohl in deiner Person als in der Person eines jeden anderen jederzeit zugleich als Zweck, niemals bloß als Mittel brauchst."

Dies alles hätte, auch nach Kant, wenig Sinn, wenn dieses Gesetz nicht wirklich auch beim Menschen mit allen seinen widerstrebenden Neigungen und Gefühlen angewendet werden könnte.

In uns Menschen ist jedes Wollen mit einem Gefühl von mehr oder weniger Lust oder Unlust verbunden. Der kategorische Imperativ ruft in uns ein gemischtes Gefühl hervor, das wir Achtung nennen. Nach Kant fühlt sich der sinnliche Mensch im Bewusstsein seiner Unangemessenheit im Vergleich mit der Idee eher gedemütigt, der moralische Mensch dagegen „erhoben“ in dem Gefühl, selbst der Schöpfer eines solchen Gesetzes der eigenen Vernunft zu sein. Dabei kommt es zu der Empfindung jenes unerklärbaren Etwas in uns, „das sich getrauen darf, mit allen Kräften der Natur in dir und um dich in Kampf zu treten und sie, wenn sie mit deinen sittlichen Grundsätzen in Streit kommen, zu besiegen“. Dadurch fühlt er die Erhabenheit seiner Bestimmung, seinen inneren, über allen „Marktpreis“ hoch erhabenen Wert, seine Würde.

Wenn auf diese Weise vermittelst des Gefühls das Sittengesetz Triebfeder unseres Handelns wird, erwacht in uns das Bewusstsein der Pflicht.

Gleichzeitig kann es dadurch – wie oft im Leben des Menschen – zu einem inneren Konflikt zwischen den Forderungen des Sittengesetzes und der mit allen Kräften widerstreitenden Natur in uns kommen. Wenn es uns aber gelingt, die animalischen Triebe in uns zu besiegen, dann fühlt der Mensch ganz klar die Erhabenheit seiner Bestimmung, er wird sich seines inneren Wertes und seiner Würde als Mensch bewusst; also ein klarer Unterschied zum Tier, aus dem sich der Mensch wohl entwickelt hat.

Kant konnte ja seinerzeit noch nichts von Darwins Lehre über die Abstammung des Menschen wissen. Ich bezweifle persönlich nicht die Abstammung des Menschen aus dem Tierreich, aber die geistig-sittliche Natur des Menschen kommt selbst bei den am höchsten entwickelten Tieren nicht vor. Damit habe ich nicht gesagt, dass es nicht auch viele Menschen gibt, die keine Moral haben und sich in dieser Hinsicht wenig von den Tieren unterscheiden.

Lassen Sie mich die Gedanken Kants noch etwas weiterführen. Wir hatten von dem Gefühl der Erhabenheit, des inneren Wertes und der Würde des Menschen gesprochen, wenn er imstande ist, seinen Trieben und Gelüsten so Einhalt zu bieten, wie es die Sitte erfordert. Wenn das Sittengesetz Triebfeder unseres Handelns wird, dann erwacht in uns das Bewusstsein der Pflicht und sogar der Pflicht und Schuldigkeit als eines sittlichen Auftrags, den jeder Mensch sich selbst, aber auch anderen Menschen gegenüber zu erfüllen hat.

Um den Pflichtbegriff „ganz rein" zu haben, musste der Philosoph ihn scharf von allem Glückseligkeitsstreben sondern; Verzicht auf Glückseligkeit wird damit jedoch nicht gefordert, bei unserem besseren Selbst findet er vielmehr von selbst Eingang.

„Pflicht! Du erhabener großer Name, ... welcher von selbst im Gemüte Eingang findet und doch sich selbst wider Willen Verehrung (wenngleich nicht immer Befolgung) erwirbt, vor dem alle Neigungen verstummen ..."

Man müsse nur das rein moralische Motiv wirken lassen, das allein dem Menschen Charakter, Würde und Seelenstärke verleiht und sich als die mächtigste, ja im letzten Grunde einzige dauerhafte Triebfeder zum Guten erweist.

Wie ich oben schon erwähnte, lebte Kant in Ostpreußen, das zu Preußen gehörte. Viele seiner Gedanken und Tugenden wurden zu preußischem Gedankengut und preußischen Tugenden und wirkten später auch im positiven Sinne auf deutsche Moral und Lebensart. Wie gut könnten wir heute einen Teil dieser positiven Moral von einst gebrauchen, wenn ich nur an Anstand, Ehre, Würde oder Pflichtgefühl denke, sich selbst gegenüber, aber auch gegenüber unserem Land und unseren Vorfahren, ohne deren Leistung und Kultur wir heute nicht so leben könnten, wie wir leben. Früher hieß es: Gemeinwohl geht vor Eigenwohl! Man erfüllte mit Ehre und Genugtuung seine Pflichten wie andere Völker, die heute noch Nationalstolz haben und pflegen.

Früher erbrachte man mit Stolz, Gewissenhaftigkeit und Pflichtbewusstsein seine Leistung und war auch stolz auf die Leistung seiner Landsleute. Heute, wo die eigene Regierung es mit der Moral nicht besonders genau nimmt und zusätzlich das eigene Volk beschimpft oder die Beschimpfung anderer zulässt, muss man sich nicht wundem, wenn die Bürger auf diesen Staat nicht besonders stolz sind und die Moral der Bevölkerung – auch in der Pflicht zur Erfüllung des Generationenvertrags – kaum mehr wahrgenommen wird. Die stark gesunkene Steuermoral ist nur eines von vielen Kennzeichen, dass das Pflichtgefühl ganz allgemein gegenüber der eigenen Gemeinschaft und Nation kaum mehr empfunden wird, weil die Gemeinschaft immer mehr zerfällt und kaum mehr gemeinsame Ideale vorhanden sind, mit denen man sich identifizieren könnte.

Lassen Sie mich noch auf einen Punkt in Kants Tugendlehre zu sprechen kommen, der ein Fehlverhalten betrifft, das vor allem bei heutigen Politikern, die eigentlich als Repräsentanten von uns Vorbilder sein sollten, häufig vorkommt. Ich spreche vom Lügen. Kant fordert in seiner Tugendlehre die unbedingte Wahrhaftigkeit. Die Lüge oder vorsätzliche Unwahrheit gilt bei ihm als der „eigentliche faule Fleck“ in der menschlichen Natur, als das größte Vergehen des Menschen gegen sein besseres Selbst, als Wegwerfung seiner Menschenwürde.

Heute wird von höchsten Repräsentanten des Staates gelogen, ohne rot zu werden oder mit der Wimper zu zucken und ohne dass wesentliche Konsequenzen daraus gezogen würden. Das zeigt, welche verwilderten Sitten heute herrschen, obwohl es an Ethikkommissionen und parlamentarischen Untersuchungsausschüssen nicht mangelt.

Immanuel Kants Sittengesetz – Bedeutung und Nutzanwendung heute?

Immanuel Kant hat sich vor allem dadurch bleibende Verdienste erworben, dass er die Philosophie auf eine rein rationale, wissenschaftlich begründbare Grundlage stellte und jegliche Dogmatik ablehnte. Dass dies bis heute nicht voll gelungen ist, weiß jeder.

Kant hat sich aber auch mit den irrationalen Bedürfnissen des Menschen auseinandergesetzt, mit Ethik, Moral und der Freiheit des Willens – alles Fragen, die der Mensch auch heute noch nicht gelöst hat und die deshalb nach wie vor aktuell sein sollten.

Es konnte im Rahmen dieses Beitrages, wie gesagt, nicht darum gehen, sich mit Kants bedeutendem Werk grundsätzlich auseinanderzusetzen. Es sollte vielmehr dazu angeregt werden, sich einmal näher mit seiner Philosophie zu befassen, insbesondere mit seiner Metaphysik der Sitten, seiner Pflicht- und Tugendlehre und seiner populär geschriebenen Methodenlehre.

Nach Kant ist, wie oben dargelegt, die Lüge der „faule Fleck“ beim Menschen, das größte Vergehen des Menschen gegen sein besseres Selbst, gleichsam eine Wegwerfung seiner Menschenwürde. Dieses Problem wird uns täglich im Alltag wie in der Politik vor Augen geführt. Wir wissen, wie viele Menschen dies tun, indem sie andere, aber auch sich selbst belügen, ohne auch nur Gewissensbisse oder gar Skrupel dabei zu empfinden.

Nach Kants Meinung könne man eine volle Aufrichtigkeit verlangen, was ich mir zurzeit bei uns nicht vorstellen kann. Da müssten schon unsere Politiker mit gutem Beispiel vorangehen, was einem Wunder gleichkäme. Als positiv denkender

Mensch halte ich jedoch einen Sinneswandel für möglich und vor allem für dringend geboten.

Bei fehlender Korrektur dieser Fehlentwicklung könnte es bald zu einer heute noch kaum vorstellbaren Katastrophe kommen. Wir sind alle aufgefordert, dies zu verhindern! Wir haben schon genügend Katastrophen erlebt. Es sollte doch für den vernunftbegabten Menschen möglich sein, dass wir einmal nicht erst hinterher klug werden!

Heilbronn, Januar 2002

Hans Ebert

Eine Karriere wird beerbt

Agnes speiste bei ihrer guten, alten Studienfreundin Melitta. Ihre Gastgeberin war noch immer als Lehrerin, inzwischen Konrektorin, tätig, während Agnes diesen ihren Beruf aufgegeben hatte, als die Kinder kamen. Beides, Mutter und berufstätig zu sein, wäre eindeutig über ihre Kräfte gegangen, wie sich spätestens bei ihrer ersten Fehlgeburt herausgestellt hatte; ob es dagegen nur Nachteile gehabt hätte, wenn ihre Nachkommen als „Schlüsselkinder" beizeiten und notgedrungen größere Selbständigkeit, wie gewisse Nachbarskinder, erlangt hätten, darüber ließ sich später öfter mit Recht im Familienkreis streiten.

Agnes „speiste" wirklich und wahrhaftig! Das war diesmal nicht nur ein gehobener Ausdruck für „essen", fürs Einnehmen einer Mahlzeit, sondern entsprach dem edlen Porzellan und der ganzen gediegenen Tischdekoration, die sie vom ersten Augenblick an, als sie dieses Haus betreten hatte, teils mit Be-, teils mit Verwunderung, kopfschüttelnd bestaunte.

Dabei ging es ihr selbst auch nicht schlecht! Heinz, ihr Mann, war gerade Oberstudienrat geworden; und vor einem Jahr hatten sie ein Reihenhaus mit Gärtchen beziehen können. Da war es für ihre fünf Kinder, die inzwischen alle zur Schule gingen, manchmal vielleicht etwas eng; und sie selbst hätte, besonders für Besucher, auch gern eine großzügigere Eingangshalle besessen; aber es war immerhin alles ihr eigenes Reich! Heinz hatte jedoch auch viel besonderen Arbeitseinsatz und Überstunden dafür aufbieten müssen; und nun waren sie über Jahre, voraussichtlich bis zur Pensionsgrenze, verpflichtet, die Darlehen zurückzuzahlen, die sie für die Bau- und Grundstückskosten hatten aufnehmen müssen; wegen der Zinsen zu ihrem und Heinz' Entsetzen glatt doppelt soviel, wie die Darlehenssummen betrugen und wie es für sie bei der Planung auf den ersten Blick ausgesehen hatte. Trotzdem war man voll zufrieden mit dem, was man schaffte.

Während dieser letzten, besonders geschäftigen und aufregenden Jahre hatte Agnes die Freundin fast ein wenig aus den Augen verloren. Hinzu kam, daß Melitta von ihrem gemeinsamen Studienort im Westen nach Berlin weggezogen war, nachdem sie Karl-Hugo, ebenfalls Lehrer, und zwar an der dortigen Wirtschaftsoberschule, kennengelernt hatte und, lange nach Agnes, heiratete. Beide Eheleute, nach wie vor kinderlos, waren bis heute berufstätig geblieben und hatten, wie die Berufsanfänger nach dem Studium eigentlich alle, bis vor kurzem dort bescheiden eine Mietwohnung bewohnt.

Die Freundinnen hatten, wenn sie in dieser Zeit einander ein seltenes Mal besuchten, über ihre Männer gelächelt und ab und zu sogar ein wenig über die eine oder andere Angewohnheit und Eigenheit, mit Nachsicht, gelästert, besonders Melitta, die als Studentin vor allem für Mediziner geschwärmt hatte und eigentlich einen Arzt hätte ehelichen wollen …

Wenn die beiden Berliner einmal in ihren Ferien zusammen kamen, hatten sie meist nicht viel Zeit mitgebracht. Nicht, daß sie sich vor dem Krach gefürchtet hätten, den die damals noch kleinen Kinder von Agnes und Heinz einigermaßen pausenlos und nachhaltig in der Wohnung verbreiteten; aber sie mußten, jahrelang, anschließend unbedingt noch eine uralte, rätselhafte „Erbtante" in der Nähe aufsuchen, die irgendwo in einer Villengegend auf der Höhe residierte, die Agnes nie zu Gesicht bekommen hatte und die ihr deshalb immer ziemlich unwirklich geblieben war, wohingegen sie Melittas ländlich schlichtes Elternhaus von früher her recht gut kannte.

Agnes war von Natur aus nicht neidisch oder gar besitzgierig; und die mögliche Erbschaft hielt sie lange Zeit schon deshalb für ein Gerücht, weil es sich bei der greisen Witwe bloß um eine entfernte Verwandte von Karl-Hugo, nämlich die Frau des verstorbenen Bruders seiner Mutter, also eine angeheiratete Verwandte dritten Grades, gehandelt hatte, wenn sie die verwickelten Verwandtschaftsverhältnisse damals recht verstanden hatte; meist hatte sie ohnehin, von den Kindern unablässig belagert, nur mit halbem Ohr diesen Abschweifungen zugehört.

Jetzt hatte diese sagenhafte Erbtante jedoch tatsächlich endlich „das Zeitliche gesegnet", wie man so sagte. Aus dem vagen Gerede und Gerücht war Wirklichkeit geworden; die beiden Lehrkräfte waren hierher nach Westdeutschland gezogen, hatten auch gleich eine Anstellung gefunden; und nun besuchte Agnes also ihr neues Heim.

Es war wirklich eine Traumvilla! Umfang und Ausstattung sprengten den Rahmen all dessen, was ihr bisher in Verwandten- und Kollegenkreisen bekanntgeworden war. Der Garten war ein Park mit Teehaus und Goldfischteich, der mit prächtigen Seerosen bedeckt war und den ein echtes Bächlein durchfloß. Das Kellergeschoß, das ihr beim Rundgang vorm Essen von ihrer Freundin ebenfalls gezeigt worden war, hatte einen Umfang, der die gesamte Wohnfläche ihres Reihenhauses bei weitem überschritt. Früher hatte hier einmal das Hauspersonal gewohnt, das es jetzt allerdings nicht mehr gab.

„Hat's dir geschmeckt?" unterbrach Melitta Agnes' Gedanken. „Viel hast du nicht gerade zu dir genommen!" Nach der Suppe hatte es Kalbssteak mit Blumenkohl gegeben, den die Hausfrau mit einer tüchtigen Prise Muskatnuß bestreut hatte.

Agnes hob die Augen von ihrem Teller, der wiederum auf einem riesigen Zinnteller stand, welcher in seinem Umfang nur noch von Bioleks Renommiertellern im Fernsehen ganz leicht übertroffen wurde, und legte das schwere Silber nieder. „Doch, doch, durchaus“, beeilte sie sich zu erwidern und nahm aus dem Kristallpokal einen Schluck Wein, der ihr insgeheim zu trokken war; denn sie mochte es gegen den allgemeinen Trend lieber ein bißchen süß, und das bekam ihr auch besser.

„Dann bin ich ja zufrieden und hole schnell mal den Nachtisch“, erklärte Melitta lächelnd. „Karl-Hugo hat heute an meinem freien Tag ausgerechnet sechs Stunden. Da ißt er meist schon etwas in der Schule, zumal ich dann oft unterwegs bin. Doch heute wird er nachher den Mokka noch mit uns einnehmen.“ Und die Freundin verschwand, auf ihre Uhr blickend, eilends in ihrer Küche.

Agnes schaute sich derweil, immer noch einigermaßen staunend, in dem großen Raum um. Abgesehen von der Tafel, an der sie sich wie in einem Königsschloß im Märchen vorgekommen war, wo man von goldenen Tellerchen speiste und aus güldenen Becherchen trank, stand auch sonst alles voll von Kostbarkeiten, wohin ihr Auge auch schweifte: Die Teppiche waren schwere alte Perser in herrlichen Naturfarben, auf Anrichte und Büfett standen Bronzeskulpturen und gewaltige Figuren aus Meißner Porzellan, die sie jedoch nicht besonders mochte; und die Wände waren mit einer ganzen Reihe wahrhaft imposanter Ölgemälde in massigen Rahmen verziert. Ein Seestück mit einem Schiff mit rostbraunen Segeln gefiel ihr auf den ersten Blick gleich sehr!

Am allerschönsten hatte sie bei dem Besichtigungsgang durch die verschiedenen Stockwerke des Hauses allerdings das Damenzimmer gefunden, das nebenan lag und in dem herrliche alte Rokokomöbel wunderbar miteinander harmonierten. Agnes stand zögernd vom Tisch auf, öffnete nochmals die Tür und schaute die zierliche Kommode und den Schreibschrank mit den geschwungenen Beinen, das mit Intarsien verzierte Tischchen sowie die damastbezogenen Armsessel und Stühle wieder und wieder ganz verliebt an.

Dann betrat Melitta mit einer Eisbombe, auf die sie reichlich Eierlikör gegossen hatte, schon wieder das Eßzimmer; und die beiden Freundinnen schlemmten noch ausgiebig.

Als die beiden Frauen nach einer Pause, in der sie das Geschirr in der geräumigen Küche, welche Agnes an einen Hotelbetrieb erinnerte, abgestellt hatten, beim Mokka in winzigen Meißner Täßchen mit Goldrand angelangt waren, betrat Karl-Hugo das Zimmer und setzte sich dazu.

„Na, was meinst du zu der Pisa-Studie?“ fragte er Agnes aufgeräumt. „Uns hat sie nicht allzusehr überrascht!“

„Ach, ich halte mich da raus!“ wehrte Agnes ab; und sie dachte an Heinz, der oft genug schimpfend aus dem Unterricht und auch von den Elternabenden heimgekehrt war – in letzter Zeit eher zu oft, wie Agnes fand.

„Du könntest uns eigentlich den Kamin anzünden“, schlug Melitta vor, die offenbar das Unbehagen ihrer Freundin an der aufkommenden und eher zähflüssigen Fachsimpelei herausgespürt hatte. „Es ist heute draußen gar nicht so schön geworden; aber deshalb die ganze Zentralheizung anzuwerfen lohnt eigentlich nicht. Ehe es in diesen dicken Mauern richtig warm wird, scheint schon wieder die Sonne! Ich kümmere mich inzwischen um den Kuchen. – Du bleibst doch noch zum Kaffee, nicht wahr? Enttäusch mich nicht!“

Agnes rief aus: „Du hast hoffentlich nicht extra gebacken!“ und ging dann mit dem Mann ihrer Freundin hinüber in den Salon, wo außer den bis an die Decke reichenden Bücherwänden mit teils altehrwürdigen Ledereinbänden ein massiger Kamin ihren Blick fesselte.

„Wirklich großartig habt ihr's hier", meinte sie nochmals anerkennend, indem sie sich umschaute.

Karl-Hugo lächelte höflich.

Agnes fand, der neue Besitz und seine Rolle als Universalerbe standen ihm gut. Er war bei aller Veränderung ihrer äußeren Umstände der alte geblieben und benahm sich noch genauso natürlich ihr gegenüber wie früher; aber irgendwie wirkte er gleichzeitig ruhiger, gelassener und zugleich bestimmter, irgendwie – souveräner. Seine ihm schon immer eigene wohlabgestimmte Gemessenheit hing nicht mehr so, leicht unbegründet, in der Luft. Früher hatten sich die beiden Frauen manchmal ein wenig über seine äußerst höfliche, formvollendete, gentlemanlike Art belustigt; jetzt paßte dies alles hier beneidenswert gut zueinander.

„Ihr, das heißt du, Heinz und natürlich auch die Kinder, müßt uns bald einmal auch in unserm Sommerhaus am Bodensee besuchen, sobald wir dort mit der überfälligen Renovierung fertig sind", forderte Karl-Hugo Agnes auf, die in einem riesigen Sessel versunken war. „Was heißt ‚Sommerhaus'?" unterbrach er selbst seine Rede. „Der zweite Besitz, den wir geerbt haben, ist eher noch größer als dieses Haus hier! Dort werde ich später mal meinen Alterssitz nehmen, wenn ich in den Ruhestand getreten bin!"

„Dieses Haus verdient ja in der Tat die Bezeichnung ‚hochherrschaftliche Villa', wenn man es nicht gleich ‚Schlößchen' nennen will", erwiderte Agnes. „Wie kommt man denn nun dazu, davon gleich zwei zu bauen?"

Der Hausherr, der inzwischen die im Kamin bereits aufgestapelten mächtigen Holzscheite angezündet hatte, setzte sich neben Agnes in einen zweiten Sessel und schenkte ihr einen alten Jahrgangsport ein.

„Mein Onkel, der schon längere Zeit verstorben ist, war ursprünglich auch nur ein kleiner Angestellter, genauso wie die meisten von uns, wenn sie mit dem Studium fertig sind.

Die Firma, in die er damals als junger Mann nach dem Ersten Weltkrieg eintrat, war allerdings schon zu jener Zeit Anfang des Jahrhunderts recht bedeutend. Das heißt, sie stellte Produkte her, für die sie, weltweit, praktisch ein Monopol besaß. Keiner konnte zu der Zeit liefern, was sie förderte und produzierte, und die Nachfrage überall auf der Welt war riesengroß und stieg zu der Zeit noch rapide an.

Heute ist das ganz anders! Heute wird ihr von ausländischen Herstellern, die billiger produzieren können, so stark Konkurrenz gemacht, daß kaum noch Gewinne zu erzielen sind und im Gegenteil eine Zeche und eine Fabrik nach der andern stillgelegt werden muß. Sozialplan! Aus, Ende!“

Agnes nickte. Heinz hatte ihr vor kurzem aus ihrer Tageszeitung vorgelesen: „Die Blütezeit des Kalisalzabbaus in Deutschland, der in Schächten bis zu 1500 Meter Tiefe erfolgen mußte, ist längst vorbei. Länder wie Rußland oder Kanada liefern den Rohstoff für die Düngemittelherstellung und die chemische Industrie schon lange deutlich billiger. Unsere Bergwerke halten dem Preisdruck auf dem Weltmarkt nicht mehr stand; immer mehr Förderanlagen, auch in unserer Region, müssen stillgelegt werden …“

„Damals nannte sich mein Onkel zwar wohlklingend Direktionsassistent“, fuhr Karl-Hugo fort, „aber im Grunde war er bloß ein kleines Rädchen in dem wohl mehrere zehntausend Mitarbeiter zählenden Unternehmen. Sein Chef, dem er zuarbeitete, war allerdings damals bereits der spätere Vorstandsvorsitzende, also der erste Mann des Konzerns, an dessen Aufstieg mein Onkel partizipierte. Dennoch wäre er sicherlich noch lange Jahre nur sein bewährter und treuer Handlanger geblieben und hätte sein Arbeitsleben vielleicht bestenfalls als Leiter eines Zweigbetriebes irgendwo in der Provinz abgeschlossen, wenn nicht eines Tages ein besonderes Ereignis eingetreten wäre. Immer wenn ich als Junge davon in der Familie erzählen hörte, kam es mir vor wie ein richtiges Abenteuer, das ich sonst nur aus Karl Mays Romanen oder anderen spannenden Büchern kannte:

Auf den Vorstandsvorsitzenden wurde ein Attentat verübt! Ich weiß nicht, welche Wirren in der Weimarer Republik dazu geführt haben; ob es Kommunisten waren, welche einen führenden Vertreter der verhaßten Kapitalistenklasse beseitigen wollten, oder ob andere verbrecherische Mächte dahintersteckten? Ich weiß im Grunde nicht einmal, ob überhaupt politische Gründe für den Anschlag ausschlaggebend waren. Mein Onkel ist zu früh gestorben, als daß ich ihn ernsthaft nach Einzelheiten hätte fragen können oder mögen."

(Es ist nicht auszuschließen, daß Karl-Hugo Agnes an diesem Nachmittag doch noch das eine oder andere bemerkenswerte Detail berichtet hat, die es dann gleich wieder vergaß. Mehr als das, was hier steht, hat sie Heinz von ihrem Besuch und dem Gespräch hinterher nicht berichten können!)

„Jedenfalls wurde auf dem Weg zu einer Sitzung", fuhr Karl-Hugo fort, „auf den Chef geschossen; und wenn sich mein Onkel nicht beherzt dazwischengeworfen hätte, wäre er möglicherweise tot gewesen, bevor der Attentäter vom Werkschutz überwältigt werden konnte. So ging der Schuß daneben!

Fortan wuchs der Einfluß meines Onkels mächtig – da starb nach wenigen Jahren plötzlich sein Boß eines natürlichen, relativ frühen Todes. Und nun kam ein Zweites hinzu: Seine einflußreiche Witwe protegierte den jungen Mann in jeder Weise ... Am Ende heirateten die zwei! Die ehrgeizige Frau steuerte Onkels Karriere so geschickt, daß er am Ende bald selbst als Chef der Firma und Nachfolger des Toten dastand.

Aber Onkel mußte auch selbst eine Menge auf dem Kasten haben! Denn wenn du heute auf den Konzern zu sprechen kommst, dann erfährst du unweigerlich, daß im Gedächtnis von Fachkreisen und überhaupt der Nachwelt mein Onkel, der Herr Generaldirektor, wie ein Denkmal dasteht, unter dem das Unternehmen die größte und beste Zeit hatte. Fraglos war es seine Blütezeit, der Höhepunkt, wohin Onkel – mit Hilfe mehrerer Glücksmomente – den Riesenkonzern zu führen vermochte! Glück und Tüchtigkeit müssen eben zusammenkommen, wenn man im Leben etwas Besonderes erreichen will.

Unsere Erbtante, die schon von Hause aus wohlhabend und von ihrem ersten Manne her reich zu nennen war, hat dann nicht nur den ersten, sondern auch ihren zweiten Gatten überlebt; und da beide Ehen kinderlos blieben, war ich als ihr einziger Neffe der Haupterbe."

Karl-Hugo hatte kaum seine Geschichte beendet, die in Agnes' nüchternen Ohren abenteuerlich wie ein Roman geklungen hatte, als Melitta mit dem Kuchentablett eintrat. „Bevor du wieder zu deiner allerliebsten Kinderschar losmußt, liebe Agnes, noch eine kleine Wegzehrung. Du bist doch immer noch eine Süße wie früher – oder?"

„Ihr seid doch nicht etwa auf ein Fishing for Compliments aus und wollt von mir hören, wie gut ihr noch Sahnetorten vertragt oder Schlagsahne? Wegen eurer Linie braucht ihr beiden euch jedenfalls keine Gedanken zu machen", warf Karl-Hugo charmant ein. „Melitta wird mir manchmal sogar ein bißchen zu hager; aber sie strampelt sich ja auch was ab …"

„Es gibt ja auch noch andere Risikofaktoren", entgegnete Agnes. „Wenn du heute zum Arzt gehst, findet der meist auch was; manchmal Sachen, an die du vorher gar nicht gedacht hast! Bei mir kürzlich erhöhten Cholesterin, in meinem Falle jedoch wohl weniger ernährungsmäßig als eher erblich bedingt; bei Heinz Unregelmäßigkeiten mit dem Herzen ..."

„Also Leute, noch laßt uns frohgemut ‚den Tag pflücken', wie die alten Lateiner zu sagen pflegten", unterbrach Melitta resolut dies Gespräch. „Am besten, wir setzen uns in den Wintergarten. Dort fällt jetzt noch das schönste Licht durch die Scheiben; und wir sehen auch ein bißchen vom Garten!"

Während Melitta den Kaffee an den bereits von ihr gedeckten Tisch holte, ergänzte Karl-Hugo noch zu ihrem Kamingespräch: „Wir werden demnächst übrigens ein oder zwei Kinder adoptieren, damit unsere beiden geräumigen Häuser mit Leben erfüllt werden. Außerdem ist im Testament meiner Tante, die Alleinerbin nach meinem Onkel war, verfügt, daß wir das Zweithaus am Bodensee nur behalten dürfen, wenn wir Nachwuchs vorweisen können. Darauf hat Tantchen anscheinend besonderen Wert gelegt, nachdem alle anderen Familienzweige ausgestorben sind. Sonst fiele das Vermögen am schönen Bodensee in die dortige Stiftungsmasse. Trotz unseres etwas fortgeschrittenen Alters sollte das jedoch keine Schwierigkeiten bereiten, rechtlich, meine ich. Auch für eine Kinderbetreuerin oder ein Au-pair-Mädchen wäre mehr als genügend Platz! Wenn wir jemand aus unserer englischen Bekanntschaft oder aus den USA oder Kanada gewönnen, könnte das nur noch förderlich sein für meine Sprachkenntnisse in meinem Englischunterricht!"

Melitta, die mit der Kanne im gemütlichen Verandaraum stand, nickte zustimmend, während sie Kaffee einschenkte und zum Kuchen nötigte. „Berufstätig wollen wir alle beide trotzdem bleiben – nicht wahr, Karlchen? Wir müssen nur sehen, daß wir in den nächsten Ferien Onkels Büste aus dem Foyer mit an den Bodensee schaffen!" Und zu ihrer Freundin gewandt, fügte sie erklärend hinzu: „Tantchen hatte der Stadt am Bodensee aus ihrem Vermögen eine Stiftung für alte Leute und andere gute Zwecke vermacht; und jetzt rief uns der Bürgermeister an, daß man Onkels Büste gern zu seinen Ehren im Rathaus aufstellen wolle.

Falls euch die Kinder Zeit lassen, würden wir uns freuen, wenn ihr, das heißt du und Heinz, bei diesem Festakt dabeisein könntet. Bei der Gelegenheit würden wir euch gern auch einen ersten Blick in unser anderes Haus werfen lassen, das hoch über dem See liegt. Es wird euch gefallen! Im Augenblick suchen wir bloß noch jemand als Hausverwalter, der die Instandhaltungsarbeiten beaufsichtigt und auch sonst ein bißchen aufpaßt, nachdem es jetzt leer steht. Tantchen hatte zuletzt ja mehr dort im wärmeren Klima als hier gelebt, aber natürlich kaum mehr etwas modernisiert. – Vielleicht, daß wir jemand aus der Familie finden ..."

„So herrliche Blumen hast du uns mitgebracht!" sagte Melitta freundlich, als sie nach Agnes' Abschied durch den Vorraum schritten. „Doch du bist so schweigsam geworden! Ist was?"

„Ach, ich habe nur ein bißchen Kopfschmerzen, nicht der Rede wert. Die kriege ich in letzter Zeit öfter, gerade wenn ich am Wochenende einmal ausspanne oder sonst abschalte", antwortete ihre Freundin unbestimmt.

„Mir geht auch so viel durch den Kopf", setzte sie hinzu und empfand unversehens eine schier übermächtige Sehnsucht nach ihren Kindern; denn sie liebte sie alle sehr, so verschieden sie, besonders nach Ansicht ihres Mannes, auch geartet waren. Agnes jedoch bewahrte sie alle gleichermaßen und vorbehaltlos in ihrem mütterlichen Herzen. Sie würden immer oder wenigstens so lange ganz vorn bei ihr rangieren, so sagte sie sich zuweilen, wenn sie sich überlastet fühlte, bis sie auf eigenen Füßen stehen könnten.

„Vielleicht versuchst du es mal mit Bridge, wie ich. Das lenkt wunderbar ab“, riet ihr Melitta, als sie sich beim Abschied enthusiastisch wie heute allgemein üblich, Schmatz rechts, Schmatz links, umarmten.

Agnes konnte sich das nicht recht vorstellen, sagte aber nichts, als sie sich eilig zum Gehen wandte.

„Nächstes Mal, wenn du uns besuchst“, hörte sie die Freundin ihr noch nachrufen, während sie aus dem herrschaftlichen Portal hinausschritt, an dessen Seiten es von kostbaren Skulpturen aus Bronze und altehrwürdigen Putten aus Stein nur so wimmelte und glänzte, „nächstes Mal werden wir bestimmt einen Hund haben, einen großen. Kriegt dann bloß keinen Schreck, wenn er euch gleich an der Einfahrt freudig schwanzwedelnd begrüßt!“

Brigitte Gottlieb

Sieben Stäbe

Auszug aus dem Roman „Ankh – Eine Liebe im Wandel der Jahrtausende“

Mit ihrem Bedürfnis, Asad den Gesinnungswandel mitzuteilen, befand sich Maria noch rund zwei Stunden auf der „Folterbank“. Das Telefon holte sie aus ihren Gedanken. „Entschuldige, wir hatten Schwierigkeiten mit unangenehmen, betrunkenen Touristen, deshalb die Verspätung. Kannst du bitte ein Taxi nehmen und ins Novotel kommen?“

Maria war im Nu fertig, duftete nach ihrem Lieblingsparfüm, was der Taxifahrer sehr schätzte. „Der Mann, mit dem Sie heute ausgehen, ist zu beneiden!“ Solche Komplimente bekam sie oft zu hören, die Ägypter waren Meister darin.

Im Hotelpub im Untergeschoss fand sie Asad zusammen mit einem dänischen Pärchen. Er stellte Maria vor und machte eine anerkennende Bemerkung über ihr Aussehen, auch über ihren Duft. Das junge Paar schien auf den ersten Blick recht sympathisch, und bis auf die Unterhaltung, die überwiegend ins Dänische abglitt, störte Maria wenig. Als Neuankömmling ist es ohnehin besser, abzuwarten und zu beobachten, und so unterbrach sie das Gespräch nur kurz, um Asad aufmerksam zu machen: „Ich bin hier, um dir eine wichtige Mitteilung zu machen!“ Ein kurzer, erstaunter Blick, aber schon ergriff die Dänin wieder das Wort und Asads Hand, wie nebenbei. Wahrscheinlich war er mit diesen Leuten wer weiß wie lange schon befreundet und kannte sie womöglich aus Dänemark. Misstrauen und Eifersucht waren bei Maria kaum vorhanden, und sie dachte sich nichts dabei – vorerst!

Da man ja nicht jeden Tag erfährt, dass man vor viertausend Jahren ein Pharao gewesen war, beschloss Maria, den richtigen Augenblick abzuwarten. Noch dringender war die Aussage ihre geänderte Meinung betreffend.

Je länger sie diese Unterhaltung beobachtete, desto klarer wurde ihr, dass dieses Paar keineswegs harmonisch war. Der junge Mann saß, wie Maria selbst, fast unbeteiligt da, und die junge Dame flirtete umso heftiger mit „ihrem" Asad. Der wusste noch nichts von seinem „Glück" mit Maria, er schien sich sogar zu amüsieren.

Maria wurde soeben die Aussage einer Tarot-Karte bewusst, sie müsse damit rechnen, dass eine Frau als Rivalin auftreten würde und dass sie jedoch sicher sein könne, damit fertig zu werden, und stark genug sei. Damals in Wien erstaunte sie diese Karte noch, denn als friedliebende Waage hatte sie nichts mit Rivalen im Sinn. Nun verstand sie! Um zu siegen, wäre eine gewisse Taktik angebracht, um der Gefahr klug zu begegnen.

Als die Dänin im Waschraum verschwand, ergriff Maria die Gelegenheit, um Asad zuzuraunen: „Stell dir vor, ich weiß nun sicher, dass du Tut-Ankh-Amun warst und ich deine Königin! Wir kennen uns aus diesem Leben und begegnen uns jetzt wieder! Ich habe mich letztens geirrt, wir gehören doch zusammen! Nach viertausend Jahren haben wir uns endlich gefunden!"

Er sah sie abermals erstaunt an und lächelte unergründlich. „Gut, nun ist es an dir!"

Obwohl es freundlich klang, war Maria enttäuscht. Er schien die Tragweite dieser Nachricht nicht zu begreifen. Ein wenig mehr Euphorie hätte sie sich schon erwartet. Oder schenkte er ihr keinen Glauben? Hatte er andere Pläne? Schließlich hatte er ihr gleich am ersten Tag Herz und Hand geboten, und sie hatte vorerst abgelehnt. War er noch verletzt? Nun sollte sie also zeigen, wie sie diese Chance nutzte.

Die Dänin kam zurück, und das Händchenhalten und das Geplapper gingen wieder los. Maria fiel auf, dass das Dänisch aus ihrem Munde noch seltsamer klang als bei den anderen. Es rührte von einem Sprachfehler her, wie sie später erfuhr.

Maria wandte sich an den ruhig wirkenden Freund der Dame, der wunderbar deutsch sprach, und sie begannen eine angeregte Unterhaltung. Das Paar wollte sich nach dieser Reise trennen – alles klar! Sie stellten fest, dass sie und der Däne im gleichen Sternzeichen geboren waren, und tauschten Erfahrungen aus. Das Gespräch war interessant und amüsant, und Maria vergaß ihren „Kampf“ (typisch Waage!). Sie trug ihren Gleichmut zur Schau: Wenn Asad nicht interessiert an ihr wäre, dann eben nicht! Vielleicht hatte er noch nie etwas von Wiedergeburt gehört?

Während sich Maria mit dem netten jungen Mann sehr gut verstand, merkte sie, dass Asad längst nicht so amüsiert war, wie es zuerst den Anschein hatte. Die zudringliche Dänin wurde ihm lästig, und Maria spürte, dass er sie beobachtete. Offenbar war er erleichtert, dass sie keine eifersüchtigen Reaktionen zeigte, sondern weiterhin ruhig und eher gleichgültig wirkte.

Die Dänin wurde noch hektischer, als er plötzlich Marias Hand ergriff und nicht mehr losließ. „Weißt du, dass du mein König bist?“ Sie neigte sich zu seinem Ohr, und er sah sie ernst an. „Und du bist meine Königin, ich habe es gleich gewusst, als ich dich sah!“ Es klang ganz selbstverständlich, ohne romantische Übertreibung.

Die Dänin schien nicht zu begreifen und setzte ihre Taktik fort, bis sie zu viert das Hotel verließen, um zu einer Tanzbar zu fahren. Im Taxi zwängte sie sich noch zwischen Maria und Asad und erreichte nur, dass er sie gar nicht mehr beachtete. Das arme Kind konnte ja nichts von ihrer tiefen, jahrtausendealten Beziehung wissen. Außerdem schien sie Maria in ihrem Verhalten krankhaft zu sein.

Wieder begrüßten eine Menge Leute „ihren“ Asad, und sie nahmen zu viert Platz. Die Musik dröhnte, und die Tanzfläche war gerammelt voll mit Leuten. Eine Bauchtänzerin erschien und ermunterte einige Gäste mitzumachen. Nach einer Weile kam sie auch zu Maria und forderte sie auf. Vor Jahren hatte Maria einen Bauchtanzkurs gemacht, und einige Bewegungen fielen ihr dazu ein, und es machte ihr Spaß. Am Ende ihres „Pas de deux“ bekamen sie großen Applaus.

Erfreut sah Maria, dass Asad begeistert war, aufsprang und mit ihr zu tanzen begann. Diesmal hatte er extra beim Diskjockey ein altes arabisches Lied bestellt, und er übersetzte den Text. Es war ein Liebeslied. Während des Tanzes sang er vergnügt mit.

Lachend rief Maria: „Wir sind sicher das glücklichste Paar in Luxor!“

Da wirbelte er sie im Kreis herum und hob sie hoch. „Von der ganzen Welt!“

Die Rivalin war von nun an für den restlichen Abend ausgeschaltet und unwesentlich.

Sie tanzten unermüdlich und bewegten sich harmonisch wie in Trance. Die Umgebung nahmen sie nur mehr schemenhaft wahr, denn ihre Augen versanken immer wieder ineinander. Mit jedem Tanz steigerten sie ihre Energien, und nur in den kurzen Pausen genossen sie ein angenehmes Müdigkeitsgefühl. Mit der vollkommenen Hingabe an die Musik offenbarte sich ein Teil ihrer Seelenverwandtschaft. Der Rhythmus verzauberte und verlockte sie immer aufs Neue, als hätten sie es immer schon getan …

Martha Greye-Hofrichter

Begegnung am Imbißstand

Es war die neblige Zeit Ende des Jahres. Es hatte schon geschneit, aber der Schneefall war meistens gleich in Regen übergegangen. Die Wege durch den Park waren aufgeweicht, und man mußte die trockenen Erhöhungen suchen, um keine nassen Füße zu bekommen.

Elise Diehl stieg und hüpfte mehr, als daß sie ging, am Rande des Parks entlang. Sie war nicht mehr ganz jung, vielleicht Ende Fünfzig, mittelgroß, aber noch schlank und beweglich. In ihrer hellen Bisamjacke mit der gleichfarbenen Kappe sah sie ganz schick aus. Nach den vielen schnee- und regenreichen Tagen war heute ein heller, fast sonniger Tag, der sie direkt froh stimmte. Durch die helle Wolkendecke blinzelte das Licht. Es war, als ob die Sonne schiene. Endlich brauchte man mal keinen Schirm.

Jahrelang war ihre Lieblingszeitung – ohne die sie nicht leben zu können glaubte – tagtäglich ins Haus gebracht worden. Aber wegen der immer häufiger vorgekommenen Unregelmäßigkeiten bei der Belieferung und der damit verbundenen Reklamationen hatte sie sich entschlossen, ihre Zeitung Tag für Tag selbst vom Kiosk zu holen. So verhalf sie sich zu einem regelmäßigen Spaziergang. Gleichzeitig verband Frau D. damit in letzter Zeit den Weg durchs Parterre eines nahe gelegenen Kaufhauses, in dem sich ein Imbißstand befand. Dort leistete sie sich oft ein kleines zweites Frühstück, eine Tasse Kaffee und eine kleine Wurst. Bei der Gelegenheit sah sie meist auch ein paar nette Auslagen, ein paar Leute. Manchmal traf sie auch jemanden aus der Nachbarschaft und konnte ein paar belanglose Worte wechseln. Denn obgleich sie gern allein war und gut allein auskam, war es ihr doch manchmal ein Bedürfnis, mit jemandem zu sprechen, und wenn es nur ein freundlicher Grußwechsel war.

Am Kiosk begrüßte sie die stets liebenswürdige Verkäuferin, gab ihr die abgezählten Groschen und meinte: „Endlich ein bißchen heiteres Wetter!“

„Ja“, erwiderte diese, „hoffentlich bleibt es eine Weile trokken!“, und reichte ihr die Zeitung durch das kleine Schiebefenster. Da kam schon der nächste Kunde, und Frau D. ging hinüber zum Kaufhaus.

Eine heiße Luftströmung schlug ihr entgegen, als sie die Eingangstür aufschob. Sie schlenderte an den Tischen vorbei, wie am Vortag. Warm war es hier drin. Sie öffnete ihre Jacke und wandte sich dem Imbißstand zu. Der Kaffee war sehr heiß, auch die Wurst, sie legte sie wieder hin. Durch die Glastrennscheibe konnte man in die Warenabteilung sehen und die vorbeigehenden Leute beobachten. Für Frau D. nun ein alltägliches Bild.

Da stellte plötzlich ein großer älterer Mann seine Tasse Kaffee neben die ihre. Unwillkürlich hielt sie ihre Tasche mit der Zeitung zu, in der sich auch etwas Geld und die Wohnungsschlüssel befanden.

Wie sah dieser Mann bloß aus! Gebeugt, vollkommen ungepflegt, ungekämmt sein langes Haar, viel zu lang für einen so alten Mann. *Sehr* alt schien er allerdings nicht zu sein. Sein Kopfhaar war noch ziemlich blond, nur sein unordentlicher langer Vollbart war schon gänzlich grau. Das Mantelfutter hing ihm zerrissen um die Hose.

Mißtrauisch blickten seine Augen in die Runde. Aus einer Aktentasche, die fast neu aussah, holte er eine Tüte mit Schrippen, die er wohl kurz zuvor bei einem Bäcker erstanden hatte. Immer wieder streifte sein nervöser Blick kurz die Umstehenden. Aber Frau D. deutete die Furcht in seinen Augen nicht so, als ob er sich verfolgt fühlte oder etwas auf dem Gewissen hätte. Vielmehr schien er zu argwöhnen, daß man an ihm Anstoß nahm, daß sich jemand über sein heruntergekommenes Aussehen mokieren könnte.

Vom Tresen holte er sich noch zwei Würstchen zu seinen trockenen Schrippen. Wahrscheinlich war das schon sein Mittagessen. Niemand von den wenigen anderen Leuten, die hier etwas tranken oder aßen, beachtete ihn.

Seine Gesichtszüge waren durchfurcht, vom Wetter gegerbt. Das Profil hätte man als kühn bezeichnen können, hätte er nicht diesen unstet umherschweifenden, fast wilden Blick, der herausforderte, oder besser: in die Schranken verwies.

Frau D. bemühte sich, ihn nicht anzusehen, gleichgültig zu tun.

Seine Stiefel waren verdreckt – bei dem Wetter kein Wunder. Aber Schuhcreme hatten die wohl nie gesehen. Sie hatten überhaupt keine Form. Es war schwer vorstellbar, daß man damit überhaupt laufen konnte. Ganz aufgequollen war das Leder, von Schnee und Regen durchgeweicht, standen sie nach außen und vorn hoch, bestanden nur aus Beulen und Wölbungen.

In Elise D. krampfte sich alles zusammen. Sie schämte sich, daß sie neben diesem Mann stand, so gut und warm angezogen war, so ordentlich, vielleicht sogar ein bißchen luxuriös, und daß sie gleich nach Hause gehen konnte in ihr behagliches und warmes kleines Heim.

Gewiß, er hatte einen Mantel an, und es gab Obdachlosenasyle. Doch wer weiß … an seinem Mantel hingen Fussel und Pflanzenreste. Wie mochte er zu diesem Elend gekommen sein, mit dem er sich nicht abgefunden zu haben schien, sich nicht abfinden konnte? Sie sah, wie er litt. Gewiß hatte er bessere Tage gesehen.

Frau D. trank den Rest ihres Kaffees und stellte die Tasse auf den Tresen. Es hatte ihr heute nichts geschmeckt. Nachdenklich verließ sie das Kaufhaus. Draußen atmete sie ein paarmal tief durch. Der Anblick dieses bedauernswerten Mannes hatte sie sehr mitgenommen.

Penner hatte sie ja schon des öfteren gesehen, schlampig oder lumpig gekleidete, unrasierte, besoffene. An eine Hauswand gelehnt saß einmal ein Stadtstreicher auf der Erde, die Schnapsflasche neben sich. Aber dieser Unglückliche heute hatte sie so erschüttert, daß sie ihn immer noch vor sich sah.

Sie hatte ihm nicht helfen können, hatte nicht gewagt, ihm Geld anzubieten. Und Männerkleidung zum Verschenken besaß sie nicht. – Hoffentlich wußte der Mann, wohin er sich wenden konnte, um sich helfen zu lassen.

Kremplinge vor meiner Haustür

Eine Pilz-Geschichte

Eines Tages entdeckte ich in einem meiner Blumentöpfe einen kleinen Pilz. Wie war er entstanden? Wie kam der Pilz, beziehungsweise wie kamen die Pilzfäden, aus denen bekanntlich die Pilze entstehen, in den Topf?

Dieser kleine Pilz erinnerte mich daran, daß in der Grünanlage inmitten von Häuserblöcken vor meiner Haustür eines Sommers plötzlich Pilze sprossen. Seit Jahrzehnten hatte man hier keinen Pilz bemerkt. Da wuchsen im Rasen und in der Mitte zwischen Birken dicke braune, gesund aussehende steinpilzähnliche Pilze, einzeln, zu zweien und in Gruppen, daß ich versucht war, diese seltene Gelegenheit buchstäblich beim Schopfe zu packen. So sammelte ich ein paar schöne Exemplare und brutzelte sie mit Fett und Zwiebeln in der Pfanne. Etwas skeptisch war ich aber doch, obgleich in einem meiner Pilzbücher zu lesen war: *Gekocht eßbar!* Vorsichtshalber schmorte ich die *Kahlen Kremplinge* deshalb recht lange.

Schön zierten die Pilze die Anlage, und jeden Tag wuchsen neue empor. Weshalb sie wohl Kremplinge hießen? Ihren Hutrand hatten sie jedenfalls nicht nach oben gekrempelt. Jeder hatte auch seinen Hut anders aufgesetzt. Keiner wollte dem andern gleichen.

Da ich möglichst alles genau ergründen möchte, fuhr ich zum Botanischen Garten in die wissenschaftliche Abteilung. Dort erfuhr ich, daß der Kahle Krempling nach neuesten Erkenntnissen doch giftig sei. Die schädliche Wirkung zeige sich jedoch erst nach fünfzehn bis zwanzig Jahren.

Ich hatte also noch etwas Zeit, manches zu entdecken und darüber nachzudenken.

Als die Wachstumsfreudigkeit der Kahlen Kremplinge nachließ, erschienen kleinere, ebenfalls bräunliche Pilze, die sich in Familien in der Nähe von Bäumen ansiedelten. Sie hockten ganz eng beisammen, als ob sie frören oder Angst hätten, sich gegenseitig schützen müßten. Ein kleines Volk oder eine Dorfgemeinschaft hatte sich zusammengefunden.

Aber wie staunte ich, als eines Tages wahre Märchenpilze zwischen den Grashalmen emporschossen: schlanke weiße Pilze, die fast wie ein Turm, ja, wie der Turm von Pisa mit seinen Galerien ringsherum aussahen. Oben darauf befand sich ein kleines Kuppeldach. Andererseits konnte man auch denken, es sei ein besonders schönes Kleid, ringsherum mit Rüschen verziert. Das Häubchen und der untere Kleiderrand wiesen noch zur Verschönerung eine Abschlußborte auf. Die Grünanlage war zu einem kleinen Märchenhain geworden.

Eigentlich war es eine Schande, daß ich auch hiervon, von diesen wunderbaren Geschöpfen der Erde, einige mitnahm, briet und aufaß. Ließ man sie jedoch stehen, wurden sie schnell grau und unansehnlich, dann sogar richtig schwarz, sanken um nach einem recht kurzen Leben und wurden wieder zu Erde.

Lange, lange dachte ich über diese seltsamen Vorgänge in der Natur, über Entstehen, Werden, Verwandlung und Vergehen nach. Ich hatte auch Gewissensbisse, daß ich vorschnell so schnöde dem Dasein der seltsamen und bezaubernden Geschöpfe ein Ende bereitet hatte …

Sonja Haag

Josephine an Josephine

Heute sind wir uns begegnet. Gleichgültig dein Blick, da war kein erkennendes Zucken deiner Augenbrauen, da war nur dein düsterer Blick, du kennst mich nicht. Freilich, du kannst nicht ahnen, dass du für mich von Bedeutung warst, nein, woher auch? DISKRETION, BITTE ABSTAND HALTEN! war auf dem Schild zu lesen, an dem du grau und schwerfällig an mir vorbeigingst, während ich, die Anweisung des Schildes beachtend, nicht zu nahe an die Kasse in der Bank herangetreten war. Du hattest deine Angelegenheit geregelt. Lange schon habe ich dich nicht mehr so nahe gesehen. Wir sind beide älter geworden, deutlich und unverkennbar. Aber ich denke, es muss endlich einmal gesagt werden, was dein Name, deine Person in mir prägte. Diskretion, ich weiß. Nicht für dich ist es wichtig, sondern für mich. Deshalb werde ich dir diesen Brief schreiben. Dein erstauntes Gesicht sehe ich bereits vor mir. Verständnislos wirst du den Kopf schütteln, wenn du erst den Inhalt kennst.

Nach so vielen Jahren muss es endlich einmal gesagt werden, wie ich darunter gelitten habe, den gleichen Namen wie du zu tragen. Du hast damit eigentlich nichts zu tun. Du, einige Jahre älter als ich, wohntest zufällig ein paar Häuser weiter, warst zufällig die Tochter eines Bäckers. Von klein auf kannte ich dich, deinen Namen, deine unförmige Gestalt, deine mit Binden bandagierten Beine, deine Rolle in der Bäckersfamilie: billige Kindsmagd und Haushälterin. So dachte ich, weil andere so dachten. Vielleicht warst du glücklich, trotz deiner Krankheit – oder war es ein Unfall, der deine Beine nie ganz heilen ließ? Vielleicht warst du dankbar, dass du weiterhin in der Familie bleiben konntest, und die Kinder der anderen, die du aufgezogen hast, gaben dir mit kleinen Gesten zu verstehen, was Liebe sein kann. Zärtlichkeit zum Beispiel. Eine abgerissene Blume, zum Riechen unter deine Nase gehalten. Fieberheiße Gesichter, die darauf warteten, von deiner rauen, ungepflegten Hand gekühlt zu werden. Erste Worte, die dich aus dem farblosen Alltag auf einer Welle unbekannten Glücks emporhoben, sekundenlang nur. So könnte es gewesen sein, aber auch ganz anders.

Mitleid hat dein Name stets in mir erzeugt, Mitleid und stumme Abwehr. Ich, die ich denselben Namen trug, wollte nicht auch dasselbe Schicksal mit dir teilen. Ich hasste meinen Namen, der, Gott sei Dank, nur mein zweiter war. Niemand konnte das verstehen. Der Grund blieb mein Geheimnis. Ahnte ich doch, zu all meinen Befürchtungen auch noch ausgelacht zu werden von jenen, denen ich diesen Namen verdankte. Josephine. Da tauchte stets dein Bild auf.

Es gab einzelne schreckliche Momente während meiner Schulzeit. Selten wurde mein zweiter Name erwähnt. Sicher aber an einem bestimmten, gehassten Tag, dem Tag der Sparkassenentleerung. Innerlich gewappnet, nahm ich mir vor, völlig gleichgültig, ja unbeteiligt zu reagieren, wenn ein fremder Herr am Pult stand und ahnungslos laut meine beiden Vornamen in die Klasse hineinrief. Gleich einem Spießrutenlauf musste ich aufstehen, quer durch das Zimmer gehen, um mein Sparkassenbuch wieder zu erhalten. In Sekundenschnelle verwandelte ich mich in deine Gestalt, wurde hässlich, unförmig und bewegte mich humpelnd auf bandagierten Beinen vorwärts. Josephine wurde zum Zauberspruch einer unerwünschten, ja gefürchteten Verwandlung. Meine Kinderaugen nahmen ein Entsetzen bei den Mitschülern wahr, obgleich diese nur müde und gelangweilt kurz die Köpfe hoben, nichts ahnend von meiner angstvollen Hilflosigkeit. Beschämung breitete sich aus in mir: Auf keinen Fall wollte ich dir gleichen vor allen anderen. Niemand sollte mich erkennen in deiner Gestalt.

Heute kann ich darüber lächeln, heute möchte ich bedauern, dass ich mich geschämt habe, dir zu gleichen. Außer unseren Namen gibt es wohl kaum Gemeinsames zwischen uns. Obwohl ich überzeugt bin, meinen Namen endlich ohne Hintergedanken aussprechen zu können, trifft mich jedes Mal, wenn ich dich erlebe, ein längst vergessener Schmerz, das zarte Pochen einer fast verheilten Narbe.

Ich sehe dich mit aufgestützten Armen an warmen Sommerabenden aus dem weit geöffneten Fenster blicken, die Straße beobachtend. Einen deiner Gedanken hätte ich gerne gewusst, einen deiner Träume, von denen ich hoffe, du hast noch welche, hätte ich gerne gekannt. Ein Gespräch hätte ich mir gewünscht. Aber wozu? Um Abstände zu verringern, die jahrelange Gedankenströme gegraben hatten. Ohne Rücksicht auf Diskretion einfach miteinander reden können, befreiend wäre das. Für mich – aber auch für dich, die du stumm und nichtsahnend dort oben am Fenster lehnst?

Habe ich dich jemals lachen gesehen? An deine Stimme kann ich mich nicht erinnern. Wer hätte sie wohl auch gerne gehört? Den fremden Kindern vielleicht warst du Vertraute, Verbündete, manches Mal. Deine Stimme mag sie getröstet, beruhigt haben, wenn sie zu dir eilten mit kurzen schnellen Schritten und hoffnungsfroh ihren frühen Kummer vor dir ausschütteten, ihn wie Sandkörner aus ihren verbeulten Eimern rinnen ließen, dir zu Füßen, ein Häufchen Kinderelend. Du aber warst längst anderen Kummer gewöhnt, du wusstest längst vom Augenblick des Kinderkummers, während dein eigener ein zäher, klebrig haftender Kummer war, durch nichts zu entfernen, außer durch Worte, teilnahmsvolle vielleicht. Nie aber erschienst du den anderen liebenswert, nie hat man sich um dich bemüht, außer in fremden Krankenhäusern, in die du freundlich aufgenommen wurdest, um sie bald wieder zu verlassen, um eine Hoffnung ärmer, deine Beine konnten nicht geheilt werden. Wieder zurück, wusstest du, es hätte alles anders sein können. Gespräche, Bemühen umeinander wären möglich, aber auch hier war die Hoffnung vergeblich, musste leise unter nie geweinten Tränen heimlich begraben werden.

Du warst einfach da, nur für andere, zum Gebrauch bestimmt wie ein Besen, den man in eine Ecke stellen konnte, wenn er nicht mehr gebraucht wurde, jederzeit griffbereit. Ein Aschenputtel warst du, bist es immer noch, denn da war kein Königssohn, der dich erlösen konnte, und es wird auch weiterhin keiner unterwegs sein zu dir, die du Hilfe so nötig hättest.

Immer seltener begegnen wir uns, immer mehr gleichst du einem Schatten, farblos, verschwommen. Aber noch gibt es dich, dein Leben.

Josephine. Sie schreien, aber du kommst nicht. Du willst nicht. Deine Beine tragen dich nicht mehr. Das Gewicht jahrelanger Verachtung drückt dich nieder, lähmt dich. Du hast es satt, Josephine zu heißen, Josephine zu sein. Dieses Mal wirst du liegen bleiben. Endlich. Du hast es satt, so lange schon. Jetzt erst merkst du es, was du lange nicht hast wissen wollen: Du wirst ausgenutzt, benützt, bist nur ein billiger Gebrauchsgegenstand.

Josephine, du probst den Aufstand gegen sie, zum ersten Mal. Du lässt sie schreien. Immer ärgerlicher, drohender klingen ihre kalten Stimmen. Sie stehen fassungslos da. Musstest du erst verschwinden, ehe sie dich wahrnehmen konnten? Jetzt erst, da ihr Schreien sinnlos ist, jetzt erst wirst du lebendig für sie. Schreckliche Gedanken machen sich selbstständig, toben durch ihre Köpfe, gefährlichen Geschossen gleich.

Josephine. Ruhig wirst du in deinem Bett liegen bleiben, wirst die Wärme genießen, die deinen kranken Körper streichelt, minutenlang wirst du Macht besitzen, Macht über sie. Orkangleich nähern sich ihre Stimmen, Augenblicke später wird die Tür aufgerissen.

Du liegst im Bett, schweigend. Ihre Verachtung wird zurückkehren, sofort, wird jene zarten Wellen des Mitgefühls verebben lassen in ihrer neu aufkeimenden Wut über dich, die du es gewagt hast, dich zu widersetzen. In deinen Augen aber wird sekundenlang, den anderen unbemerkt, ein winziger Funken Triumph aufleuchten, langsam verglimmend. Josephine. Dein Sieg wird dir unvergessen bleiben. Ein Blitzsieg, augenblickslang nur, kostbarer Glücksmoment, unzerstörbar. Für Sekunden warst du ihnen wertvoll, da nicht vorhanden, da nicht verfügbar.

Ich mische mich in dein Leben ein, wirst du sagen, mit welchem Recht?, wirst du fragen. Allein unsere Namensgleichheit bringt uns nicht näher. Josephine. Sind auch unsere Namen gleich, so doch nicht unsere Leben, in denen wir einzigartig und unverwechselbar dahintreiben wie auf einem trägen, manchmal auch unerwartet reißenden Strom von Zufällen, unvorhersagbar, bedeutungsschwer.

Du hast Recht. Dein Leben geht mich nichts an. Dieser Brief wird dich nie erreichen, dich nie unnötig verwirren. Wir aber werden uns weiterhin begegnen, uns grußlos, teilnahmslos gegenüberstehen. Vielleicht war unsere letzte Begegnung vor dem Schild DISKRETION, BITTE ABSTAND HALTEN! einer jener Zufälle. Vielleicht soll es so bleiben, nicht Josephine an Josephine, sondern Josephine neben Josephine, ganz diskret Abstand wahrend, jegliche Gefühle erstickend.

Meik R. Heinzel

Der Traum des Cosimo I. de' Medici

Als die dämmernde Frühe mit Rosenfingern erwachte und die letzte zarte Blässe des nächtlich verzauberten Gartens den ersten wärmenden Strahlen der Sonne wich, öffneten sich die Flügel der herzoglichen Gemächer von innen her, und taumelnd, die Arme wie suchend ausgestreckt, erschien der junge, nur mit einer Leinentoga bekleidete Fürst auf der umfriedeten Terrasse. Fast stürzte er, benommen von den Traumwirrungen seiner Seele, auf den Terrakottaboden, fand mit einer Hand noch Halt an der steinernen Brüstung und sank an ihr nieder, die Knie angezogen, das schöne Gesicht von einem schmerzlichen Ausdruck der Verzweiflung durchzogen. So kauerte er einen Moment an dem kühlen, mit Blütenornamenten kunstvoll verzierten Marmorgeländer und kam nur langsam zur Besinnung.

„Eurydike", flüsterte er und sandte durch die Lücken der Brüstung einen letzten, halb ungläubigen, halb schon erkennenden Blick über den sanft abfallenden Garten. Klar und lieblich erschienen seine Konturen im gekräftigten Vormittagslicht.

Nach einer Weile erhob er sich und schritt zurück in seine Gemächer. War er auch vollends wach geworden, so konnte er das Gefühl der Traurigkeit, die wie Tau auf seinen Gliedern lag, noch lange nicht von sich abschütteln, was ihm, da er doch nun wußte, daß er geträumt haben mußte, um so unerklärlicher erschien.

Er ließ sich noch einmal auf die seidenen Decken der mächtigen, mit Schnitzerei verzierten Bettstatt fallen und schloß die Augen. Die letzten Traumszenen erschienen noch einmal vor seiner inneren Netzhaut, tanzten schemenhaft, wie Glanzlichter hinter nebelartigem Schleier. Und noch einmal sah er sich fliehen, aus dem Inneren der Erde zurück zum Tageslicht, den felsigen Gang entlang, die Geliebte an seiner Hand. Ein übermächtiges Gefühl der Sorge und Zärtlichkeit trieb ihn, in einem Moment, als er strauchelnd glaubte, ihre Hand zu verlieren, sich nach ihr umzusehen, das Verbot zu mißachten. Und der Schrecken ergriff erneut Besitz von ihm, als ihre Hand sich löste, ihr Mund sich öffnete zum Schrei, der ihm das Herz zerriß, daß er fassungslos stehenblieb, in die Dunkelheit starrend, wo mit flehendem Blick ihr Gesicht entschwand ins Schattenreich. Er fiel auf die Knie. Wut und Schmerz durchfuhren ihn wie scharfe Klingen. Er krümmte sich auf dem kargen Stein und weinte.

Erneut erwachte der junge Herzog an dieser Stelle, und eine Träne nachempfundenen Leids rann über sein ebenmäßiges Gesicht. ‚Orpheus‘, dachte er, ‚du hast sie für immer verloren.‘

Bald darauf, für Minuten mochte der jugendliche Großherzog in dem Zustand nachsinnender Halbwachheit verharrt haben, da pochte es an den schweren, mit Messing beschlagenen Türen, und Calliopo trat ein, der väterliche Berater und Hofmarschall des Fürsten. „Verzeiht, junger Herr, daß ich wage, Eure Ruhe zu stören“, sprach er mit einer leichten Verbeugung nach dem Bett hin, „doch darf ich Eure Exzellenz erinnern, daß Maestro Bronzino am gestrigen Abend hier eingetroffen und von dem Wunsch erfüllt, Eurer Exzellenz seine Aufwartung zu machen, um Empfang nachgekommen ist.“

Der junge Mann gab sich einen Ruck. „Es ist recht, Calliopo, ich wünsche mich anzukleiden. Führt den Meister einstweilen in das Kabinett, wo wir eine Kleinigkeit zu uns nehmen wollen.“

Calliopo neigte den Kopf und entfernte sich mit leisen Zeichen der Ehrerbietung.

Der Fürst trat vor den Spiegel. Er ließ die leichte Toga hinabgleiten und betrachtete eine Weile nachdenklich seinen Körper. Dann wusch er sich mit raschen, energischen Bewegungen und legte ein schlichtes Gewand aus jaspisfarbenem Stoff an. Er liebte die Einfachheit dieser festgewebten Tuniken, die er im Haus oft zu tragen pflegte und denen er auch bei allen öffentlichen Anlässen den Vorzug gegeben hätte, wäre er frei gewesen von den Zwängen der Repräsentation, welche das Tragen prunkvoller, aus kostbaren Stoffen gefertigter Staatsgewänder erforderte, die mit den raffiniertesten Besatzen und Dekorationen ausgestattet waren. Jede, auch kleinste, Geste seines Auftretens, jede Kleinigkeit des höfischen Zeremoniells, der Tonfall seiner Stimme, die Würdigung ausgewählter Personen, die einen Blick des Fürsten auffangen durften oder gar durch seine Anrede vor allen anderen Anwesenden ausgezeichnet waren, jede dieser Feinheiten hob auf öffentliche Wirkung ab und entging, wie der junge Herrscher wohl wußte, keinem aufmerksamen Publikum, das durch die genaue Beobachtung des Geschehens Einsicht zu erhaschen trachtete in das Wesen des Göttlichen und der Macht. Der Fürst fühlte sich nie sehr wohl in solcher Aufmachung; er kam sich beinahe verkleidet in ihr vor, wie ein Prinz aus Tausendundeiner Nacht, ein arabesker Sultan und Zauberer. Mitunter war es ihm schmerzlich bewußt geworden, daß die privaten Regungen seiner Seele hinter dem Körper des Amtsträgers verborgen bleiben mußten, wollte er die Legitimation seiner Herrschaft wahren.

Wieviel, so fragte sich Cosimo I. de' Medici, während seine feingliedrigen Hände die letzten, mit der morgendlichen Toilette verbundenen, Tätigkeiten am Körper des Herrschers verrichteten, gehörte ihm von diesem wohl eigentlich selbst?

Seine Gedanken schweiften ab, weilten nun bei der Anwesenheit des berühmten Meisters und dem Anlaß, aus dem er ihn zu sich gerufen hatte.

‚Andrea Doria hat es gut gemacht‘, dachte er bei sich. Der Seeheld, der Genua 1528 in einer Seeschlacht nach hundertjähriger Fremdherrschaft von den Truppen Franz I. befreit hatte, hatte sich in der Gestalt Neptuns malen lassen. Das Bild, das der junge Medici anläßlich eines Besuchs hatte betrachten können, hatte einen großen Eindruck auf ihn gemacht, um so mehr, als sich der alte Admiral und Doge von Genua nackt und ohne die Zeichen seiner irdischen Herrscherwürde hatte darstellen lassen, was unter anderen Umständen unwürdig, vielleicht gar lächerlich hätte erscheinen müssen. Der Körper des Admirals aber war zugleich Körper des Neptun gewesen, so daß die göttliche Erhabenheit des Meeresherrschers auf die Körperlichkeit des Monarchen übergegangen war, ihn gleichsam mit Imagination bekleidete, wie mit kostbarem Gewand. Der Seeheld hatte seine diesseitige Herrschaft abgelegt und war mit dem Verweis auf seine Taten selbst göttlich geworden, ohne daß darin Anmaßung zum Ausdruck gelangt wäre, hatte doch der Künstler bei seinen Bemühungen um angemessene Repräsentation seines Auftraggebers einen Ausgleich angestrebt, der, bei aller Ähnlichkeit des Neptun mit dem Körper des Admirals, dem Meeresgott doch seine Erhabenheit beließ, so daß in der Gestalt doch immer der Gott als eigenständiges Wesen sichtbar wurde, ja durchaus auch nur als solches gesehen werden konnte, wenn man es wollte. Eine vollständige Adaption, dessen schien sich der Künstler bewußt gewesen zu sein, hätte den Mythos, die Aura des Göttlichen zerstört und seine Übertragung auf den Admiral zu einer nichtssagenden Farce gemacht. Cosimo von Medici beneidete den alten Aristokraten um einen solchen Einfall. Es schien ihm richtig, die Eigenschaften und Leistungen eines Herrschers solcherart zu repräsentieren, sie durch Transformation zu idealisieren und nicht sie zu bloßer Maskerade herabzuwürdigen, die, war sie erst zu bloßer, äußerlicher Hülle verkommen, scheinbarer Beliebigkeit preisgegeben war. Ohne Bezugspunkt zum Seelenleben des Dargestellten, dessen war sich der junge Fürst sicher, mußte jede Imagination zur Attrappe verkommen.

Mit ungeduldigen Bewegungen hatte sich der Fürst angekleidet und dabei auf die Hilfe eines Dieners verzichtet. Schwungvoll eilte er durch die Gänge des Palastes, dem Kabinett zu, jenem Raum, in welchem er zu lesen und zu musizieren pflegte und der nur einem ausgewählten Kreis Gelehrter, Künstler und Freunde zugänglich war.

Angelo Bronzino erhob sich beim Eintritt des Großherzogs von seinem Sitz und verneigte sich mit einer Geste, in der gleicherweise Respekt und Selbstbewußtsein zum Ausdruck kamen.

Cosimo eilte ihm entgegen. „Mein lieber Meister Bronzino“, sagte er und bedeutete ihm, sich wieder zu setzen, „ich bin erfreut, einen so berühmten und begabten Maler bei mir zu sehen.“

„Ich fühle mich geehrt, Exzellenz“, entgegnete dieser und neigte nochmals den Kopf.

Der Herzog trat sogleich an eine Staffelei, die in der Nähe des Fensters aufgebaut war und auf der ein noch unvollendetes Portrait des Fürsten eingespannt stand. „Ich bitte Euch, Meister“, sprach er, „tretet einmal heran und sagt mir, was Ihr davon haltet.“

Bronzino trat respektvoll neben den Fürsten und versank einen Moment in der Betrachtung des effektvoll arrangierten Bildnisses. „Nun, Exzellenz“, sagte er dann, „es ist gut gemacht. Die Anordnungen sind stimmig, die Perspektive ist richtig gewählt, die Technik ohne Makel.“

„Richtig“, versetzte der Fürst ungeduldig, „an der Machart ist kein Einwand, doch sagt mir, welche Wirkung hat dies Bild auf Euch? Was strahlt es aus?“

„Es strahlt Würde aus, Exzellenz, Wehrhaftigkeit, Ritterlichkeit. Es ist die Haltung des Herrschers."

Der junge Herzog seufzte. „Das ist wahr, Meister Bronzino, das ist wahr. Doch nehmt einen jungen, gut gewachsenen Bauerssohn, legt ihm diese Rüstung an und laßt ihn in angemessener Weise posieren. Erhaltet Ihr nicht ebenso ein Bild ritterlicher Tugend als auf diesem hier? Vielleicht vermag ein gekrönter Bauer die Rolle gar besser zu spielen als ich selbst, da mir das Kriegshandwerk doch fern steht. Und stellt Euch den Blick eines solchen Burschen vor – wird er vielleicht gar stolzer sein, beseelt von mehr Herrschersinn, als der meinige, der den Kostümcharakter solcher Inszenierungen längst durchschaut?"

Der Meister war nachdenklich geworden.

Der Fürst trat an einen Tisch und füllte zwei Becher mit Wein aus einer Karaffe. „Ihr seht", fuhr er fort, „es ist etwas anderes um das Wesen des Herrschers." Er reichte dem Maler den Becher. „Diese Attribution, mag sie noch immer ausreichend sein für schlichte Gemüter, dem Studiosus humaniae aber, vor dessen Auge mancher Vorhang fadenscheinig, manche Waffe stumpf geworden ist, muß sie wie dunkle Vergangenheit erscheinen." Der junge Herzog hatte sich in Feuer geredet. „Der Fürst unserer Zeit", sprach er, „braucht den Schleier solcher Maskerade nicht. Der Herrscher unserer Tage ist gebildet, unterwiesen in den Artes liberales, er ist ein Vorbild an Tugend, frei in seinem Geist und seinem Volk ein Freund und Beschützer. Ich sage Euch, es muß Schluß sein mit solchem Mummenschanz!" Dabei war Cosimo von Medici erregt auf und ab gegangen und am Ende wieder vor der eingespannten Tafel stehengeblieben, mit einem Ausdruck von Verachtung auf dem Gesicht und dem unterdrückten Verlangen, das Bild herabzustoßen.

Bronzino hatte etwas überrascht seinen Kelch abgestellt. Über seine Stirn hatten sich deutliche Falten gelegt. „Nun", sagte er nach einem Moment des Schweigens, „wenn Eurer Exzellenz an der Attribution nichts liegt, so bedenke Er doch seinen Wert in der Tradition."

„Ja, die Traditionen." Der junge Herzog lächelte spöttisch und machte eine gleichgültige Bewegung. Dann wandte er sich wieder dem Maler zu. „Wir sprechen offen zueinander, nicht wahr? Der Maler des Herrschers ist immer auch sein Freund und Verbündeter, liegt es doch im Wesen der Sache, daß sich der Herrscher vor ihm ganz entblößt, damit ihn sein Apelles um so kunstvoller wieder verhülle." Und nach einer Pause sagte er weiter: „Noch nicht sehr lange ist es her, daß die Mehrheit der Herrscher nicht lesen und schreiben konnte. Sie legitimierten sich durch die Erbfolge, in der sie standen. Für sie waren die Traditionen unverzichtbar."

„Herr, so dürft Ihr nicht sprechen!" rief der Maler bestürzt. „Eure Reden berühren ein Heiligstes."

Der Fürst lachte. „Ja, lieber Freund, Ihr habt schon wieder recht. Darum wollen wir auf phantasievollere, aufrichtigere Weise repräsentieren als jene, von denen ich eben sprach und an deren Traditionen ich nicht anknüpfen mag."

„So laßt uns, Exzellenz, von den Portraits des Condottieri da Montefeltro sprechen."

„Ja, sehr gut", entgegnete der Herzog, „laßt uns von Frederico sprechen."

„Herr, ich darf annehmen, Ihr kennt das auf beiden Seiten bemalte Diptychon, das der Meister Piero della Francesca von Frederico und seiner Gattin Battista Sforza angefertigt hat. Das Herrscherpaar ist auf den Innenseiten aus nächster Nähe zu beobachten, auf den Außenseiten aber in allegorischer Distanz."

„Ja, ich kenne es, wenngleich ich mich nicht mehr an alle Einzelheiten erinnern kann."

„So laßt uns zunächst von den Außenseiten sprechen", sagte

Bronzino. Er war aufgestanden und schilderte dem nun vor ihm sitzenden Fürsten die dargestellte Szenerie mit lebhaften Gesten. „Vor einer weiten hügeligen Landschaft ist ein Felsplateau zu sehen. Auf ihm fahren sich zwei Triumphwagen entgegen. Auf dem linken Wagen thront Frederico. Sein Wagen wird von zwei Schimmeln gezogen. Er ist in Rüstung, hat auf dem Knie den Helm abgesetzt und sein Szepter waagerecht ausgestreckt. Er ist gekrönt von der Fama."

Der Fürst nickte. „Fama, Victoria, Fortuna, eine davon wird es wohl sein."

„Zu seinen Füßen", hob nun Bronzino wieder an, „sitzen die Kardinaltugenden: Fortitudo, Prudentia, Justicia und Temperantia."

„Ein munteres Grüppchen – und kein schlechter Einfall!" rief der Herzog. „Wenn ich nicht irre, so gab es ein Sprüchlein dazu – wartet, vielleicht bekomme ich es noch zusammen: *CLARVS INSIGNI VEHITVR TRIUMPHO. / QUEM PAREM SUMMIS DVCIBVS PERHENNIS. / FAMA VIRTVTVM CELEBRAT DECENTER*. Berühmt fährt er in einem herausragenden Triumphzug, den der ewige Ruhm der Tugenden als einen den höchsten Fürsten Gleichgestellten angemessen feiert …"

Bronzino fiel ein: „… während er das Szepter hält. *SCEPTRA TENENTEM.*"

„Ja, Ihr wißt es besser", rief der Fürst. „Nicht wahr, das ist ein angemessenes Gefolge für einen Herzog von Urbino? Warum, glaubt Ihr, hat Frederico auf solche Art sich malen lassen?"

„Nun, der Anlaß war vermutlich seine Ernennung zum Herzog."

„Ihr meint, es sei eine Art Legitimation?"

„Vielleicht. Euer Exzellenz wissen, daß der Condottiere sich oft als der würdige Beförderer der Künste und Wissenschaften hat darstellen lassen."

„Ja“, meinte der Fürst und zog eine Augenbraue in die Höhe, „wer sich seine Ruhmestaten ins Gedächtnis zurückruft, der sollte meinen, ihm sei keine Zeit zur Beschäftigung mit der Wissenschaft geblieben. Aber wenn man seinen Bildnissen Glauben schenkt, so hat er eine beachtliche Bildung besessen und unablässige Arbeit an sie gewandt.“

Bronzino runzelte die Stirn. „Herr, entdecke ich eine Dissonanz in Eurer Rede?“

„Nun“, sprach der Herzog, „muß man sich nicht wundern, daß die Musen sich mitten in das gewaltige Kriegsgetümmel und das schreckliche Getöse der Waffen hineingewagt haben?“

„Aber Herr“, entgegnete Bronzino, „ist denn nicht die Vereinigung der Gegensätze, der arma et litterae, das lobenswerteste Ziel?“

„Für einen illegitimen Raufbold, der als Söldnerführer ganze Landstriche verwüstet, ist es ein lobenswertes Ziel.“ Der junge Medici sah die Verwunderung im Gesicht des Malers und fuhr fort: „Ihr wißt vielleicht um die Herkunft des Condottieri?“

Der Maestro schüttelte den Kopf.

„Seid so gut und füllt uns noch einmal unsere Becher. Kostet auch etwas von dem Geflügel, den Pasteten und dem Obst, verehrter Freund.“

Der Fürst genoß die kleine Pause, die entstanden war, und freute sich über die Beiläufigkeit, mit der des Malers Hände etwas von den Speisen auf einen silbernen Teller legten.

„Frederico ist als illegitimer Sohn des Guidantonio da Montefeltro geboren“, fuhr er nun fort, „und als solcher hatte er keinen Anspruch auf das väterliche Erbe. Erst durch die päpstliche Bulle von Martin V. wurde er 1424 für legitim erklärt, aber von der Erbfolge für den Fall ausgeschlossen, daß der Guidantonio noch einen rechtmäßigen Sohn bekäme. 1427 trat dieser Fall ein. Guidantonio bekam noch einen Sohn, Oddantonio.

Dieser übernahm nach dem Tod des Vaters die Herrschaft über Urbino. Im Alter von nur sechzehn Jahren fiel er einem Mordanschlag zum Opfer. Die Umstände sind bis heute nicht aufgeklärt, die Mörder wurden nie gefunden. Frederico aber konnte mit Zweiundzwanzig endlich die Regierung übernehmen. Der Herzogtitel und das päpstliche Vikariat Oddantonios blieben Frederico allerdings noch lange Zeit verwehrt. Vermutlich hatte Papst Eugenio IV. erhebliche Zweifel an der Rechtmäßigkeit der Vorgänge. Es bedurfte außerordentlicher Anstrengungen, bis Frederico schließlich von Eugenios Nachfolger, Papst Sixtus IV., zum Herzog und Gonfaloniere der Kirche ernannt wurde. Im gleichen Jahr erfolgten nun auch die Verleihung des spanischen Hermelinordens und die Aufnahme in den Hosenbandorden, wie Ihr wißt, zwei der bedeutendsten Auszeichnungen."

Bronzino hatte zu essen aufgehört und den silbernen Teller von sich geschoben. „So begegnete Frederico dem Makel der illegitimen Geburt mit dem bildlichen Nachweis seiner Herrscherqualitäten", schloß der Maler. „Nun, Herr, das läßt eine andere Sicht der Dinge zu."

„Nicht wahr?" antwortete der junge Herzog. „Ihr seht also, dieser allegorische Einfall mit den Tugenden war ein aus der Not geborener Kunstgriff, da es sich dem Condottiere verbot, auf die Reihe seiner Ahnen zurückzugreifen. Ich denke, freiwillig hätte er diesen Umweg nicht eingeschlagen, hat er sich doch seinerseits, um eine neue Erbfolge zu begründen, später mit seinem Sohn Guidobaldo malen lassen."

Der Meister war in nachdenkliches Schweigen versunken.

„Der hungrige Wolf reißt das Lamm, der satte beschützt es", murmelte er schließlich, als spräche er nur zu sich selbst.

Der Fürst lächelte. Die kurze Pause, die eintrat, schien angetan, die Worte des Meisters noch zu betonen.

Dann ergriff Cosimo wieder das Wort. „Vielleicht versteht

Ihr jetzt, werter Maestro, daß die Allegorie, wie sie uns hier gegenübertritt, auch nur eine kluge Verkleidung ist, anderer Art, als sie auf üblichen Herrscherbildnissen zu sehen ist, aber ihnen ihrem Wesen nach doch ähnlich."

Bronzino seufzte. „Nun, Herr, so ist am Ende alles, womit der Mensch sein Erdenleben beschreibt, nichts als Verkleidung."

„Ja, letzten Endes. Doch in der Wahl der Verkleidung erkennen wir den Wahrheitsgehalt seiner Selbstdarstellung. Ob Ihr dem Bauernburschen ein Szepter reicht oder ihm die Fortuna zur Seite rückt, es bleiben Attribute, deren Gegenwart nichts weiter als behauptet wird."

„Was, Euer Exzellenz, aber ist es, was den Fürsten auszeichnet? Was macht sein Wesen aus?"

„Würde, verehrter Freund, Würde und Wahrheit, der göttliche Funke."

„Nichts ist schwerer, als die Innerlichkeit eines Menschen darzustellen, Herr. Es gibt nur wenige, die solches bewerkstelligen."

„Ihr, Meister Bronzino, seid einer von ihnen."

„Ich, Herr? Ich fühle mich geschmeichelt, aber das ist zuviel der Ehre."

„Ihr habt den großen Andrea Doria wie einen Gott gemalt. Ich habe das Bildnis gesehen, es ist wahr, es ist das Portrait Neptuns, der sich in dem Seehelden offenbart, als sei er in ihm und durch ihn wiedergekehrt. Göttlich ist der Ruhm des Admirals und Dogen von Genua. Es ist schwer zu sagen, ob der Seeheld die Gesichtszüge Neptuns trägt oder ob er Neptun seine Züge lieh."

Bronzino war aufgestanden und ans Fenster getreten; der jugendliche Herzog trat neben ihn und legte ihm die Hand auf den Arm. „Ihr seht", sprach er, „warum ich Euch kommen ließ.

Noch einmal sollt Ihr das schwierige Werk vollbringen, Eure Meisterschaft beweisen. Fertigt ein Bildnis von mir an, das an Würde und Wahrheit dem des Dogen gleichkommt."

Damit wandte sich der junge Herzog ab und zog an einer golddurchwirkten Kordel.

Der Meister stand ratlos. „Soll ich Euch als Neptun malen? Das geht nicht an – vergebt mir, wenn ich wage, es auszusprechen. Florenz ist ebensowenig eine Hafenstadt wie Eure Exzellenz ein kriegerischer Seeheld. In Eurem Reich blühen die Künste und der Handel, und Ihr seid ein gebildeter Herrscher des Friedens, ein Besänftiger des lauten Kriegsgeschreies, kunstliebend, musikalisch, bemüht um Gerechtigkeit. Ihr könnt nicht in die Haut des grimmigen Poseidon schlüpfen."

Der Fürst sah ihn freundlich an. Seit längerem schon hatte sich ein Einfall in ihm entwickelt, den er nun auszusprechen gedachte.

Da trat mit einer Verbeugung Calliopo, der ältliche Diener, ins Kabinett. „Ihr habt geläutet, Herr?"

„Bring uns noch eine Karaffe mit Wein, Calliopo, und sorge dafür, daß ich nicht gestört werde." Und während der Diener mit einer nochmaligen Verbeugung verschwand, öffnete der Fürst die intarsierte Tür eines jener kunstvollen Schränke, die in die Wände des Kabinetts integriert waren. Er entnahm ihm eine Laute und schlug eine einfache, alte Melodie an. Sie füllte den Raum mit klarem lieblichem Ton.

Eine heitere Beschwingtheit hatte sich des jugendlichen Herrschers bemächtigt, ein Gefühl melancholischer Leichtigkeit. Und während er in die Saiten griff, sagte er: „Setzt Euch, Meister Bronzino, setzt Euch und hört mir zu. Ich möchte Euch von einem Traum erzählen."

Hella Hendlinger

Jonas und die Opernsängerin

Nach der Vorstellung wartet Jonas vor der Garderobe auf sie. Sie weiß es und beeilt sich beim Abschminken und Umziehen.

Es war das erste Mal in diesem Jahr, dass die Opernsängerin als Carmen auf der Bühne stand, und sie findet, dass ist ein Grund zum Feiern. Die Inszenierung ist ein Erfolg, zu dem sie beigetragen hat und für den sie sich mit einem besonderen Abend belohnen will.

Jonas, den sie vorher nie gesehen hat, gefällt ihr sofort.

Die Opernsängerin hat beim Chinesen einen Tisch für zwei Personen reservieren lassen, an dem ihnen eine gut zubereitete Pekingente serviert wird. Sie nehmen sich Zeit beim Essen, reden angeregt über die Persönlichkeit der Carmen und fahren danach vergnügt eine Weile in der Stadt herum.

Später parkt Jonas den Wagen in einer Seitenstraße. Es hat geregnet, der Geruch welker Lindenblätter liegt in der Luft. Für September ist es zu kühl.

Die Opernsängerin wickelt sich fester in den blassroten Umhang. Jonas, den sie von der Firma IHR ELEGANTER BEGLEITER angemietet hat, legt fürsorglich den Arm um sie.

Die Opernsängerin lehnt sich leicht an ihn. „Ich bin neugierig auf die Überraschung, die Sie mir angekündigt haben."

Sie bleiben vor einem Haus aus der Zeit um die Jahrhundertwende stehen.

Jonas nimmt seinen Arm vom Körper der Opernsängerin und geht vier Stufen einer schmalen Steintreppe nach oben, die zu einer schweren Holztür führt. Er bedient einen Klingelknopf.

Ein Mann öffnet ihnen. Seine halblangen Haare kleben fettig. Aus dem abgeschabten Pullover schauen die Kragenecken eines schmuddeligen Hemdes.

Die Opernsängerin betrachtet den Mann. Sie verzieht die Nase. Der Geruch, den sie auffängt, stört ihr Wohlbefinden.

„Müssen wir da hinein?“, fragt sie.

„Wir müssen nicht“, erwidert Jonas, „aber Sie sollten diesen Besuch nicht versäumen. Ich verspreche Ihnen für den Rest der Nacht amüsante Unterhaltung.“

Die Opernsängerin zuckt die Schultern. „Meinetwegen.“

Sie treten durch die Tür, die sich hinter ihnen automatisch schließt.

Eine Frau kommt auf sie zu. Ein strahlendes Begrüßungslächeln. Enges Kleid, nachtblau mit schwarzen Punkten. Lange Ohrringe. Dunkle, gut geschnittene Haare. Schmale Hände mit roten Nägeln. Armbänder aus imitierten Perlen. Schuhe mit gefährlich hohen Absätzen.

„Guten Abend, Marlene“, sagt Jonas.

Marlene geht vor ihnen her und bringt sie zu einem winzigen Tisch in der Nähe einer kleinen Bühne.

„Was ist das hier?“, erkundigt sich die Opernsängerin.

Jonas lächelt ihr zu. „Das ist ein kleines Lokal, das Marlene gehört. An drei Abenden in der Woche treten hier Transvestiten auf.“

„Um was handelt es sich dabei?“, fragt die Opernsängerin.

Jonas zieht amüsiert die Augenbrauen in die Höhe. „Also, wenn Sie das wirklich nicht wissen: Transvestiten sind Männer oder Frauen, die eine starke Neigung verspüren, die Garderobe des anderen Geschlechtes zu benutzen. In unserem Fall haben wir es mit Männern zu tun, also mit Männern in Frauenkleidern. Aber warten Sie ab, Sie werden schon sehen.“

Marlene stellt einen Becher mit knusprigen Salzstangen vor sie auf den Tisch. „Mit dem Pils dauert es noch“, sagt sie. „Sie haben einen guten Abend erwischt, Lucy ist der Gast des Monats. Lucy kommt aus Berlin. Ich habe Glück mit ihr. Als ich in Berlin war, um sie vor der Vertragsunterzeichnung zu sehen, hatte sie Urlaub und amüsierte sich auf den Antillen. Als sie später herkam, stellte ich gleich am ersten Abend fest, sie ist einfach toll."

Marlene zeigt ihr strahlendes Lächeln. Sie verlässt den Tisch, andere Gäste warten auf sie.

Lucy wird von dem Mann mit den fettigen Haaren angekündigt, der im hinteren Teil des Raumes die Technik bedient.

Lucy kommt durch den Vorhang. Sie hält das Mikrofon in der Hand, an der zwei Brillantringe funkeln. Ihre dichten weizenblonden Haare fallen bis zur sommerlich braunen Schulter, auf der schmale Träger ein schimmerndes Kleid halten, das einen Fleischberg umhüllt. Lucy ist unglaublich dick!

Lucy redet zu den Gästen, und es hat was. Keiner nimmt ihr übel, dass ihre Scherze nicht immer die Grenze des guten Geschmacks wahren.

Lucy singt, und es kommt rüber. Ihre positive Ausstrahlung füllt den Raum.

Marlene bringt das Pils. „Gefällt Ihnen Lucy?"

Jonas und die Opernsängerin nicken.

Später tritt Bella auf. Bella tut nichts anderes, als die Damen zu imitieren, die sie besonders mag. Die Dietrich, die Monroe, Rosita Serrano. Sie bewegt sich wie sie, singt wie sie, wobei Text und Musik unterlegt sind.

„Könnte es sein, dass Bella ein Mann ist?", fragt die Opernsängerin.

„Bella ist ein Mann", bestätigt Jonas, „ein Transvestit. Sie werden, wenn wir länger bleiben, Bella in mindestens sieben Abendkleidern bewundern. Bella tut nichts anderes, als sich ständig umzuziehen. Sie singt nicht, sie bewegt den Mund zu dem Gesang der Frauen, deren nachgeschneiderte Garderobe sie dazu trägt."

„Ist Lucy etwa auch ein Mann?", fragt die Opernsängerin.

„Auch Lucy ist ein Mann. Sie versteht sich allerdings als eine Frau. Sie trägt auch bei Tageslicht Frauenkleider. Ihre Haare sind echt, und ihre Brüste sind hormonell hochgepuscht. Sie hat zwar, so sagte sie mir, ihr männliches Geschlecht noch, aber sie benutzt es nicht und möchte sich davon trennen. Sie möchte eine richtige Frau sein. Dass sie so dick geworden ist, liegt mit an den Hormonen, die sie sich verpasst, um möglichst weiblich zu sein."

„Das alles stört bei Lucy überhaupt nicht", meint die Opernsängerin. „Lucy hat Ausstrahlung, Lucy hat für das, was sie singt, eine prachtvolle Stimme. Lucy kann so dick sein, wie sie will, sie ist einfach toll!"

Gegen drei Uhr morgens tritt Marlene auf. Marlene in einem engen schwarzen Kleid, einen Kragen aus Teddybären um den Ausschnitt. Marlene, deren Stimme nichts überbieten kann, die voll hinter dem steht, was sie singt. Gegen Dummheit, Intoleranz und Nichtverstehen.

Nach dem Lied ist es einen winzigen Augenblick sehr still, dann gibt es Klatschen fast ohne Ende.

Es ist gut, dass nach Marlenes Lied nichts mehr kommt.

„Wir sollten zahlen", erklärt die Opernsängerin. „Ich muss an die frische Luft. Meine Stimme darf nicht unter der Einwirkung von Zigarettenrauch leiden. Ich habe schließlich eine Verantwortung meinem Publikum gegenüber."

Jonas winkt. Marlene kommt an den Tisch, um zu kassieren.

„Sie waren wie immer wunderbar", sagt Jonas. Die Opernsängerin zahlt das Bier und den Eintritt.

Marlene begleitet sie bis zum Ausgang. „Nächste Woche

bin ich vier Tage mit dem Lkw auf Tour“, sagt sie. „Mein Partner muss mal ausspannen. Ich hoffe Sie danach wiederzusehen. Nächsten Monat ist Sylvia der Star, sie kommt aus London.“ Marlene lächelt strahlend, ihr Gesicht zeigt keine Spur von Müdigkeit.

Die Opernsängerin hakt sich draußen bei Jonas ein. „Bringen Sie mich zu meiner Wohnung“, sagt sie. „Ich zahle Sie mit Scheck. Sie haben meinen Erwartungen entsprochen.“

Sie gehen durch die nächtlich leeren Straßen.

„Werden Sie Marlene wiedersehen?“, erkundigt sich die Opernsängerin.

„Marlene wird am Wochenende wieder in ihrem Lokal sein“, erwidert Jonas.

„Das meine ich nicht“, erklärt die Opernsängerin. „Ich will wissen, ob Sie Marlene privat sehen werden. Sie kennen sich doch.“

Jonas schließt die Wagentür für die Opernsängerin auf und hilft beim Einsteigen.

„Marlene heißt im Privatleben Heiner und fährt einen riesigen Lkw“, antwortet er dann. „Marlene ist ein Mann. Sie wollten doch wissen, was Transvestiten sind. Marlene ist ein Transvestit.“

An einem Vormittag

Der Anwalt parkte den Mercedes auf dem ungepflegten Platz hinter dem hohen Backsteingebäude. Es regnete seit dem Morgen, und das Wasser sammelte sich, wo die Autos Löcher in die Teerdecke gefahren hatten.

Der Anwalt war in Eile. Er kam aus dem Autobahnstau, den eine Baustelle verursacht hatte. Seinem Klienten zuliebe hatte er sich per Handy beim Richter gemeldet und um Verschiebung gebeten. Man sagte ihm zu, einen anderen Termin vorzuziehen, dessen Beteiligte bereits anwesend waren.

Der Anwalt schob den linken Fuß, ohne nach unten zu sehen, aus dem Auto, und trat mitten in eine Pfütze. Er zog den Fuß verärgert zurück. Er wälzte seine Körperfülle zur rechten Seite, um aus der Beifahrertür zu sehen. Auch dort nichts als ein Wasserloch.

Der Anwalt quälte sich hinter das Lenkrad zurück, wusste, es gab keinen anderen Parkplatz, und war nun entschlossen, die Pfütze zu ignorieren. Er stieg aus und trat mit seinen Lackschuhen mitten ins Wasser, das über den Rand der Schuhe in die Socken schwappte und seine teuren Hosen bespritzte. Der Anwalt watete vorsichtig zum hinteren Ende des Mercedes, wo der Boden trockner war, nahm die Tasche und seine Robe aus dem Kofferraum und hastete, am Haus der Staatsanwaltschaft vorbei, direkt auf den Seiteneingang des Gerichtes zu.

Beim Anblick der Drehtür erinnerte sich der Anwalt, unangenehm berührt, dass er im vorigen Monat – besonders eilig, weil viel zu spät – mit der Robe in dieser Drehtür hängen geblieben war. Man hatte den Hausmeister rufen müssen, um ihn zu befreien, was dauerte und von den guten Ratschlägen der Passanten begleitet wurde. War das peinlich!

Jetzt war er gewarnt, faltete die Robe sorgfältig zusammen

und legte sie auf die Tasche, die er vor sich hielt. Die Drehtür war geschafft! Der Anwalt schnaufte erleichtert, stellte die Tasche auf den Boden und wischte sich die Stirn.

Er betrat die Vorhalle und zückte seinen Spezialausweis. Der Sicherheitsbeamte winkte ab, man kannte sich. Dieser Anwalt war nicht zu übersehen, man ließ ihn ohne weitere Kontrollen passieren.

Als sich der Anwalt durch die Sperre schob, löste der Schlüssel in seiner Hosentasche Alarm aus. Der Anwalt griff nach ihm und wedelte dem Sicherheitsbeamten zu. „Keine Panik, *das* war es!“

Er war nun endlich auf dem Gang, der zu den Fluren im Erdgeschoss führte.

Der Beschuldigte kam seinem Anwalt auf dem Gang entgegen. Man hatte ihm gesagt, dass es später würde, und er war nicht besonders aufgeregt.

Dem Beschuldigten wurde, nach einer Anzeige seiner Schwiegereltern, vorgeworfen, seine reiche Ehefrau aus Überdruss und Habgier an einem Brückenpfeiler zu Tode gefahren zu haben. Dazu von der Polizei befragt, hatte er von einem Unfall gesprochen, von der Liebe zu seiner Frau und von seiner Unschuld an ihrem Tode.

Es bestand keine Fluchtgefahr, er wurde nicht in Untersuchungshaft genommen und verbrachte seine Zeit wie immer damit, in der Fabrik, die seiner Frau gehört hatte, die Herstellung und den Verkauf von Gardinen zu betreiben.

Inzwischen bemühte sich der Anwalt um Zeugen für den Unfall. Als er fast daran verzweifelte, weil sich kein Zeuge fand, meldete sich ein Mann bei ihm, der bereit war, sein Wissen mit dem Gericht zu teilen.

Kein angenehmer Mann, aber scheinbar ein schlauer Fuchs.

Er sagte, er habe den Unfall aus unmittelbarer Nähe gesehen, da er sich in gleicher Höhe auf dem Fußgängerweg hinter dem Brückenpfeiler befunden habe. Der Reifen sei geplatzt und der Wagen danach an den Brückenpfeiler gekracht.

Der Gang, an dem der Sitzungssaal lag, war gute fünf Meter breit. Bei dem Raum mit der Nummer 33 gab es eine Ausbuchtung, und man hatte Stühle hineingestellt, um es den Wartenden bequemer zu machen.

Der Zeuge saß auf einem der Stühle, hatte den „Kölner Stadtanzeiger" vor sich und war in die Lektüre vertieft.

Der Anwalt unterließ es, den Zeugen zu beachten, er sah sich um. Sein Blick traf auf eine Frau, die langsam auf und ab ging.

Der Anwalt, der für sein ausgezeichnetes Gedächtnis bekannt war, erinnerte sich daran, wo er die Frau zum ersten Mal gesehen hatte. Ihr Foto war bei einem Besuch seines Mandanten in der Anwaltskanzlei aus dessen Brieftasche auf den Boden gefallen und dort, direkt neben dem Stuhl des Anwalts, einen Augenblick liegen geblieben.

Der Mandant und der Anwalt gingen jetzt ebenfalls auf und ab. Als der Anwalt darauf achtete, sah er, dass die Frau dem Beschuldigten, wenn sie sich begegneten und auf gleicher Höhe waren, kleine Zeichen der Ermutigung und der Zuneigung machte.

Den Anwalt beachtete die Frau nicht. Sie war mittelgroß, auffallend schlank, hatte graue Augen und sonnenbraune Haut. In das dunkelblonde Haar hatte man helle Strähnen eingefärbt. Sie trug einen resedafarbenen Hosenanzug, teure Schuhe und einen passenden Schal. Der Anwalt schätzte sie auf etwa zweiunddreißig, mindestens zwanzig Jahre jünger als sein Mandant.

Sie wurden aufgerufen, und der Anwalt, der Angeklagte und der Zeuge betraten den Sitzungssaal. Die Tür wurde hinter ihnen geschlossen.

Nachdem der Zeuge belehrt worden war, musste er den Saal verlassen. In der Sitzecke auf dem Flur widmete er sich wieder dem „Kölner Stadtanzeiger".

Die Frau, die auf dem Gang gewartet hatte, trat zu ihm.

Der Zeuge hörte auf zu lesen, sah zu der Frau hoch, grinste und faltete den „Kölner Stadtanzeiger" provozierend langsam zusammen. „Haben Sie das Geld in bar bei sich?", fragte er.

„Klar", sagte die Frau, „Sie wollten doch keinen Scheck, als wir telefonierten. Sie bekommen Ihr Geld bar und in kleinen Scheinen, wenn alles vorüber ist."

„Und was ist, wenn Ihr Freund freigesprochen wird und Sie beide abhauen, ohne mir das Geld zu geben?"

„Dann könnten Sie immer noch sagen, Sie hätten sich geirrt." Die Frau lächelte. „Sie können fest mit dem Geld rechnen, wenn Sie das Richtige sagen!"

„Kann ich das Geld mal sehen?", fragte der Zeuge.

Die Frau öffnete ihre Tasche, und der Zeuge beugte sich darüber und sah hinein.

Als er zugreifen wollte, schlug die Frau ihm leicht auf die Hand. „Nicht so gierig! Es ist reichlich Geld da, Sie bekommen es, wenn Sie sagen, was wir verabredet haben, und mein Freund freigesprochen wird."

Der Zeuge wurde aufgerufen. Er hob den Daumen der rechten Hand und grinste wieder. Dann ging er in den Sitzungssaal.

Es dauerte eine Weile, bis er wieder herauskam.

Die Frau hatte ungeduldig auf ihn gewartet. „Wie ist es gewesen? Sagen Sie schon!"

„Ich habe getan, was ich tun sollte“, sagte der Zeuge. „Der Richter hat mit mir geredet. Ein Sachverständiger hat mich befragt, und der Staatsanwalt ist ein strenger Herr. Zuletzt fragte mich der dicke Anwalt. Alle haben die passenden Antworten bekommen. Ich bin kein dummer Mensch und habe meine Schularbeiten ordentlich gemacht! – Ich werde jetzt hinter meiner Zeitung warten, bis Ihr Freund und der dicke Anwalt herauskommen. Dann will ich mein Geld!“

Die Frau sah, dass niemand auf dem Flur war, drehte den Rücken zum Sitzungssaal und griff in die Tasche. Der Zeuge stopfte das Geld eilig in seine Jacke.

In diesem Augenblick öffnete sich die Tür, und die Frau trat einen Schritt zur Seite.

Der Anwalt war nicht sicher, was er gesehen hatte, es ging zu schnell, und der Zeuge las wieder im „Kölner Stadtanzeiger“.

„Es war ein Unfall“, erklärte der ehemals Angeklagte. „Hundertprozentig beweisen kann man es nicht, aber auch nicht das Gegenteil. Der Zeuge hat gesagt, er habe den geplatzten Reifen gesehen, ehe der Wagen auf den Pfeiler prallte, und er hat weiter gesagt, dort sei vorher eine Baustelle gewesen, da hätte etwas liegen können, das möglicherweise in den Reifen eindrang. Der Sachverständige hat beanstandet, dass damals nicht gründlich genug recherchiert wurde.“

Der Anwalt sah auf die Uhr und wendete sich der Frau zu. „Wie auch immer, es war ein Unfall, der Reifen platzte, und mein Mandant verlor die Kontrolle über den Wagen. Es ist sehr bedauerlich, dass seine Ehefrau dabei zu Tode kam. Ihn trifft daran keine Schuld.“

„Ich bin sehr zufrieden“, sagte die Frau. „Wir wussten immer, dass es ein Unfall war, das Problem war nur, es zu beweisen. – Gehen wir doch zusammen zu Frederik, das ist nicht weit, und man kann dort ausgezeichnet essen. Sie sind natürlich unser Gast."

„Ich muss Ihre Einladung ablehnen", entgegnete der Anwalt. „Für Sie war es ein sehr wichtiger Vormittag, den Sie feiern sollten. Für mich geht die Arbeit weiter. Leben Sie wohl!"

Der Anwalt verneigte sich leicht, ohne jemandem die Hand zu geben. Er ging auf die Sitzgruppe zu, stellte die Tasche auf einen Stuhl, faltete die Robe zusammen und legte sie über den linken Arm.

„Warten Sie auf etwas?", fragte er den Zeugen. „Die Sitzung ist beendet, die Kasse, die das Zeugengeld auszahlt, befindet sich in der Vorhalle, unter der Treppe zur Cafeteria. Beim Hinausgehen gleich rechts."

Karla Hoffmann

Der Gang durch die Mauer

Eine phantastische Geschichte aus der DDR

Der Wind fächelte durch die Gräser, ein Holunderbusch verströmte seinen irren Duft, am mondlosen Himmel zeigten sich ein paar Sterne. Irmela duckte sich, kauerte im buschigen Unterholz, sie lauschte in die Finsternis, der Wald rauschte ... Da – was war das?! Es bewegte sich, kam auf sie zu ...! Vorbei, es war nichts! Wenn nur diese gräßliche Angst nicht wäre, sie saß ihr im Nacken, lähmte ihr den Verstand, sie zitterte am ganzen Körper. Verfluchter Mist, Scheißangst! Sie mußte über die Mauer, es gab für sie nur diesen einen Weg, die Grenze zu überwinden.

Sie begann sich auszukleiden, Stück für Stück legte sie ab, bis sie nackt und bloß zwischen den Farnen hockte, dann nahm sie die bauchige Flasche, die sie wohlverpackt mitgebracht hatte, verstrich die Hälfte von deren Inhalt auf ihrer Haut und trank den Rest in einem Zug aus. Mit dem ekelhaften Gesöff, das sie geschluckt hatte, kam Ruhe über sie, und ihre Gedanken schweiften zu Jörg, dem Freund ihrer Kindheit, dem sie nun nach Kanada folgen wollte. Er war ihr ein und alles, er nahm sie ernst, sie und ihre Absonderlichkeiten, das Ärgernis ihrer Eltern. Was die Tochter im Innersten bewegte, ängstigte oder glücklich machte, danach fragten sie nicht.

Da war die Geschichte mit der Oma, jener Großmutter, die schon lange tot war, ehe Irmela geboren wurde, und eben diese Oma kam zu ihrer Enkelin, sprach zu ihr, die Eltern schüttelten den Kopf und sagten: „Verrückt." Der Vater drohte wütend mit Ohrfeigen, als seine Tochter ihm erzählte, was die schwarzkittligen Krähen im Winter auf den kahlen Bäumen krächzend, schmatzend verkündeten. Sie lief zu Jörg, bei ihm träumte sie von dem Land, in das sie später beide auswandern wollten: Kanada! Das Land, in dem der Grizzlybär hauste, Schneeziegen im zerklüfteten Gestein unzugänglicher Höhen grasten und die Lachse aus dem Meer geschwommen kamen, flußaufwärts zogen, über Stromschnellen und Katarakte sprangen, um die Wasser ihrer Geburt zu erreichen – dorthin wollten sie.

Als Jörg achtzehn war, schaffte er es, eines Tages war er abgehauen, nach drüben, und Irmela begann ihren Weg zur Überwindung der Mauer vorzubereiten.

Sie streckte sich wohlig im Gras, angenehme Wärme durchströmte ihre Glieder, Phantasien umgaukelten sie. „Jörgele“, flüsterte sie, „Jörgele.“ Das Gesicht des Liebsten neigte sich vom Himmel zu ihr herab, nahm sie umfangen, der Trunk tat seine Wirkung.

Jenem verzweifelten Mädchen, das vor mehr als vierhundert Jahren das Zauberrezept unter der Folter des Hexenprozesses preisgab, hatte es nichts genützt. Irmela fand es nach langem und intensivem Suchen, sie scheute keine Mühe, die Ingredienzen der Droge herbeizuschaffen und zu verarbeiten. Das leichte Kribbeln auf ihrer Haut zeigte an, daß die Verwandlung begann, sie schlief ein.

Es war heller Mittag, als Irmela die Augen aufschlug. Das Mädchen war verschwunden, zwischen Löwenzahn und Bockskraut miaute, nein, schrie eine große rothaarige Katze.

Die Welt, in die sie blickte, war nicht ihre Welt, Farne wölbten sich über ihr, Gräser wuchsen über sie hinaus, die Bienen glotzten sie mit großen Augen an. Ihre Gedanken verhedderten sich, sie fand sich hier und fand sich dort, war Mensch und Katze, und dann begriff sie: Die Menschenwelt war eine andere als die von Katze, Wurm und Vogel, und dennoch war sie dieselbe, nur jedes Wesen sah sie anders. Wer aber sah sie wirklich, diese Erde? Wer war in allem und über allem? Der liebe Gott? Manche glaubten an ihn, der Vater hatte gesagt: „Im Sozialismus brauchen wir keine Götter", aber Jörg redete anders. Er sprach vom „Absoluten" und erzählte, daß viele Naturvölker, wie zum Beispiel die Ureinwohner Kanadas ... Kanada, Kanada und Jörg! Sie mußte sich sputen, eilen, über die Mauer zu kommen, der Zauber hielt nur vierundzwanzig Stunden an!

Für einen Menschen war die Mauer zu hoch, unübersteigbar, für eine Katze müßte es möglich sein. Irmela sprang wieder und wieder, quälte sich, die Krallen einzuhaken, sich festzuhalten, um aufwärts zu klimmen, die Krallen brachen, ihre geschundenen Pfoten bluteten, das Monster aus Beton und Stein war nicht zu bewältigen. Sie kauerte am Fuße eines Mauerpfeilers, Tränen kollerten in ihre Schnurrhaare, der Wind strich leise, als wollte er sie trösten, durch das üppige Fell. Sie leckte ihre Wunden und stand auf, bäumte sich, sie empfand die Wohltat eines großen runden Katzenbuckels, er gab ihr Spannkraft und Energie wieder, sie war entschlossen, ihr Vorhaben zu Ende zu bringen.

Sie jagte los, rannte, hetzte davon, als wären Bluthunde hinter ihr her, sie mußte den Grenzübergang noch vor Mitternacht erreichen, um diese Zeit etwa würde die Rückverwandlung einsetzen. Sie wußte nicht, wie spät es war, als sie atemlos mit fliegenden Flanken bei der Grenzpiste ankam. Erstarrt in Beton und Stacheldraht lag sie vor ihr, doppelt und dreifach gesichert, mit Selbstschuß- und Alarmanlagen wurde jeder Passant erschreckt, grelles, weißes Licht aus Hunderten von Lampen und Scheinwerfern erhellte das Areal bis in den letzten Winkel, hier gab es kein Verstecken.

Irmela betrat den Schauplatz. Sie duckte sich unweit des Schlagbaumes, ein Lkw stand dort, groß und kastig erschien er ihr, wie ein zehnstöckiger Plattenbau. Soldaten gingen hin und her, riesig martialisch mit ihren Gewehren, sie erschauerte. Der Lkw-Fahrer kam aus dem Kontrollhaus, stieg ein, startete, der Schlagbaum öffnete sich, der Wagen fuhr an, passierte die Grenze. Irmela überschaute die Gegend, Leere ringsum, hektischer Betrieb wäre besser gewesen, dennoch, sie trat den Gang durch die Mauer an.

Vorsichtig schleichend huschte sie an zwei Soldaten vorbei, die sahen sie oder sahen sie nicht, wen kümmerte eine streunende Katze, sie zogen ihren Dienst durch. Die Nacht war still, angenehm warm, in der Zeit zwischen Mitternacht und Morgengrauen war oftmals Flaute.

Franz, der Grenzer, der Katzenliebhaber, sah die Rothaarige sich davonmachen. Ihm gefiel das Prachtexemplar, er tat ein paar Schritte, packte das Tier und hob es hoch, wollte es streicheln, ein wenig kraulen, nichts weiter. Sie wehrte sich, fauchte, fuhr die Krallen aus und schlug zu. Franz amüsierte sich: „Ich will dir doch nichts tun, du dummes Biest", lachte er, hielt sie ein Stück von sich – und da geschah es. „Ein Mädchen!" johlte er wieder und wieder. Er sah ein weiches Gesicht von heller Haut mit ein paar Sommersprossen und Katzenohren, aus dem roten Fell leuchteten ihm zwei nackte Brüstlein entgegen.

Ein Soldat, der ein halbnacktes Mädchen im Arm hat und es nicht küßt, der ist kein richtiger Kerl. Franz zog es an sich, das Mädchen – die Katze zerfetzte ihm die Wangen, sie biß ihm in die Kehle. Er heulte auf, stolperte rückwärts, fiel hin und ließ sie los, blutend lag er auf der Erde. Die Kameraden mühten sich um ihn, einer hob sein Gewehr und feuerte den Schuß ab, die Katze wankte, torkelte ein Stück weiter, dann brach sie zusammen.

Der Krankenwagen kam, Soldat Franz wurde abtransportiert. Er brüllte, er brabbelte: „Ein Mädchen, ein Mädchen mit Katzenohren.“ Man gab ihm eine Beruhigungsspritze. Er wird nie mehr aufhören, von dem Mädchen zu reden, nie mehr in seinem Leben. Sie werden viele Diagnosen stellen, warum ein junger, gesunder Mann so plötzlich verwirrten Sinnes werden kann. Franz wird darauf beharren, eine Katze im Arm gehalten zu haben, eine Katze, die eine Frau war, süß und rothaarig und mit nackten Brüsten.

Irmela krümmte sich, versuchte, das Blut, das ihrem Körper entströmte, aufzuhalten, nicht sterben, nicht ausbluten, nein! Ihr Herz flatterte, sie keuchte, nicht nachgeben, nicht aufgeben – grenzenlos fremd kam etwas auf sie zu, wogegen sie sich mit dem letzten Atem, den letzten Zuckungen ihres Lebens verzweifelt zur Wehr setzte.

Der Unteroffizier sagte zu zwei Soldaten: „Schafft das tote Vieh da weg, aber Vorsicht, nicht mit bloßen Händen anfassen, Tollwutgefahr.“ Die beiden gingen, holten Geräte, den Kadaver zu beseitigen. Als sie wiederkamen, war der Platz leer, keine Katze, kein Blut, nichts als heller, sauberer Beton. Der eine zuckte die Achseln und ging, der andere sah sich verstohlen um, dann schlug er rasch ein Kreuz.

Der Himmel wölbt sich über schneeigen Gipfeln, dunkle Wälder locken in endloser Ferne, am Ufer der weiten Seen grast der Elch. Über Steine und Geröll hastet der Fluß zum Tal, an seinem hellen Strand erwartet Irmela den Geliebten. Er kommt, mit kräftigen Stößen durchpflügt er die Wasser stromaufwärts, sein Leib leuchtet silbrig, schuppig im gleißenden Licht. Sie breitet die Arme aus, ihn zu umfangen, mit ihm zu verschmelzen in ewiger Liebe und Freiheit.

Marion Koch

Das Archiv der Ewigkeit

Es geschah in einer dieser Nächte, in denen man keinen Schlaf findet und sich ruhelos von einer Seite auf die andere wälzt. Die Probleme des Alltags lassen sich nicht aus den Gedanken verbannen, und Minuten werden zu Stunden.

Nach mehreren Anläufen, mich in eine Traumwelt zu flüchten, gab ich den Versuch auf, lag einfach nur da und lauschte den Stimmen der Nacht.

Bis zum heutigen Tag weiß ich nicht, ob das, was ich dann erlebte, ein Traum war oder eine visionäre Wahnvorstellung. Selbstverständlich könnte ich darauf keinen Eid ablegen, aber ich bin mir ziemlich sicher, dass ich nicht geschlafen habe …

Von einem Moment zum anderen veränderte sich meine Umgebung. Übergangslos befand ich mich an Bord eines Schiffes oder Bootes. Diese Tatsache allein hat schon etwas Absurdes, denn ich bin ganz und gar kein Freund von Schiffsreisen und ziehe festen Boden unter den Füßen vor.

Im Grunde genommen begann es wie eine Szene aus einem sentimentalen Kitschfilm: Ich war nicht allein. Irgendjemand, der mir nahe steht, war bei mir und hatte seinen Arm um meine Schulter gelegt. Sein Gesicht konnte ich nicht sehen, aber das war ebenso bedeutungslos wie die Erkenntnis, dass ich überhaupt nicht wusste, wo wir uns gerade aufhielten.

Die See war ruhig, die Nacht sternenklar. Wie ein zärtliches Streicheln fuhr der warme Wind über meine Haut. Schweigend standen wir dort, so als fürchteten wir, ein einziges Wort könnte diese Idylle des Friedens zerstören.

Gleich einer schützenden Decke, breitete sich das Sternenzelt über uns aus, und ich hatte das Gefühl, ich brauchte nur eine Hand auszustrecken, um einen dieser leuchtenden Punkte zu ergreifen.

Ein plötzliches Aufblinken unterbrach die vollkommene Harmonie des Augenblicks. – Ein Komet! Nein, zwei Kometen! Im Parallelflug rasten sie auf die Erde zu.

Nach einem anfänglichen kleinen Schrecken empfand ich dieses Ereignis als zusätzliche Bereicherung. Ich seufzte leise, als die Kometen verschwunden waren.

Auf einmal sagte mein Begleiter: „Wünsch dir was!"

Eigentlich glaube ich nicht an solche Dinge, aber unter diesen Umständen funktionierte der Logiksektor meines Gehirns nicht vorschriftsmäßig. Automatisch folgte ich seiner Aufforderung und wünschte mir etwas. Und das war, gelinde ausgedrückt, ein großer Fehler!

Wir Menschen sind es gewohnt, alles, was geschieht, chronologisch zu dokumentieren, zu erfassen, zu begreifen. In meiner Geschichte spielt der Faktor Zeit eine ganz andere Rolle. Lange habe ich nachgedacht, wie ich das Erlebte definieren soll, ohne chronologische Aspekte zu verwenden. Schließlich musste ich mir eingestehen, dass ich es nicht kann …

Es war offensichtlich ein gewaltig großer Finger, der die Standby-Taste gedrückt hatte, und zwar just im Augenblick nach dem letzten Buchstaben meines Wunschgedankens. – Schlagartig wurde es absolut still. Nicht diese Art von Stille, in der man seinen eigenen Herzschlag hört oder seine Atemzüge. Nein, da war gar nichts mehr! Ich kann nur vermuten, dass es meinem Begleiter ebenso erging wie mir. Wir waren nicht mehr in der Lage, uns zu bewegen, spürten unsere Körper nicht und konnten keine eigenen Gedanken entwickeln. Sehen und registrieren, das war alles, was uns blieb.

Die Wellen der See erschienen wie eingefroren. Das Schiff bewegte sich ebenfalls nicht mehr und die Luft vermutlich auch nicht. Wir starrten auf den Horizont, unfähig, den Kopf nach rechts oder links zu drehen.

Genau in der Mitte jener Linie, an der sich Himmel und Erde scheinbar berühren, begann es zu flimmern. Kleine Flammen züngelten empor und wuchsen langsam. Dann breiteten sie sich nach beiden Seiten aus. Auf Grund unserer Bewegungsunfähigkeit konnten wir die Laufrichtung des seltsamen Feuers nicht verfolgen. Unsere Blicke waren regelrecht an den Ursprungsort der Erscheinung gefesselt. Nach und nach entstand schließlich eine Feuerwand, die die Sterne verdeckte.

Und dann begann eine Geisterbahnfahrt, die ihresgleichen sucht. – Die Flammen veränderten sich. Zuerst waren es nur undeutliche Konturen, die tatsächlich an alte Gespenstergeschichten erinnerten. Ganz allmählich wurden die Umrisse deutlicher. Der Rest unseres noch funktionsfähigen Verstandes identifizierte vertraute Gesichter, Gegenstände, Pflanzen und Tiere. Die Bilder, mit denen wir zwangsläufig konfrontiert wurden, blieben allerdings nicht lange sichtbar. Kaum konnten wir ihre Form erkennen, begannen sie wieder, sich zu verändern. Gelegentlich verbanden sich mehrere Einzeldarstellungen miteinander und veranschaulichten auf diese Weise Ereignisse, weit entfernte Orte, Kriege und Katastrophen.

Im Gegensatz zu uns war diese mysteriöse Feuerwand äußerst aktiv. Unaufhörlich veränderten die Flammen Gestalt und Form. Doch langsam, aber sicher wurde das Bewusstsein des Erkennens immer schwächer. Menschen, denen wir niemals begegnet waren, tauchten auf und verschwanden wieder, revolutionäre Entdeckungen, untergehende Städte und Völkerwanderungen – Entwicklungsgeschichte hautnah!

Aber es war alles andere als eine interessante historische Unterrichtsstunde. Es ist nicht das Gleiche, ob man etwas aus Büchern erfährt oder das, was geschah, direkt vor Augen hat. Wir sahen Menschen sterben, auf Schlachtfeldern, an brennenden Kreuzen, auf Sklavenschiffen etc. Ein Völkermord, der mit der Entstehung der Menschheit begann und dessen Ende noch nicht abzusehen ist. (Ich möchte an dieser Stelle nicht ins Detail gehen, da es sich hierbei um allgemein bekannte Fakten handelt.)

In meiner Geschichte gab es keine Unterbrechung. Wir waren weiterhin gezwungen, emotionslos und bewegungsunfähig zu beobachten. Die Bilder wurden immer eintöniger. Die letzten menschlichen Lebewesen waren nur noch undeutlich zu erkennen, die fremdartigen, riesigen Tiere im Anschluss daran ebenfalls. Es war, als ob sich die Bilder nun viel schneller veränderten als bisher. Schließlich zeigten sie uns nur noch Wasser, Land und jede Menge Grünzeug.

Kurz darauf verschwand die Vegetation. Zurück blieb ein nackter Planet, gleich unserem Mond, abgesehen von dem hellen Kranz, der ihn umgab. Doch auch er löste sich dann in einer Mischung aus Licht und nebelartigen Schleiern auf.

Eine seltsame Wolke bewegte sich vom Ort des Geschehens weg. Erst nachdem das Bild klarer wurde, erkannten wir, dass es sich um Milliarden winziger Partikel handelte, die zielstrebig in eine Richtung flogen. Bald sah es so aus wie der Kondenzstreifen eines Flugzeugs am Himmel.

Dann hielt der eigenartige Konvoi an und sammelte sich wieder. Scheinbar verwirrt und orientierungslos flogen die Partikel in der Wolke umher, stießen ab und zu gegeneinander, verließen den Pulk aber nicht.

Plötzlich verschwand die ungewöhnliche Erscheinung, und eine Sonne wurde sichtbar; jedenfalls sah es aus wie eine solche. Ganz allmählich nahmen die Eruptionen auf der Oberfläche des Himmelskörpers ab, bis sie letztendlich völlig aufhörten.

Eine Weile behinderte die nebelartige Hülle, die ihn umgab, die Sicht.

Aber auch diese Bild war nicht von Dauer. Ein Planet kam zu Vorschein.

Wären wir zu diesem Zeitpunkt in der Lage gewesen, in irgendeiner Weise zu reagieren, dann hätten wir wohl beide gerufen: „Das ist die Erde!“

Die Ähnlichkeit war zweifellos verblüffend, allerdings nur aus der Ferne. Nachdem der unbekannte „Kameramann“ die Einstellung erneut verändert hatte, stand definitiv fest: Es war nicht die Erde.

Fraglos handelte es sich jedoch um einen Planeten, auf dem Leben existierte, und zwar intelligentes Leben. Auf allen Teilen dieser Welt, die nicht von Wasser bedeckt waren, befanden sich fremdartig anmutende, kegelförmige Gebäude. Ringförmige Plattformen unterteilten die Bauwerke in drei Abschnitte. Straßenähnliche Verkehrswege verbanden diese Plattformen miteinander. Einige ovale Fahrzeuge bewegten sich auf diesen Straßen, aber die Insassen waren nicht zu erkennen. Hin und wieder durchquerte ein flugfähiges Fahrzeug der gleichen Bauweise den Luftraum.

Seltsamerweise registrierten wir weder Grünanlagen noch Tiere. Wir sahen nicht einmal einen Vogel, kein Insekt … Der Planet erschien irgendwie steril. Im Nachhinein würde ich glatt behaupten, wir hätten auch nichts riechen können, wären wir dazu in der Lage gewesen. Die fahrenden und zum Teil auch fliegenden Autofahrer waren augenscheinlich die einzigen Lebewesen hier.

Die Gebäude sahen alle gleich aus, und Industrieanlagen entdeckten wir ebenfalls nicht.

Auf der obersten Etage eines dieser Gebäude fanden wir uns wieder. Ich kann jetzt nur für mich sprechen, wenn ich sage, dass ich meinen Körper zwar immer noch nicht spüren konnte, aber plötzlich ein Gefühl entwickelte: Neugier!

Vielleicht war das der Grund für die „Reiseverzögerung“, denn eigentlich hätte es längst wieder einen Szenenwechsel geben müssen.

Unerwartet landete auf einmal eines dieser fliegenden Fahrzeuge in unserer unmittelbaren Nähe. Einen Augenblick lang geschah nichts. Dann öffnete sich ein Ausstieg, und der Fahrer verließ das „Auto“. Er wandte uns den Rücken zu.

Ein Schattenbild von ihm hätte garantiert zu dem Trugschluss geführt, er sei ein Mensch. Aber als er sich umdrehte, war diese Annahme widerlegt.

Mit dem Fremden hatten wir nur eines gemeinsam: die Körperform. Seine Haut schimmerte grünlich (keine Angst, nun kommt nicht die Männchen-vom-Mars-Geschichte) und war gemasert wie die Rückseite eines Blattes. Sein Haar sah aus wie Stroh, und seine Finger waren durch dünne Hautlappen miteinander verbunden. Die Augen schienen extrem lichtempfindlich zu sein. Er hielt sie halb geschlossen und öffnete sie erst im Schatten des Gebäudes vollständig. Ihre Iris war dunkelgrün. Umgeben von hellen Wimpern, glichen sie zwei Smaragden in einem Bett aus Stroh – ein für menschliche Begriffe ästhetisch ansprechender Anblick. Sein Gesicht war schmal, die Nase nur eine leichte Erhebung mit winzigen Öffnungen, vielleicht ein evolutionsbedingt verkümmertes Organ, das nicht benötigt wurde. Der menschenähnliche Mund schien ebenfalls keine Funktion mehr zu erfüllen. Es sah nicht danach aus, dass er ihn öffnen konnte. Eine Trennung von Ober- und Unterlippe war nicht sichtbar. Möglicherweise ernährten sich diese Wesen mit Hilfe der Photosynthese. Die Evolution hatte hier offenbar einen anderen Weg als bei uns genommen.

Der Fremde kam auf uns zu. Vermutlich standen wir direkt

neben dem Eingang des Gebäudes. Als er dieses erreicht hatte, legte er eine Hand an die Wand. Augenblicklich glitt ein Teil der Wand, gleich einer Schiebetür, zur Seite.

Irgendetwas in mir regte sich. Ich spürte, dass das Bild bald verschwinden würde, und weigerte mich, dies zu akzeptieren. Das dort war ein fremdes Lebewesen – und doch wieder eigenartig vertraut. Ich wollte ihn warnen, ihm unbedingt sagen, dass etwas Schreckliches geschehen würde. Aber ich konnte es nicht.

Trotz meiner Gegenwehr begann die Umgebung bereits undeutlich zu werden. Plötzlich drehte sich der Fremde, schon halb in dem Gebäude verschwunden, um und blickte mir direkt in die Augen. Und dann hörte ich eine Stimme in meinem Geist: „Ich weiß nicht, wer du bist und woher du kommst, aber ich rate dir, verschwinde, solange du es noch kannst!"

Im nächsten Augenblick wurde ich herumgerissen. Verzweifelt klammerte ich mich an meinen Begleiter und wünschte mir mit letzter Kraft, dass das alles wieder verschwinden würde.

Ich hatte den Eindruck, als fiele ich in ein riesiges schwarzes Loch …

Der Sturz endete in meinem Bett.

Vollkommen verstört, verwirrt und mit einem Herzschlag, der mir die Brust zu zersprengen drohte, bekämpfte ich das Verlangen, laut um Hilfe zu schreien.

Was war das? Bin ich zurückgekehrt oder aufgewacht? War es ein Alptraum oder eine Vision des Schreckens?

Ich habe mich ernsthaft bemüht, aber es ist mir nicht gelungen, das Erlebte als Traum zu ignorieren. Eine Woche benötigte ich, um die Alternative zu analysieren. Die daraus resultierenden Schlussfolgerungen sind weder religiös noch wissenschaftlich fundamentierbar, sondern rein philosophischer Natur.

„Es war ein Blick in die Ewigkeit", sagte ich mir, um meinen durchschnittlichen Menschenverstand nicht zum Kollabieren zu bringen. Die Reise in die Vergangenheit war gleichzeitig ein Hinweis auf die Zukunft.

Ausgelöst wurde das ganze Dilemma durch einen an und für sich abergläubischen Wunsch. In einem sentimentalen Augenblick bat ich darum, die Zeit möge stehen bleiben. Aber die Zeit kann nicht stehen bleiben, das wäre paradox. Vielleicht trifft das auf die Menschen zu, deren Lebensuhr abgelaufen ist. Die Zeit im Allgemeinen läuft ungeachtet dessen weiter.

War ich also zum Zeitpunkt meiner ungewöhnlichen Reise tot? Aber ein Toter kann nichts mehr sehen, oder etwa doch? Man sagt, das Gehirn setzt seine Tätigkeit nach dem Herztod noch für eine Weile fort. War der Fremde eine Botschaft meines Unterbewusstseins, durch die mir mitgeteilt wurde, dass ich zurückkehren müsse, bevor mein Körper endgültig sterben würde? – Ich weiß es nicht.

Um den Schrecken dieser Vision zu begreifen, muss man die Geschichte vom Ende her betrachten:

Ein Planet stirbt, und alles Leben erlischt.

Im Kosmos nahe dieser Welt entsteht eine Wolke, die sich aus unzähligen kleinen Partikeln zusammensetzt. Ich denke, dass man diese Wolke metaphorisch sehen sollte. Es sind die Seelen oder das Bewusstsein der verstorbenen Lebewesen. Egal, wie man es auch nennen mag, das halt, was in ihnen unsterblich ist.

Verwirrt, verloren und haltlos fliegen sie umher, vergleichbar mit einem Kind, das sich verlaufen hat. Dieses Kind ist nicht völlig allein. Viele andere Leute befinden sich dort, aber es sind Fremde. Am liebsten möchte es einfach losrennen, allein von dem Gedanken beseelt, nach Hause zu kommen. Doch man hatte ihm immer wieder gesagt, dass es dort warten muss, wo es verloren gegangen ist, damit man es leichter wiederfinden kann. Plötzlich kommt jemand und reicht ihm die Hand. Das Kind greift zu, weil es instinktiv fühlt, dass sie es nach Hause führen wird.

Den verlorenen Seelen im Weltraum ergeht es ebenso. Sie sind ängstlich und verstört, aber sie bleiben beieinander. Und sie haben nur ein Ziel: zu leben und sich irgendwo erneut körperlich zu manifestieren. Eine Wolke aus purer Lebensenergie sucht ein Zuhause.

Schließlich machen sie sich auf den Weg. Die Art und Weise sowie die Zielstrebigkeit lassen darauf schließen, dass auch sie einer Hand folgen, der sie vertrauen. Und dann erreichen sie den Ort, wo sich heute unsere Heimat befindet: die Erde. Der Lebensfunke verbindet sich mit dem bereits vorhandenen Material, und eine neue Evolution beginnt.

Falls diese Theorie stimmt, sind unsere Fantasien nichts weiter als Erinnerungen. Erinnerungen, die so weit entfernt sind, dass wir sie nicht erfassen können. Außerdem müssten wir in diesem Fall davon ausgehen, dass wir allein sind in diesem scheinbar grenzenlosen Universum, denn dann sind wir selbst die „Aliens". Die Vielzahl der verschiedenen Darstellungen ließe darauf schließen, dass die Evolution nicht immer den gleichen Weg wählt.

Auch die übereinstimmenden Beschreibungen einiger Menschen, die behaupten, von Außerirdischen entführt worden zu sein, passten dann in dieses Bild. Vielleicht haben sie die Erde gar nicht verlassen, sondern hatten lediglich ein Déjà-vu-Erlebnis der besonderen Art, welches ihnen ihr Unterbewusstsein vermittelt hat. Es ist wissenschaftlich erwiesen, dass wir nur einen minimalen Teil unseres Gehirns tatsächlich nutzen. Der Rest liegt brach. Aber die Natur erschafft doch nichts, was überflüssig ist. Wäre es nicht eventuell möglich, dass sich in diesen ungenutzten Bereichen ein Speicher befindet, zu dem wir keinen Zugang haben, weil uns der Schlüssel fehlt?

Voraussagungen, die die Zukunft betreffen und die sich dann tatsächlich ereignen, wären mithin keine übersinnlichen Wahrnehmungen, sondern lediglich Reflexionen der Vergangenheit.

Möglicherweise kann man sogar die Frage beantworten: Gibt es einen Gott, und wie sieht er aus? – Ist er vielleicht die Hand, der Weg, der den verlorenen Seelen zeigt, wohin sie sich wenden müssen?

Wäre das nicht eine Erklärung dafür, dass ausnahmslos alle Völker der Erde an einen Gott oder auch an mehrere Götter glauben? Die Erinnerung an die „Hand" ist in unserem Bewusstsein gespeichert. Da der Verstand es nicht erklären kann, erschaffen wir Bilder und Geschichten, um es zu verstehen.

Je länger man darüber nachdenkt, desto erschreckender sind die Antworten, auch wenn sie unbelegbar und hypothetisch sind. Traum oder Vision – ich werde es wohl niemals herausfinden. Und eigentlich möchte ich das auch gar nicht mehr. Noch heute zittern mir jedes Mal die Knie, wenn ich daran denke.

Was auch immer in jener Nacht geschehen sein mag, ich habe an einem Ort gestanden, den ein Mensch nicht betreten sollte, weil es unsere Vorstellungskraft und unseren Verstand übersteigt. Als selbst ernannter Einzelkämpfer gegen Lügen, Heuchelei und Selbstbetrug musste ich erkennen, dass die Konfrontation mit der Wahrheit (im Bezug auf die Schatten der Vergangenheit) eine nicht minder schockierende Wirkung erzielen kann.

Niemand weiß, wo der Strom der Zeit beginnt, aber ich sah, wo er endet. Es ist ein Ort, jenseits von Gut und Böse, der nicht be- und nicht verurteilt, sondern nur das aufbewahrt, was die Zeit mitbringt – ins Archiv der Ewigkeit.

Klaus Kühl

Der Wohnwagen ohne Träume

Manche Abende scheinen für außergewöhnliche Begegnungen mit ungewöhnlichen Menschen, für besondere Ereignisse vorherbestimmt. Es lag die eigenartige Stimmung über dem Abend, die meistens einem Wetterumschwung vorausgeht. Es war eine fast beunruhigende, weiche, drückende Wärme, die alle Gedanken des Frühlings vorausschickte und alle Empfindungen nach Geborgenheit, den Wunsch, in die Arme genommen zu werden, mit einschloss.

Dieser Abend war wie die Sehnsucht selbst. Umberto trieb es an den Fluss. Die sanfte, lockende Stimmung bewog ihn, den Wellen nachzugehen. Wie ein Schleier lag ein leichter Dunst über der Stadt. Als die gelben und weißen Lichter aufhellten, warfen sie goldene und silberne Reflexe auf das Wasser.

Umberto setzte sich am Kai auf einen der eisernen Pfosten, an denen sonst die Schiffe vertaut wurden. Er blickte auf das ölige Wasser des Hafenbeckens. Und plötzlich sah er, wie Sternschnuppen, blanke Fische an die Oberfläche schießen und dieses in fast tänzerischem Rhythmus spielerisch wiederholen. Es war ein bezauberndes Spiel, und Umberto fand es faszinierend, dass in diesem so leblos und trübe erscheinenden Wasser Silberfische ein Gaukelspiel aufführten.

Die dunklen Speicher im Hintergrund, deren Gemisch nach Mehl und Korn atemlos machte, bildeten eine dunkle, fast theaterhafte Kulisse. Tags waren Tauben die Gefährten der Speicher.

Umberto träumte und dachte, noch dem Spiel der Fische zugewandt, an das Lied seiner Kindheit „Weißt du, wie viel Sternlein stehen …“

Da sah er ihn kommen. Mit einem Schäferhund. Als hätten sie einander erwartet.

„Fall da nicht rein“, sagte der Fremde mit gutmütigem Gesicht.

„Nein, ich sehe mir unten die Fische an – da.“ Umberto wies auf die blitzenden Silberstreifen im Wasser.

„Sie holen sich Sauerstoff“, sagte der Fremde.

Der Hund beschnupperte Umbertos Schuhe. „Nur Mut, nur nicht die Hand aufheben“, sagte der Fremde, „das mag Rolf nicht.“

Der Hund legte sich, scheinbar zufrieden, auf die großen Steine.

„Die Wollhandkrabben sind schlimm“, sagte der Fremde. „Sie verseuchen das Hafenbecken. Die Elbe besonders.“

Der Fremde setzte sich, beide Hände in den Hosentaschen, zu Umberto. Die Stille lag wie eine Beklommenheit über ihnen.

Umberto fröstelte ein wenig. „Der Abend wird kühl. Wollen wir weitergehen? Ich wünschte mir ein Gespräch heute Abend.“

„Ich auch“, sagte der andere. „Ich sprach schon mit dem Hund darüber.“

Sie standen auf und gingen weiter.

„Drüben, auf der anderen Flussseite, steht mein Wohnwagen“, sagte der Fremde.

Umberto wurde hellwach. „Ein Wohnwagen?“, fragte er interessiert. „Ein richtiger Wohnwagen?“

„Ja“, sagte der Fremde. „Ich bin kein Zigeuner, wenn du das meinst.“

Umberto lachte. Er sah alle seine Träume nach Abenteuern, alle Reiselust, alle Sehnsucht, alles Fernweh in diesen Wohnwagen hinein.

„Wenn du willst“, sagte der Fremde, „zeige ich ihn dir. Rolf wird nichts dagegen haben.“

Aber Rolf hatte schon gemerkt, dass es heimwärts ging, und zog nun eilig an der Leine.

Sie gingen über den Strom. Die hohen Neonlampen der Brücke warfen einen gelblich-rosa Schein und verwandelten die Gesichter in totenblasse, fahle Masken.

Plötzlich raste ein Auto die wenig befahrene Brücke entlang. Es stoppte in geringer Entfernung vor den beiden. Ein Mann sprang heraus, setzte über die Brüstung und schwang sich über das Geländer in die Tiefe. Der Aufschrei einer Frau auf einem vorübergleitenden Schiff und das Aufschlagen des Körpers auf dem Wasser schienen ein Geräusch.

Umberto stand wie erstarrt. Der Fremde hielt krampfhaft mit der einen Hand den Hund und riss mit heftiger Gebärde den losstürmenden Umberto zurück. Beide stürzten an das Geländer. Der Mensch da unten machte heftige Schwimmbewegungen. Sirenen heulten. Polizei. Aber der Mensch war schon in den eiskalten Fluten verschwunden.

„Der wollte sterben“, sagte der Fremde.

„Aber warum?“, fragte Umberto. „Warum?“

„Warum wollen Menschen sterben? Vielleicht war er lebensmüde. Verzweifelt. Oder vielleicht hat er was ausgefressen. Oder seine Frau hat ihn betrogen. Oder er war krank. Was weiß ich? Er wird es schon wissen.“

Umberto war noch immer völlig verstört. „Ich hätte ihn vielleicht retten können.“

„Nachspringen, meinst du? Das wäre dreifacher Mord. Das ist Quatsch.“

Eine Dampfersirene schrie. Leuchtreklamen blitzten an den Häusern der Ufer auf.

„Vielleicht hätte ich ihm helfen können, als er noch lebte“, sagte Umberto nachdenklich, „wenn wir Freunde gewesen wären.“

„Kann schon sein“, meinte der Fremde.

Da stand der Wohnwagen, klein. Drei Stufen führten hinauf. „Ich mache das Licht an“, sagte der Fremde.

Umberto wartete. Er dachte an den Toten im Strom. Wo mochte er treiben? Man fischte ihn irgendwo heraus. Eltern weinten, eine Frau. Vielleicht seine Witwe, Kinder. ‚Ich hätte ihm vielleicht helfen können‘, dachte Umberto und ging dem Fremden nach, der ihn rief.

Ein enger Vorraum mit Tisch und Ofen. Von da aus gelangte er in den kleinen Innenraum. Das Bett an der rechten Seite. An der gegenüberliegenden Seite, die gleiche Fläche einnehmend, ein großes, modernes eingebautes Radio mit Plattenspieler. Daneben ein ebenfalls eingelassener Schrank. Hundeköpfe aus Bronze, grüne Tapeten, eine Eule, ausgestopft, eine gläserne grüne Ente, kitschige Bilder mit süßlichen Rummelplatzengeln. Im Wandschrank chinesische Puppen und zerlesene Bücher. Im Raum ein durchdringender, fast tierhafter Geruch nach Leder und Schweiß. ‚Wie einsam muss dieser Mann sein‘, dachte Umberto zuerst. Und: ‚Ein Wohnwagen scheint auch nicht alle Träume und Sehnsüchte zu erfüllen.‘

„Dies gehört mir“, sagte, nicht ohne Stolz, der Fremde.

„Sehr schön“, erwiderte Umberto höflich und zögerte noch, sich hinzusetzen.

„Setz dich doch“, forderte der Fremde ihn auf. „Willst du Kaffee? Ich trinke immer viel Kaffee. Musik mache ich dir auch sofort. – Rolf schläft auch hier. Aber jetzt muss er draußen bleiben. Alles kann ich ihm sagen. Und er versteht es auch. Aber Antworten gibt er nicht immer. Und manchmal braucht man Antworten. – Wie gefällt dir mein Wagen?“, fragte der Fremde.

„Prima“, sagte Umberto bewundernd. „Und du kannst damit fahren, wohin du willst?“

„Na klar, du musst nur den Transport finanzieren, das ist alles.“

„Wovon lebst du?“

„Ich mache Gelegenheitsarbeiten. Abbrüche und alles, was vorkommt. Arbeit gibt es überall. Hast du schon mal 10 000 Reißzwecken eingepickt?“

Umberto lachte. „Nein!“

„Aber ich“, sagte der andere. „Im Stadion mussten wir Plätze kennzeichnen. Mir tun die Finger immer noch weh.“

Rolf schlug an. „Ruhig, mein Hundchen!“, rief der Fremde.

„Wie heißt du?“, fragte der Fremde und betrachtete seine schmerzenden Finger.

„Umberto.“

„Schöner Name, bisschen italienisch, ist ja modern.“ Er schaltete die Wandbeleuchtung ein und legte Schallplatten auf. „Setz dich bequem hin“, sagte er.

Umberto betrachtete ihn genau. Der Mann war kräftig, nicht sehr groß. Er hatte eine schön geformte, wettergebräunte Stirn und treuherzige, kindhafte Augen.

‚Komisch‘, dachte Umberto, ‚nun sitze ich hier auf einem fremden Bett in einem fremden Wohnwagen, und ein Toter treibt im Fluss. Vielleicht hätte ich ihn retten können, wenn er mein Freund gewesen wäre.‘

„Hier ist Kaffee“, sagte der andere. „Gut, dass du da bist. Kannst immer wiederkommen. Allein ist das nichts. Immer allein.“

„Hast du keine Familie?“, fragte Umberto.

„Siehst du eine?“, lachte der Gefragte. „Ich bin allein und frei und froh, und so soll es bleiben. Ich hatte einen Freund. Der ist gelähmt und wohnt nun bei seiner Mutter. Und wenn man älter wird, schließt man sich schlecht an andere Menschen an.“

„Ich hatte einmal einen Freund, für den ich gestorben wäre, wenn es jemand verlangt hätte. Ich sagte ihm auch einmal: ‚Wenn du ins Wasser fällst, springe ich bedenkenlos hinterher, um dich zu retten. Würdest du das auch für mich tun?', fragte ich ihn damals. Und seine Antwort war eine sehr große Enttäuschung. Er antwortete, dass er es nur versuchen würde, wenn er die Möglichkeit eines Erfolges absehen könnte, und sei sie nur strohhalmgroß. Daran musste ich denken, als der Mann sprang. Ich wollte ja auch hinterher und hätte es getan, wenn du mich nicht daran gehindert hättest."

„Dein Freund war nicht der Richtige für dich. Er war berechnend", sagte der Fremde versonnen. „Und eure Freundschaft stimmte ganz genau um diesen Strohhalm nicht."

„Ich würde auch gern in einem Wohnwagen durch die Welt reisen", sagte Umberto. „Aber ich hocke den ganzen Tag zwischen Büchern. Ich liebe sie auch. Aber ich denke immer, draußen in der Welt geschehen die atemraubenden Abenteuer, und ich versäume sie."

„A bah", sagte der Fremde und trank einen großen Schluck Kaffee. „Wir wünschen uns immer dahin, wo wir nicht sind. Das tun doch alle Menschen. Sogar die ganz Großen und Reichen möchten lieber kleine Fische sein, weil sie angeblich so unter der Steuer leiden", sagte er wegwerfend. „Manchmal, wenn ich die fest gebauten Häuser in verschwiegenen Gärten sehe, in denen es schon eine Wonne sein muss, ein Gänseblümchen auf dem Teppichrasen zu sein, möchte ich auch sehr gern dort wohnen. Auf sonnigen Terrassen frühstücken, ein Bad im Swimmingpool nehmen und dann bequem vom Liegestuhl zu Tisch gerufen werden."

„Bist du denn neidisch?"

„Nein, das bin ich nicht. Nur, ich sehne mich manchmal nach Ruhe, nach Geborgenheit, aber die immer rollenden Räder geben einem das Gefühl nicht. Und so ist mein ganzes Leben eine Wanderschaft geworden. Wohin? Was wissen wir, wohin? Du mit deinen Büchern und ich mit Rolf und meinem Wagen. Hier, immer allein, kommen einem auch zu viel Gedanken."

„Ich finde es eigenartig", sagte Umberto, „dass wir uns trafen."

„Warum?", fragte der Fremde. „Wir treffen doch jeden Tag Menschen. Hunderte in unserem Leben. Und manche springen gerade vor einem in den Fluss. Um zu zeigen, wie man es nicht machen soll. Oder sie erhängen sich an einem Baum. An einer Birke. Die für Liebende da ist. Wir sollten nicht immer alle aneinander vorbeirennen. Und wenn wir den Wunsch eines Gespräches in uns fühlen, wenn wir das Alleinsein nicht mehr ertragen können, müssen wir den anderen suchen. Wie wir uns beide suchten. Wir müssen dem anderen vertrauen."

„Ich sitze nun schon auf deinem Bett in deinem Wohnwagen, und noch vor zwei Stunden hatten wir noch nie voneinander gehört", entgegnete Umberto.

Der Fremde legte neue Platten auf und trat an die Tür des Wagens. Umberto sah hinter der Silhouette seiner guten Schultern das Wasser glitzern.

Und wieder dachte er an den Toten. Vielleicht hätte er ihn retten können Vielleicht hätte er ihm helfen können, wenn er ihm früher begegnet wäre.

Das verlorene Gesicht

Fafa war der einzige, verwöhnte Sohn reicher Eltern, deren Vermögen ständig wuchs. Reichtum und Luxus hatten an seiner Wiege Pate gestanden. Alle Wünsche erfüllten sich ihm, darum kannte er auch kaum Probleme.

Da seine Eltern viele gesellschaftliche Verpflichtungen hatten, lag Fafas Erziehung in den Händen einer gebildeten alten Dame.

Später, als Fafa älter geworden war, trat an ihre Stelle ein junger, sehr begabter Maler. Renato stammte aus gutem Hause, aber seine Familie war verarmt, und es fiel ihm nicht leicht, nun eine untergeordnete Rolle zu spielen, hätte er doch sonst, wären die Umstände nicht gegen seine Eltern gewesen, an ähnlicher Stelle wie Fafa rangiert.

Renato trug sein Schicksal mit Würde und bemühte sich rührend um Fafa. Fafa wusste nichts von Renatos Sorgen, Geld war für ihn zum Ausgeben da, und dass man es auch schwer und hart verdienen musste, davon wurde in seiner Gegenwart im Hause der Eltern nie gesprochen.

Die beiden jungen Männer mochten sich gut leiden. Jedoch hatte Fafa aus gewissem Hochmut frühzeitig gelernt, sich dem Personal des Hauses gegenüber in richtiger Distanz zu halten, und diese Grenze galt auch für Renato.

Renato, Fafa an Geist und Bildung überlegen, litt darunter, aber er sprach mit keinem darüber und hütete sich, Fafa etwas davon spüren zu lassen. Er verbarg sein verletztes Gefühl hinter heiterer Gelassenheit und ausgesuchter Höflichkeit.

Fafa machte es immer viel Spaß, seine Umwelt darüber im unklaren zu lassen, ob er für jemand Wohlwollen oder Abneigung empfand. Er ging den Weg des sich vollendenden Narziss, der gewöhnt war, Mittelpunkt allgemeiner Bewunderung zu sein. Und da er von strahlender Gestalt war, fiel es auch keinem schwer, ihn zu bewundern und zu verwöhnen.

Die beiden jungen Männer unterhielten sich viele Stunden über die Kunst und diskutierten mit Eifer auch Renatos Bilder, die ein starkes Talent verrieten. Fafa war sehr zurückhaltend, auch im Hinblick auf Renatos Bilder. Nicht, dass er eifersüchtig war, aber die ihm anerzogenen Schranken der unterschiedlichen sozialen Stellung hinderten ihn daran, das zu tun und zu sagen, wozu ihn eigentlich das tiefere Wissen trieb.

„Eines Tages", sagte Renato, „werde ich ein herrliches Bild malen. Es wird vielleicht das Angesicht Gottes sein oder des Sohnes Gottes. Alle Schönheit dieser Welt soll sich darin widerspiegeln, vielleicht auch alle Liebe, die ich für Menschen empfinde, die ich geben wollte und die ich zu empfangen wünschte. Ich sehne mich mitunter fast krankhaft nach einem guten Wort, nach menschlicher Wärme und Mitgefühl."

Fafa blickte Renato nachdenklich an und sagte: „Renato, du hast doch hier alles. Wie kannst du dich also nach Liebe sehnen, nach Schönheit und menschlicher Wärme? Es ist dein übersteigerter künstlerischer Impuls, deine Phantasie, die dir solche Gedanken eingibt. Was ist das, Sehnsucht und Unruhe? Ich kenne davon nichts."

Renato blickte versonnen in Fafas Gesicht. „Fafa, dein Leben beginnt erst gerade, ich wünschte dir, dass du nie über diese Worte traurig zu sein brauchst." Dann erhob er sich und ging aus dem Atelier.

Bald darauf schien mit Fafa eine merkwürdige Veränderung vor sich gegangen zu sein. Er, der immer zu fröhlichem Spiel und lustigen Streichen aufgelegte junge Mann, wurde still und traurig. Seine Freunde wies er ab oder behandelte sie unfreundlich und ungerecht. Sein Lieblingsplatz wurde das Dach eines Seitenflügels des elterlichen Hauses. Dorthin setzte er sich

Abend für Abend, lauschte auf den Gesang später Vögel und atmete den Duft, der seltsam erregend aus vielen hundert Blumenkelchen zu ihm emporstieg. Manchmal verirrten sich verlorene Melodien bis zu ihm hin. Aber sie ertranken in der Flut seiner Träume.

Fafa sehnte sich plötzlich nach einem Du. Er spürte, dass wahre Freiheit nur gemeinsam gelebt werden kann.

Aber er hatte kein Du. Er hatte Freunde und Freundinnen, aber er suchte unter diesen Gesichtern ein Gesicht, von dem er eine bestimmte Antwort auf sein Wesen erwartete.

Mit diesem Gesicht war das Du seiner Wünsche verbunden. Und das Echo auf das Fragen aller Stimmen, die sich plötzlich meldeten.

Musste es nicht ein Echo geben, wenn er rief? Gab es nicht auf jede Frage eine Antwort?

Fafa hatte noch nicht gelernt, dass viele Fragen des Lebens unbeantwortet bleiben, dass manches Menschenleben, steinalt geworden, mit einer Frage auf den Lippen gestorben war.

Und er begann sich zu fragen, was ihm Schönheit und Reichtum nützten, wenn er sie nicht einem geliebten Menschen zeigen, sie mit ihm teilen konnte. Unzufrieden und zergrübelt ging er in sein Zimmer. In dieser Nacht erschienen ihm in unruhigen Träumen viele Gesichter. Gesichter, wie unsere Erde sie hat. Wie sie durch die Straßen gehen, neben den Masken, den starren, die keine Gesichter mehr sind oder nie Gesichter waren.

Die unschuldigen, erwartungsvollen der Kinder, die fragenden und schon wissenden junger Männer, Mädchengesichter mit dem Schmelz unberührter Lippen. Die vom Laster gekennzeichneten, die aufgedunsenen und aufgeschwemmten der Trinker, die zerfurchten, zernagten der Süchtigen. Geile und gierige, geizige und verschlagene, solche mit falschem, heuchlerischem

Blick, in denen nur Nase, Mund oder böse Augen sprechen. Verbissene, vergrämte, verbitterte Mundwinkel. Enttäuschte der Alten und müde der Leidenden und Kranken.

Eine erdrückende Skala verschiedener Gesichter. Und das Bedrückendste dieses Traumes war, dass Fafa immer wieder spürte, dass diese Gesichter Teil seines eigenen Lebens waren, gleichsam herausgelöste Steine aus dem großen Mosaik seines eigenen Lebens, mit allen Schatten und Möglichkeiten zum Guten oder Bösen.

Zwischen allen Gesichtern erschien Fafa immer wieder ein reines, klares Angesicht von besonderer Blässe mit großen, wissenden Augen.

Die zweite Folter dieses Traumes war, nie einen ganzen, forschenden, erkennenden Blick in das Gesicht werfen zu können. Sobald er in diesem Gesicht nach einer Antwort fragen wollte, zerfloss es im Nebel. Aber er wusste, dieses war sein Gesicht, das Du, das Echo, die Ergänzung seines Lebens.

Frühmorgens verließ Fafa das Haus durch eine Seitenpforte des Gartens. Ein Morgen besonderer Schönheit bot sich seinen Blicken dar. Die Bäume dufteten und trugen noch einen Schimmer der kühlenden Nacht auf ihren Blättern.

Fafa ging ohne Ziel. Nur von dem Wunsch beseelt, dieses Gesicht zu finden.

Plötzlich hörte er hinter sich Schritte. Renato suchte ihn.

„Fafa“, sagte Renato sanft, „warum quälst du dich und uns? Nun hat die Sehnsucht nach dir gegriffen. Aber du brauchst nicht unglücklich zu sein und zu glauben, die Antwort läge in den Sternen. Du musst nur Vertrauen haben zu den Menschen, zu Gott – vielleicht zu mir?“

„Lass mich!“, rief Fafa zum ersten Male zornig. „Ich hasse dich, weil du dauernd wie ein Hund hinter mir herläufst, wie ein böser Schatten. Lass mich doch endlich allein, denn ich mochte dich sowieso nie. Ich duldete dich nur, weil meine Eltern es so wollten. Aber du bist eigentlich nur ein etwas absonderlicher Maler, nichts weiter."

Renato sah Fafa mit schreckgeweiteten Augen an. Er stammelte nur: „Fafa, ich bin dein Freund."

Fafa lachte schallend. „Freund, was ist das schon, Freundschaft? Ich kenne das Wort nicht. Und du kannst nicht mein Freund sein, denn du stehst weit unter mir. Du hast nicht mein Niveau. Was soll also solch eine Freundschaft?"

Renato wandte sich mit einer unsagbar traurigen Gebärde um und ging aus dem Garten. Als Fafa müde und unlustig zurückkehrte, hatte Renato das Haus grußlos verlassen.

Nie kam ein Zeichen von ihm, und Fafa verwischten die Jahre und Ereignisse das Schuldgefühl, das in ihm wie Unkraut zu wuchern begann. Wohl aber verfolgte er neugierig alle Meldungen in den Zeitungen, aus denen zu entnehmen war, dass Renato ein anerkannter Maler geworden war, der sich mehr und mehr der sakralen Glasmalerei zuwendete.

Jahre waren vergangen. Fafa war ein Mann, hatte Frau und Kinder und weiteren Besitz zum ererbten Reichtum gewonnen. Geld und Macht waren seine ständigen Begleiter geblieben.

Aber Fafa war auch der Suchende geblieben. Gierig tastete er die Gesichter der Menschen ab, immer auf der Suche nach jenem Gesicht vergangener Tage, nach seinem Gesicht.

Manchmal versuchte er ein Gespräch, aber es blieben allgemeine Gespräche. Niemand suchte wie er ein Gesicht, ein Du, eine Antwort auf die ihn bedrückende Frage. Fafa litt darunter, und er fand keinen Menschen, mit dem er darüber hätte sprechen können.

An einem Sommermorgen durchstreifte er nachdenklich seinen Garten, den er seit seiner Jugend nicht mehr aufgesucht hatte. Er wusste, dass am Ende des Geländes eine kleine Kapelle stand, die aber meistens verschlossen war.

Wie viele Jahre waren vergangen? Noch immer stand die große tönerne Vase vor dem Portal, und das kleine Gebäude war noch mehr als damals von Efeu überwuchert.

Behutsam öffnete Fafa die schmale, schwere Tür. Er befand sich in einem hellblau gestrichenen Innenraum und blickte sofort, wie magisch angezogen, gebannt auf das gegenüberliegende Glasfenster, durch dessen bunte Scheiben breit das Sonnenlicht flutete.

Ein überlebensgroßes Christusbild erstrahlte, durch den Glanz der Sonne erhellt, in leuchtenden bunten Farben. Die ganze Kapelle lag im Bannkreis dieses Fensters, dieser Figur erhabener Glasmalerei.

Nachdem Fafa sich von seiner ersten Überraschung erholt hatte, ging er näher an das Fenster heran, die wundervollen Farben Blau, Rot, Grün, Orange, Gelb, die in so genialer Weise abgestimmt waren, zu betrachten.

Und erst jetzt, bei genauer Betrachtung, erkannte er, dass die eigentliche Faszination von dem Gesicht der großen Christusfigur ausging.

Die Augen dieses Christusbildes trugen alle Schönheit und allen Schmerz dieser Welt. Aber es war mehr als das. Es war der Triumph eines Sieges, der durch diese sonnenerhellten Augen brannte. Und Fafa spürte mit Ergriffenheit, dass hier ein reifer Künstler das Wesentliche des Lebens und das Wesentliche des christlichen Glaubens in vollendeter Weise gestaltet hatte.

Seine durch das Bild hervorgerufene Verwirrung hatte Fafa zunächst daran gehindert, einen Menschen wahrzunehmen, der, an ein steinernes Taufbecken gelehnt, in eigentümlicher Gebärde versunken war. Es war Fafa, der durch das Sonnenlicht und das schöne Bild geblendet war, als ginge eine Starre von dem Fremden aus. Wie ohnmächtige oder entrückte Personen sie haben.

Vielleicht war der Fremde, wie er, vom Blitzstrahl des Bildes, von der Großartigkeit des Kunstwerkes und der Erhabenheit des göttlichen Gesichtes gleichermaßen betroffen? Vielleicht träumte der Fremde von einer Ewigkeit im Angesicht des Bildes?

Aber nun wankte die Gestalt und sank lautlos zu Boden. Es war, als sinke ein Stoff zu Boden, es geschah mit einer beklemmenden Stille. Ehe Fafa begriff und zufassen konnte, war es geschehen.

Fafa eilte trotzdem an das Taufbecken, um dem Gestürzten vielleicht eine Erleichterung zu verschaffen, ihn auf eine Bank zu betten oder mit einem Trunk Wasser zu erfrischen.

Betroffen blickte Fafa auf das Gesicht, das sich ihm darbot, sanft auf seinen Arm gelehnt.

Große Erregung bemächtigte sich seines Herzens, als er dieses Gesicht genau betrachtete. Es war das Gesicht seiner Träume, es war ganz das Gesicht, das er nun schon zu finden aufgegeben hatte. Aber in seine Erregung mischte sich auch das frohe Erkennen eines Menschen, der etwas Kostbares wiedergefunden hatte.

Denn er hielt Renato, den so schmählich behandelten Freund und Maler, in seinen Armen.

Er schüttelte ihn behutsam, versuchte, ihn in das Leben zurückzurufen, und er erkannte mit Erschütterung, dass er einen Toten in seinen Armen hielt. Welch entsetzliches Wiedersehen und welche Torheit des Schicksals, ihn finden zu lassen, was er immer ersehnt, um doch gleichermaßen zu wissen, dass es zu spät war! Eine große Spanne seines Lebens war Renato um ihn gewesen. Und er hatte ihn nicht als sein Du erkannt. Er hatte ihn beschimpft und ihm seinen Hass ins Gesicht geschleudert.

Nur in seiner Laune, verbohrt, verblendet, achtlos, hatte er in der Sucht, etwas ganz Besonderes müsste es für ihn sein, auf allen Straßen der Welt nach einem Gesicht gesucht. Und es war neben ihm gewesen und hatte auf das Erkennen gewartet.

Nur, er hatte es nicht erkannt. Er war nicht reif genug gewesen für die Stunde, auf die Renato immer gewartet hatte.

Nun erkannte Fafa beides: sein Du und den Tod angesichts der leuchtenden Augen in der Kapelle.

Verträumt war er einem phantastischen Phantom nachgejagt und hielt nun einen Toten im Arm, mit dem nun erst das Leben hätte beginnen müssen. Gemeinsam hätten sie nun den Weg weitergehen können.

Wusste Renato mehr?

Diese Christusfigur war fraglos Renatos Werk. Fafa besann sich darauf, was er gelesen hatte.

So blieben ihm die Augen und das Gesicht, von dem Renato in ihrer Jugend gesprochen hatte.

Behutsam bettete er den Toten auf die Stufen vor dem Altar. Dann stürzte er hinaus, wächsern blass, mit einer Antwort und dem Zwiespalt im Herzen, wie sie Entscheidungen von uns fordern.

Klaus Kunick

Der Tontopf

Aus dem dritten Band der Trilogie „Die 4. Geburt“

Salzspuren durchfurchten die Landschaft seines Gesichts. Die Hände hingen wie überflüssig zwischen den Knien. Zwischen seinen Füßen lagen Tonscherben, auf die er unbeweglich niederblickte. Er war aus der Fassung – die Welt zerbrochen.

Es war nun bald drei Jahre her, dass ich ihn kennen lernte. Ich sah ihn aus der Entfernung am Dorfteich hocken. Um seine Hände wuselten Gössel, mit denen er zu reden schien. Wenn seine klobigen Hände eines griffen, schrie es, um sich gleich darauf in seine Hand einzukuscheln.

Während der Eröffnungsfeier im renovierten Schloss sah ich ihn wieder. Das Fest der jungen Leute und die laute Musik gingen ihn nichts an. Er lehnte, wie aus einem Baumstamm geschnitzt, an einem Türpfosten. Als ich wieder nach ihm sah, war er verschwunden. Ich fragte die Dörfler nach ihm. Sie behaupteten, nicht zu verstehen, wen ich meinte.

Ich konnte seinen Anblick nicht vergessen. Einige Tage nach dem Fest fuhr ich wieder ins Dorf. Nicht das Schloss interessierte mich, nicht die jungen Leute. Ihn wollte ich finden.

Ich entdeckte die einzige Straße des winzigen Ortes, die das Schloss durch eine Baumallee von den Häusern der Dörfler trennte. Es überraschte mich, dass die kleinen, rotziegeligen Häuser einander glichen wie ein Ei dem anderen. Das hatte ich in anderen Dörfern Mecklenburgs noch nicht gesehen. Die wenigen Menschen, die ich traf, waren nicht redselig. Was sie in schönstem mecklenburgischem Platt murmelten, war mir wie eine Fremdsprache. Sie merkten das, schüttelten den Kopf und ließen mich stehen.

Auf einem Feldstein unter einem Baum saß eine Alte. Als ich vor ihr stand, blickte sie hoch. Ich sah in wundervolle blaue Augen in einem verschrumpelten Gesicht. ‚Wie trockenes Leder', dachte ich. Ich hockte mich nieder. Ein Lächeln huschte über ihr Gesicht. Sie klopfte eine Wolke Staub aus ihrem schwarzen Rock, rückte ein Stück, polierte den Stein mit dem Handballen und klatschte mit der Hand darauf. Ich verstand die Einladung. Als ich ein wenig steif neben ihr saß, spürte ich, dass ich gemustert wurde. Ich rührte mich nicht.

Plötzlich nahm sie eine meiner Hände, strich mit ihren rauhen Fingerkuppen darüber und drehte sie hin und her, ehe sie fragte: „Hast du oll nich mit …?" Mir gefiel das Spiel unserer Hände. Auf ihre Frage wusste ich nicht, was antworten. Nein, was sie unter Arbeit verstand, hatte ich damit lange nicht mehr gemacht. Sie wollte mich nicht kränken, ließ meine Hand los und gab ihre zur Begutachtung. Ich sah, dass sie von schwerer Arbeit gezeichnet war.

Vorsichtig begannen wir ein Gespräch. Sie wischte sich die Augen, als ich ihr von der Bombe erzählte, der ich gerade noch entgangen war. Sie nahm wortlos meine beiden Hände, und ich verstand, warum sich Gössel in solche Hände einkuscheln.

So saßen wir beide auf dem Stein, und auf vielen Umwegen erfuhr ich, welche Bewandtnis es mit der Gleichartigkeit der Häuser hatte. Das hatte im vorigen Jahrhundert mit „den uralt Baron" begonnen. Sohn und Enkel hatten den Brauch bis Kriegsende beibehalten. Es war so, dass die Männer des Barons bei ihm um die Heiratsgenehmigung einkommen mussten. Ehe er seine Zustimmung gab, musste die Auserwählte sich am Abend vor der Hochzeit auf dem Schloss einfinden. Die Alte sah, dass ich verständnislos den Kopf schüttelte, und sagte:

„Dat wor man so – un wor woll rechtens.“ So sei es gekommen, erklärte sie, dass viele der ältesten Kinder der jungen Paare dem gnädigen Herrn Baron ähnlich sähen. Niemand habe etwas dabei gefunden. Wie auch? Bekam doch jedes Paar sein schönes rotes Haus. In anderen Dörfern habe es meist nur ärmliche Holzkaten gegeben. Was die Brautleute von dem Ganzen dachten, könne man nicht so genau wissen. Manchmal habe gewiss der eine oder andere dem Herrn Baron im Stillen die Pest an den Hals gewünscht. Auch mit der Sense sei hin und wieder gefuchtelt worden, wenn der gnädige Herr es nicht habe sehen können. „Dat sin nu all so Sachen, und nu ist kein Baron nich mehr“, schloss die Alte dieses Thema ab.

Mir kam es vor, als ob sie mir ein Märchen aus uralten Zeiten erzählt hätte – und war doch bis vor wenigen Jahren die Wirklichkeit in diesem Dorf gewesen. Der Krieg war ja erst sieben Jahre vorüber. Von dem jungen Baron hatte man nichts mehr gehört. „Is woll im Westen“, zuckte die Alte nur die Schultern.

Schließlich erfuhr ich, dass der von mir Gesuchte der Kunze-Willem sein müsse, der das Reden verlernt habe. „Er wohnt im Haus 17, gleich hinter dem Teich.“

Die Bekanntschaft von Kunze-Willem zu knüpfen gestaltete sich schwierig. Nach einem kurzen „Komm man rin!“ war von ihm kein weiteres Wort zu hören. Es störte ihn nicht, dass ich auf der Bank am Ofen saß und rauchte. Als ich ihm eine Zigarette anbot, schüttelte er stumm den Kopf und ließ sich bei seiner Tätigkeit nicht stören. Ich überlegte, was er mit dem Monstrum von uralter Handmühle vorhaben mochte, und bewunderte, wie seine klobigen Finger mit den kleinen Schräubchen und Rädchen umgingen.

Als er sie endlich zusammengebaut hatte und die Kurbel

drehte, hörte er sehr konzentriert auf ihre Mahlgeräusche. Strahlend blickte er mir das erste Mal voll ins Gesicht: „So mut dat sind!", stellte er fest. Ich sah, dass seine Augen so blau waren wie die der Alten. Sein Alter war schwer zu schätzen.

Als ich ihn vorsichtig fragte, ob er wohl den Baron noch kenne, verdunkelte sich sein Gesicht, und er sagte böse: „Hat der dich schickt? Dann geh man liebers!" Ich sah, dass sein Atem schwer ging. Es brauchte lange Überredung, bis er mir glaubte, dass ich keine Ahnung von dem Baron hätte und auch nicht wisse, ob es den überhaupt noch gäbe. Sein Blick wurde wieder freundlicher, und als ich bemerkte, dass sie heute schließlich selbst die Herren der Felder seien, lachte er nur kurz auf. In dem Lachen schien sehr viel Verachtung zu sein.

Ich beobachtete ihn genau, ehe ich sagte: „Mich interessiert, wie ihr euch als freie Bauern fühlt." Ein kurzes bitteres Lachen, dann sank er in sich zusammen, und seine eben noch so geschickten Hände hingen leblos über die Knie. Ich konnte ihn kaum verstehen: „Frag danach mal liebers nich."

Ich stand auf und hielt ihm die Hand zum Abschied hin. Er drückte sie, dass ich hätte aufschreien mögen. Er merkte es und lächelte.

Ehe ich die Tür hinter mir schloss, sagte ich noch: „Ich komm mal wieder vorbei, wenn ich darf." Was er antwortete, verstand ich nicht, aber es klang nicht ablehnend.

In den folgenden Monaten bin ich öfter zu Willem gefahren. Es schien ihm zu gefallen, aber redseliger wurde er nicht. Die Bemerkungen, die er ab und an fallen ließ, waren wie Mosaiksteinchen, aus denen ich mir ein Bild zusammensetzen musste.

Ich ahnte etwas von seinem klaglos ertragenen Leben. Staunend erfuhr ich, dass er noch nie am nahen Meer gewesen war, ja noch nicht einmal in der Kreisstadt. Sein Leben war begrenzt von der Feldgemarkung seines Dorfes.

Nur so sitzen und reden kam mit ihm nicht vor. Immer hatte er irgendwas zu tun. Ich bewunderte, mit wie viel Gründlichkeit er jede Arbeit tat. Einmal waren wir im Pferdestall, wo er den Tieren die Hufe säuberte. Eine Stute zuckte jedes Mal, wenn er unter ihrem Huf an eine bestimmte Stelle kam. Er ließ den Huf los und mich einfach stehen. Mit Eimer und einer alten Tasche kam er zurück. Er hockte sich neben das Tier, das ihn anstieß und über seinen Kopf leckte. „Lat gut sin!“, sagte er mit einer Weichheit in der Stimme, die ich bei ihm noch nie gehört hatte. Zärtlich tätschelte er der Stute den Hals, und sie hielt ihm den kranken Huf hin. Mit Wasser und Schwamm tupfte er die kranke Stelle ab. Ein paar Mal gab das Tier einen leisen Schmerzenslaut von sich, hielt aber still. Er nahm aus der Tasche einen weißen Lappen und eine große Dose. Den Lappen faltete er auf die gewünschte Größe, ehe er ihn dick mit Salbe bestrich und unter den kranken Huf presste. Der ganze Körper des Tieres spannte sich. Einen anderen Lappen wickelte er fest um den Huf und band ihn fest. Zum Schluss nahm er den Kopf der Stute in den Arm und erzählte ihr leise was ins Ohr. Die Stute wieherte, als ob sie genau verstünde. Ich musste denken: ‚Guck mal, Willem, wie gut du erzählen kannst.‘

Langsam, ganz langsam wurden unsere nächsten Begegnungen etwas lebendiger. Eines Tages gestand mir Willem, dass er doch ein einziges Mal in der Stadt gewesen sei. Die Erinnerung an „dat fürchterliche Gewimmel“ schüttelte ihn noch heute.

Scheinbar unvermittelt ging ein Strahlen über sein Gesicht. Er stand auf und holte aus seiner Kammer einen Tontopf. Er setzte ihn behutsam auf den Tisch, begann ihn zu drehen und betrachtete mit leuchtenden Augen die Bemalung. Ich schien für ihn nicht mehr anwesend zu sein. Als er endlich wieder zu mir sah, legte er beide Hände wie schützend über den Topf. Ich erfuhr, wie er ihn heimgebracht hatte.

Er war an jenem Tag in der Stadt aus dem Markttreiben geflohen, als plötzlich ganz am Ende sein Blick auf einen Töpferstand fiel. Die alte Frau erinnerte ihn an seine Mutter, und er war stehen geblieben. Wortlos und mit traurigen Augen habe ihn die Alte angeblickt und ihm wie hilfeflehend den Topf entgegengehalten. Er hatte nicht anders gekonnt, als ihn zu kaufen.

Erst als er auf seinem Wagen saß und über die Straßen holperte, fiel ihm der Topf wieder ein. Er holte ihn zu sich auf den Bock und begann ihn zu betrachten. Er entdeckte einen seltsamen Vogel, der über Welliges flog. Man konnte nicht sehen, wohin der Flug ging. Es sah aus, als flöge er einfach im Kreis.

Als er daheim den Tontopf abends auf den Tisch stellte, lachte sein Ältester: „Der Alte ist dammlich geworden!" Er wies den Sohn schroff zurecht. Der lachte jetzt noch lauter: „Spiel dich nicht auf. Du hast mir gar nichts zu sagen. Wir wissen doch alle, dass ich nicht dein Sohn bin!"

Wortlos hatte er den Sohn geschlagen, dass dieser in die Ofenecke flog. Seine Frau hatte geweint. Er nahm seinen Topf und ging in die Kammer. Im Bett liefen ihm die Tränen, und seine Frau wunderte sich. Das hatte es noch nie gegeben.

Es verging längere Zeit, bis ich wieder zu Willem fahren konnte. Ich fand Mann und Topf zerbrochen.

Ich hatte große Mühe, mir aus den Worten, die wie Lehmbrocken aus ihm herausfielen, einen Reim zu machen. Ich ahnte, dass der Kummer um mehr ging als um den zerbrochenen Topf.

Als der Krieg zu Ende war, waren sie im Dorf froh gewesen, weil mit der Ankunft der Russen auch der Baron verschwand. Die neuen Herren waren freundlich zu ihnen und gaben jedem ein Feld. Uralte Träume schienen sich zu erfüllen. Aber dieser neue, verdammte Besitz stellte sie vor Fragen, auf die sie keine

Antwort wussten. Kein Verwalter war mehr und auch kein Baron, die ihnen sagten, was man machen muss mit dem Feld, dass es gute Früchte trägt. Ratlosigkeit war in ihren Köpfen. Sie wären das Erträumte gern wieder losgeworden. Fast wünschten sie, der Baron käme zurück.

Einmal sagten sie es den Russen. Die wurden wütend und brüllten, sie würden ihnen schon den Verstand in ihre dicken Schädel prügeln. Das verstanden sie. Mit Prügel hatten auch Baron und Verwalter nie gegeizt. Es beruhigte sie, als sie verstanden: Herr bleibt Herr!

Zu ihrer großen Verwunderung kamen aber keine Prügelknechte ins Dorf, sondern etwas noch Schlimmeres. Die Russen schickten einen Mann, der sich Agronom nannte. Dieser Mann verlangte von ihnen, dass sie sich abends nach der Feldarbeit auf die Schulbank setzten. Die Arbeit war aber hart und die Köpfe müde. Wenn er sie spät von der Schulbank entließ, waren ihre Köpfe verwirrter als vorher, und selbst das Bier wollte nicht mehr schmecken. Das Schlimmste war, dass sie alles, was der Mann erzählte, in ein Heft schreiben mussten. Viele Jahre hatten ihre Finger das Schreiben nicht geübt. Wörter und Sätze blieben höchstens im Heft – nicht in den Köpfen.

Ihr einfaches Leben hatten sie verloren – und jetzt war auch noch sein Topf zerbrochen – einfach so war er vom Tisch gefallen, einfach so wie die Träume vom eigenen Feld in einem tiefen schwarzen Loch versunken waren.

Das neue Leben war zu schwer für Willem. Ich wusste ihm keinen Rat und konnte nur gehen.

Sein Gesicht habe ich nie vergessen. Am hellsten leuchtete es, wenn er seinen Topf mit dem Vogel in die Hände nahm und davon träumte, wie gern er einmal fliegen würde. Einfach so – nur aus Freude.

Martina Kusebauch

Schatten des Zweifels

Kriminalroman – Kapitel 17

Erleichtert richtete er sich wieder auf, als er den Schlüsselbund ertastet hatte. Er war noch da. Die Bullen hatten ihn nicht gefunden. Er hatte schon das Schlimmste befürchtet, als er die Polizisten am späten Nachmittag aus dem Haus gehen sah. Es wäre durchaus denkbar gewesen, dass sie den Keller durchstöbert und den Schlüssel an sich gebracht hatten. Deshalb hatte er sich persönlich davon überzeugen müssen, dass er noch an seinem Platz hing.

Aber warum hielten sich die beiden Polizisten ständig hier auf? Hatten sie die Selbstmordtheorie, die er ihnen zurechtgelegt hatte, am Ende nicht geglaubt? Oder hatten sie den Brief nicht gefunden? Vielleicht hätte er ihn offener platzieren sollen.

Er hatte gesehen, dass sie ein anderes Schloss eingebaut hatten. Und das konnte eigentlich nur bedeuten, dass sie etwas gemerkt hatten. Vielleicht hätte er die Lebensmittel mitnehmen sollen – aber wer hatte denn ahnen können, dass sie zurückkommen würden? Und nachschauen konnte er ebenfalls nicht, da sie ja das Schloss getauscht hatten.

Schade eigentlich, dass sie dazwischengeplatzt waren und sie gefunden hatten, bevor das Digitalis gewirkt hatte. Sandra Meister wäre schon längst erledigt, wenn diese Bullen nicht gekommen wären.

Und jetzt lag sie auf der Intensivstation. Dort, wo er nicht ohne weiteres an sie herankam. Irgendjemand war ständig bei ihr. Entweder Ärzte, Krankenschwestern oder eine andere Frau, die ihr ziemlich ähnlich sah. Er tippte darauf, dass es ihre Schwester war. Und wenn er richtig lag, schlich dort auch noch ein Polizist herum. Ihm war ein Mann aufgefallen, der zwar wie ein Pfleger aussah, aber keine von dessen Pflichten ausübte. Und dass ein Pfleger nur für ein Zimmer zuständig sein sollte, das war absurd.

Hinterher hatte er sich verflucht für das waghalsige Unterfangen, sich auf die Station zu begeben. Ihm war klar geworden, dass es zu riskant war und er riskiert hatte, geschnappt zu werden. Oder wiedererkannt zu werden. Das war riskant. Riskant und dumm. Aber er war nicht dumm. Nicht dumm genug, um sich schnappen zu lassen.

Und seine Zeit würde kommen. Früher oder später.

Dann würde er sich dieses Miststück krallen. Und dann gab es für sie kein Entrinnen mehr.

Er konnte warten. Schließlich wurde sie irgendwann auch mal wieder entlassen. Dann würde er immer noch genug Zeit und vor allem auch Gelegenheiten haben … Und es würde auch keinen Polizeischutz mehr geben …

„So, da wären wir wieder." Schröder stellte den Motor des Dienstwagens ab.

„Und du denkst ernsthaft, wir finden noch etwas, was auf den Freund hinweist?", fragte Bender.

„Warum nicht?" Schröder warf seinem Kollegen einen kurzen Blick zu.

„Du hast Schneider gehört. Sie hat einen rigorosen Schlussstrich gezogen: Koffer gepackt und rausgestellt, Schlösser ausgetauscht et cetera. Da halte ich es für unwahrscheinlich, dass sie irgendwelche Andenken zurückbehalten hat." Bender sah Schröder mit gerunzelter Stirn an.

„Vielleicht aber doch", sagte Schröder achselzuckend und

stieg aus. „Und wenn es nur zur Abschreckung vor der nächsten Versuchung ist."

Bender stieg ebenfalls aus und schloss die Beifahrertür. „Wenn du meinst." Er stapfte hinter Schröder her, der die Haustür aufschloss und aufstieß.

„Ach, guten Abend, Herr Wagner", hörte er Schröder sagen.

„Der war schon besser", knurrte Nikolas Wagner, der gerade die Kellertreppe hochkam. Er funkelte die Polizisten ungnädig an. „Schon wieder hier?"

„Haben Sie etwas dagegen? Man könnte ja geradezu meinen, Sie hätten was gegen uns", konterte Bender und kniff die Augen zusammen.

„Warum sollte ich etwas dagegen haben? Das ist ein freies Land", parierte Wagner. „Es wundert mich nur."

‚Dann wundere dich weiter', dachte Schröder. Laut sagte er: „Wir ermitteln. Da kommt es vor, dass wir mehrmals an bestimmte Orte zurückkehren."

Wagner nickte, drängte sich an Schröder und Bender vorbei und ging die Treppe hoch. Halb oben drehte er sich noch einmal um. „Wie geht es eigentlich meiner Nachbarin?", fragte er dann.

„Den Umständen entsprechend gut", benutzte Schröder aalglatt den Kommentar der meisten Ärzte. „Zumindest besser als gestern."

Nikolas Wagner setzte seinen Gang treppauf fort. Ohne die Polizisten eines weiteren Blickes zu würdigen, öffnete er seine Wohnungstür und verschwand ohne weiteren Kommentar. Mit einem leisen Klicken fiel die Tür ins Schloss.

„Was war das denn?" Bender und Schröder sahen einander kurz an, während sie die Treppe weiter hochstiegen.

„Komischer Kauz", murmelte Schröder, schloss Sandra Meisters Wohnungstür auf und trat ein.

„Sag mal, Kollege, hast du eigentlich das Einverständnis der Schwester für diese Aktion hier eingeholt?“, erkundigte sich Bender, als sich die Wohnungstür hinter ihm geschlossen hatte.

Schröder sah ihn für einen Moment irritiert an, bevor er sich mit der flachen Hand auf die Stirn schlug. „Nein, verdammt!“

„Gut zu wissen, dass dir auch ab und zu so etwas passiert“, brummte Bender, während Schröder sein Mobiltelefon aus der Jacke zog.

„Verdammt, das war mir total entfallen!“, fluchte er und tippte in das Display die Nummer des Krankenhauses, die er aus seinem Notizbuch ablas.

Bender lehnte sich unbeteiligt gegen die Mauer neben der Eingangstür und sah sich scheinbar desinteressiert im Flur um.

Die Türklingel schrillte.

Bender trat an die Tür und lugte durch den Spion. Er sah Nikolas Wagner dort stehen. Er gab Schröder ein Zeichen, der gerade mit dem Krankenhaus telefonierte und sich daraufhin ins Wohnzimmer zurückzog und die Tür schloss.

Bender öffnete. „Ja …?“

„Entschuldigen Sie, ich wollte nur fragen, ob ich meine Nachbarin schon besuchen kann. Das hatte ich vergessen zu fragen“, erkundigte sich Wagner vorsichtig.

„Im Moment liegt sie auf der Intensivstation“, antwortete Bender reserviert. „Soweit ich informiert bin, darf zurzeit nur ihre Schwester zu ihr. Vielleicht warten Sie besser, bis sie auf der normalen Station liegt.“

„Oh“, sagte Wagner, „das ist dann …“

Ein lautes Fauchen ertönte. Bender und Wagner schraken zusammen. Ihre Köpfe zuckten herum. Bender erblickte den getigerten Kater, der aus der Küche gekommen sein musste und nun mit gesträubtem Fell und Katzenbuckel mitten im Flur stand und fauchend Nikolas Wagner taxierte, bevor er mit drei großen Sätzen im Schlafzimmer verschwand.

Bender sah gerade noch Wagners Gesichtsausdruck, als er sich ihm wieder zuwandte. Unverhüllter Hass sprach aus seinen Zügen und aus seinen Augen, ein Hass, der nur einen Sekundenbruchteil später wieder verschwunden war, als sich Wagner verabschiedete. Fast konnte man meinen, der Hass sei nicht vorhanden gewesen, doch Bender wusste es besser. Er wusste, was er gesehen hatte.

Langsam schloss Bender die Wohnungstür. „Was, zum Teufel, war das?“, murmelte er leise vor sich hin.

„Was war was?“, ertönte Schröders Stimme hinter ihm. Der Kollege war gerade aus dem Wohnzimmer getreten und hatte Benders letzte Worte gehört.

Bender erzählte ihm von der seltsamen Szene, die sich eben abgespielt hatte. „Glaube mir, das war irgendwie unheimlich“, sagte Bender und schüttelte den Kopf. „Du hättest das sehen sollen. Der Kater, wie eine Furie, hat den Wagner angestarrt, als ob er ihm gleich an den Hals gehen wollte. Und bei Wagner hatte ich das gleiche Gefühl. Sie standen sich wie Erzfeinde gegenüber.“

„Können sich wahrscheinlich beide nicht ab“, meinte Schröder trocken. „Es heißt ja immer, dass Tiere bessere Antennen für Menschen besitzen. Sie wissen instinktiv, ob es jemand gut mit ihnen meint oder nicht. Und ich muss dem Kater beipflichten, denn ich mag diesen Typ auch nicht.“

„Das war der pure Hass“, erwiderte Bender nachdrücklich und folgte Schröder ins Wohnzimmer. „Und – was hast du erreicht?“

„Also, der Ex von Sandra Meister heißt Frank Richter, geschieden nach fünfjähriger Ehe“, las Schröder aus seinen Notizen ab. „Er ist achtunddreißig Jahre alt und stellvertretender Filialleiter einer Bank." Er blätterte um. „Er ist etwa einen Meter achtzig groß, dunkelhaarig, durchtrainiert, glatt rasiert, gut gekleidet, fuhr zuletzt einen Dreier-BMW, schwarz und mit hiesigem Kennzeichen."

„Wow! Und den hat sie eiskalt abserviert? Der hat doch bestimmt Kohle ohne Ende", meinte Bender beeindruckt. „Da bräuchte sie doch bestimmt nie mehr arbeiten zu gehen, wenn sie sich den warm gehalten hätte."

„Du siehst, es gibt anscheinend doch noch Frauen, die sich durch Geld nicht beeindrucken lassen", erwiderte Schröder schmunzelnd. „Nur weil du noch keine von der Sorte gefunden hast, muss das nicht zwangsläufig heißen, dass es sie nicht gibt."

„Haha!" Bender schnitt eine Grimasse. Er hatte bereits zwei gescheiterte Beziehungen hinter sich, wobei er glücklicherweise nie geheiratet hatte. Die eine Freundin hatte sich mit der Polizeiarbeit an sich nicht anfreunden können, während er der anderen einfach nicht genug verdiente. Seitdem hatte er den Glauben an Frauen ziemlich verloren. Irgendwo tief drinnen hoffte zwar immer noch ein Teil von ihm, dass er eines Tages die Richtige finden würde, aber er machte sich nicht gerade viel Hoffnung.

„Aber zumindest kann ich dir bestätigen, dass du in einem Punkt Recht hattest", fuhr Schröder, wie zum Trost, fort. „Sie hat, laut ihrer Schwester, kein einziges Stück von ihm zurückbehalten. Selbst Bilder, auf denen sie zu zweit zu sehen waren, hat sie auseinandergeschnitten, um ihm dann seine Hälften mit einzupacken."

„Na ja, wenigstens lag ich nicht ganz falsch", knurrte Bender. „Mit anderen Worten: Wir können uns das Ganze hier sparen, oder?"

„So ungefähr, ja", stimmte Schröder zu. „Ich habe ihrer Schwester nur versprochen, noch nach den Katzen zu sehen, wenn wir schon da sind. Dann kann sie beruhigt im Krankenhaus bleiben."

„Das hast du doch heute schon getan", wunderte sich Bender. „Vorhin, als wir da waren."

„Ja, aber ich stelle ihnen – nur für den Fall, dass sich niemand so schnell hierher verirrt – noch etwas Trockenfutter hin", erklärte Schröder im Vorbeigehen. „Vorhin habe ich sie mit Dosenfutter gefüttert."

Bender verdrehte die Augen und schüttelte den Kopf. Wie konnte man sich nur mit so etwas beschäftigen?! Und Schröder schien das Getue mit den Katzen sogar noch zu gefallen. Bender lehnte den Kopf zurück und schloss die Augen.

Plötzlich spürte er eine Bewegung neben sich. Als er ruckartig den Kopf hob, sah er die schwarze Katze wie eine Sphinx rechts neben ihm auf der Couch sitzen. Sie starrte ihn aufmerksam an.

Er bemerkte eine weitere Bewegung, und sein Blick fiel auf den Katzenbaum hinter der Wohnzimmertür, auf dem der getigerte Kater saß und ihn ebenfalls unverwandt anstarrte.

Bender schaute unbehaglich zwischen den zwei Tieren hin und her. Warum starrten sie ihn so an? Was wollten sie von ihm?

„Was wollt ihr?", rief er schließlich aus, um die Stille zu brechen.

Die schwarze Katze erhob sich langsam und begann vorsichtig, an ihm zu schnuppern. Schließlich stand sie mit den Vorderpfoten auf seinem rechten Oberschenkel, sah ihn kurz an und rieb ihren Kopf an seiner Brust. Dann starrte sie ihm in die Augen. Lockend, auffordernd.

Er hob, wie hypnotisiert, die Hand und strich ihr sachte über das Fell. ‚Wie weich ihr Fell ist', ging es Bender durch den Kopf. Seine anfängliche Unsicherheit verflog, und er wurde ruhiger.

Die Katze ließ ihn keinen Augenblick aus den Augen. Ihr wissender Blick aus ihren unergründlichen grünen Augen hielt seinen Blick fest, als wollte sie sagen: ‚Vertraue mir, denn ich vertraue dir.‘ Sie lehnte sich seiner streichelnden Hand entgegen. Jeder Bewegung.

„Was ist das denn? Ich denke, du magst keine Katzen?“, zerstörte plötzlich Schröders Stimme den beinahe magischen Augenblick.

Die Katze sprang von Benders Schoß und flüchtete sich zu dem Tiger auf den Katzenbaum.

Ein eigenartiges Gefühl von Verlust erfasste Bender. „W-was?“, stammelte er verwirrt. Er wusste nicht, was er sagen sollte.

„Die Katze. Du sagtest doch immer, du magst keine.“ Schröder sah Bender irritiert an. So hatte er Bender noch nie erlebt.

„Na ja, tu ich normalerweise auch nicht, aber …“ Er brach ab und kratzte sich verlegen am Kopf. „Sie stand plötzlich da und …“

„Bender, das ist okay“, beschwichtigte ihn Schröder und grinste. „Ich finde es sogar schön, dass du auch langsam auf den Geschmack kommst.“

Bender nickte abwesend, als könnte er es selbst nicht glauben, was sich zwischen ihm und der Katze soeben abgespielt hatte.

„Morgen früh werden wir Richter einen Besuch abstatten“, kündigte Schröder an. „Aber für heute machen wir Schluss. Es reicht.“ Er wandte sich zum Gehen.

Auch Bender erhob sich und folgte ihm zur Tür. Auf dem Weg dorthin starrte er zu den beiden Katzen, die aufmerksam jede seiner Bewegungen verfolgten. Fast so, als hätten sie mit ihm einen geheimen Pakt geschlossen. Er blieb kurz stehen und öffnete den Mund, als ob er etwas sagen wollte, ging dann jedoch kommentarlos weiter.

Draußen schüttelte er den Kopf. Er verstand nicht genau, warum ihn das Erlebnis so durcheinander gebracht hatte. Aber es kam ihm schon fast mystisch vor, wenn er an die Szene in Sandra Meisters Wohnzimmer dachte. Und diese grünen, wissenden und doch sanften Augen gingen ihm die ganze Rückfahrt über nicht mehr aus dem Sinn. Und in der darauf folgenden Nacht geisterten sie sogar durch seine Träume …

„Guten Morgen, die Herren! Ich bin Frank Richter", wurden sie von einem hoch gewachsenen Mann in dessen Büro begrüßt. Er streckte ihnen die Hand hin und schüttelte nacheinander die Rechte der beiden Besucher, bevor er ihnen an einem runden Rauchglastisch Platz anbot.

Bender und Schröder setzten sich auf bequeme Ledersessel und schlugen die Beine übereinander. Den angebotenen Kaffee lehnten sie dankend ab.

Unauffällig sahen sie sich in dem Büro um, das eine elegante Einrichtung aufwies. Der Innenausstatter hatte ganze Arbeit geleistet. Moderne, farbenfrohe Drucke hingen über braunen Aktenschränken und Regalen aus Teakholz. Hinter dem großen, ausladenden Schreibtisch, ebenfalls aus Teakholz gefertigt, stand ein großer schwarzer Ledersessel, der sehr bequem aussah. Das Ambiente vermittelte einen interessanten Kontrast zu dem lavendelfarbenen Teppich. Ergänzt wurde das Ganze durch einige Grünpflanzen unterschiedlicher Größe, die, bis auf zwei, in Fensternähe platziert waren. Die anderen beiden standen in einer Art Nische bei dem Rauchglastisch, an dem sich Richter jetzt die offensichtlich teure bunt gemusterte Krawatte zurechtzupfte.

„Was kann ich für Sie tun?", fragte er mit dunkler Stimme

und lächelte die beiden Polizisten unverbindlich an, wobei er eine Reihe makellos weißer Zähne entblößte.

Überhaupt schien an ihm alles perfekt zu sein. Er schien exakt für dieses Büro gekleidet worden zu sein. Er trug eine schwarze Hose, kombiniert mit einem lavendelfarbenen Jackett und einem weißen Oberhemd sowie der besagten Krawatte, in der sich ebenfalls die Farben des Büros wiederfanden. Dazu teure schwarze Gucci-Schuhe. Der exklusive herbe Duft seines Rasierwassers waberte durch den Raum. Eben der Inbegriff eines erfolgreichen Managertyps.

„Kennen Sie Sandra Meister?“, fragte Schröder.

„Ja“, antwortete Richter abwartend. Sein Lächeln wirkte ein wenig verkrampft. „Warum?“

„Wir hätten ein paar Fragen an Sie. Frau Meister liegt im Moment im Krankenhaus“, erklärte Schröder.

„Im Krankenhaus? Um Gottes willen! Was ist passiert?“, rief Richter aus und beugte sich nach vorn. Er runzelte besorgt die Stirn. „Wie geht es ihr? In welchem …?“

„Halt, langsam.“ Schröder hob die Hand, um Richters Flut von Fragen zu unterbrechen. Er klärte ihn in knappen Sätzen über die Situation auf. „Und da Sie bis vor kurzem eine Beziehung mit ihr hatten, müssen wir auch Ihnen einige Fragen stellen“, schloss Schröder seine Ausführungen.

Frank Richter hatte während Schröders Erklärungen die Finger seiner Hände gekreuzt und vor den Mund gepresst. Ein goldener Siegelring an der rechten Hand mit den ineinander verschlungenen Initialen *FR* glänzte matt im Licht der Neonröhren, die trotz Tageslicht eingeschaltet waren. Sein gebräuntes Gesicht war im Laufe der Ausführungen immer blasser geworden.

Bei Schröders letzten Worten rötete es sich jedoch wieder. „Höre ich recht? Wollen Sie mir etwa hinsichtlich dieser Vergiftung meiner Exfreundin etwas in die Schuhe schieben?“, fragte er schneidend. Die Lautstärke seiner Stimme hatte sich gesenkt.

„Wir müssen allen Spuren nachgehen“, schaltete sich Bender ein. „Und dazu zählt eben auch das mit Ihrer Beziehung zu ihr.“

Seine Wangenknochen traten ein wenig stärker in den Gesichtszügen hervor, während er sich Benders Worte durch den Kopf gehen ließ, dann nickte Richter. „Na gut. Sie haben gewonnen.“ Er schüttelte den Kopf. „Eigentlich haben Sie ja auch Recht. Und wenn es hilft, den Irren zu finden, der versucht hat, Sandra umzubringen, dann fragen Sie.“

Schröder warf Bender einen kurzen Blick zu, bevor er sein Notizbuch aus der Tasche zog und den darin liegenden Kugelschreiber entnahm. „Gut, Herr Richter“, sagte er dann. „Wie lange sind Sie schon getrennt?“

„Seit ungefähr fünf Wochen“, antwortete Richter knapp.

„Wann haben Sie Frau Meister zum letzten Mal gesehen?“

„Etwa zwei Tage vor unserer Trennung.“

„Bei der Trennung selbst nicht?“

„Nein.“

„Warum?“

Richter zögerte einen Moment. „Sie hatte mich rausgeschmissen.“

„Könnten Sie mir den Grund nennen?“

„Muss das denn sein?“ Richter wirkte peinlich berührt.

„Es wäre hilfreich.“ Schröder sah ihn auffordernd an.

„Na gut.“ Richter atmete tief ein. „Sie hatte mich wohl mit meiner Exfrau gesehen und die falschen Schlüsse gezogen … Dann hat sie mir die Sachen vor die Tür gestellt … Sie werden doch wohl verstehen, wie unangenehm das für mich ist. – Reicht das?“

„Vorerst.“ Schröder machte sich Notizen.

Dann fragte er weiter. „Hatten Sie seither anderen Kontakt zu ihr?"

„Zweiseitigen leider nicht." Richter schüttelte den Kopf.

„Was meinen Sie damit?"

Richter stand auf und ging zum Fenster, wo er die Lamellenvorhänge beiseite schob und einen Moment hinaussah, bevor er antwortete. „Ich hatte ihr in der ersten Woche unserer Trennung einen erklärenden Brief geschrieben, aber sie hat nie geantwortet. Wahrscheinlich hat sie ihn ungeöffnet in den Papierkorb geworfen." Nach einer kurzen Pause fügte er hinzu: „Aber das hätte ich wissen müssen. Schließlich habe ich ja auch mit dieser Reaktion gerechnet."

„Warum?", hakte Schröder interessiert nach.

„Wenn Sandra etwas macht, dann richtig. Sie macht Nägel mit Köpfen, wie man so schön sagt." Richter lachte auf. „Deshalb sind wir ja auch zusammengekommen. Sie ist ein ziemlich gradliniger Typ Frau, was mir sehr imponiert hat. Sie sagt, was sie denkt, und sie steht zu dem, was sie sagt. Bereits am Anfang unserer Beziehung hat sie die Spielregeln festgelegt. Sie hat mir unverblümt mitgeteilt, in welchen Fällen ich sie unweigerlich und unwiderruflich verlieren würde, ohne jede Chance auf einen Kompromiss. Aber im Laufe der Zeit muss ich es wohl vergessen haben ..." Seine Stimme verstummte.

Für einen Moment herrschte Stille im Büro. Richter hatte seine Hände in den Hosentaschen vergraben, als er sich umdrehte und zu den Polizisten sah. Seine Gesichtszüge wirkten wie versteinert. „Wissen Sie, ich hatte niemals damit gerechnet, sie zu verlieren. Und doch ist es durch meine Schuld passiert." Er wandte sich wieder dem Fenster zu. „Ich vermisse sie. Und natürlich mache ich mir auch Vorwürfe, denn wenn wir uns nicht getrennt hätten, wäre sie wahrscheinlich nicht in diese Situation gekommen, denn sie wäre nicht allein gewesen. Dann wäre das bestimmt nicht passiert."

„Hegen Sie deswegen irgendwelche negativen Gefühle für sie?", fragte Bender unschuldsvoll.

Richters Kopf ruckte herum. „Sie denken, ich hätte versucht, sie umzubringen, nicht wahr?" Er verzog das Gesicht. „Ja, das tun Sie. Das sehe ich Ihnen an. Ich sage Ihnen etwas: Ja, ich hege noch Gefühle für sie, aber keine ‚negativen Gefühle', wie Sie es nennen. Ich liebe sie noch – wie könnte ich das auch innerhalb von fünf Wochen abhaken und vergessen? Und gerade weil ich sie liebe, würde ich ihr niemals etwas antun. Niemals! Denn irgendwie hoffe ich trotz allem, dass wir noch eine gemeinsame Zukunft haben, wenn die ersten Schmerzen verebbt sind. Und wie sollte das wohl funktionieren, wenn ich sie umbrächte?"

„Es war nur eine Frage", erwiderte Bender mit unbewegter Miene. „Nur, manchmal schaukeln sich Gefühle hoch, und Leute tun Dinge, die sie später bereuen."

Richter senkte den Kopf und fuhr sich mit der Hand durch das perfekt frisierte kurze Haar. „Das möchte ich auch nicht in Abrede stellen. Aber ich weiß, dass *ich* jetzt für *meine* Dummheit zahlen muss, und dafür kann ich niemanden außer mich selbst verantwortlich machen. *Ich* war der Idiot – also warum sollte ich sie dafür zur Rechenschaft ziehen?"

Keiner der beiden Polizisten antwortete.

„Noch etwas, Herr Richter: Haben Sie noch einen Schlüssel zu Sandra Meisters Wohnung?", fragte Schröder ernst in die Stille, die entstanden war.

„Nein, nicht mehr. Sie hatte damals das Schloss auswechseln lassen", erwiderte Richter niedergeschlagen. Er wirkte jetzt ganz anders als jener strahlende Gewinnertyp, den sie beim Eintreten vorgefunden hatten. Jetzt schien eher das Gegenteil der Fall zu sein.

„Wissen Sie zufällig, ob sie irgendwo einen Ersatzschlüssel für ihre Räumlichkeiten deponiert hat?"

„Nein." Richter zuckte die Schultern und sah Schröder irritiert an. „Als wir zusammen waren, hatte jeder von uns je einen Schlüssel. Wenn wir weggefahren sind, bekam ihre Schwester entweder meinen oder ihren, damit sie in die Wohnung konnte, um nach dem Rechten zu schauen und sich um die Pflanzen zu kümmern."

„Und um die Katzen", fügte Bender hinzu.

„Ja, genau", nickte Richter zuerst, hielt aber dann inne. „Katzen? Welche Katzen?"

„Na, Sandra Meisters Katzen", sagte Bender und schlug sich dann unvermittelt gegen die Stirn. „Oh, Entschuldigung. Die hat sie ja erst nach der Trennung von Ihnen aus dem Tierheim geholt."

„Sie … sie hat sich Katzen geholt?", fragte Richter entsetzt und riss die Augen auf. „Dann hat sie mich wirklich abgeschrieben." Sein Gesicht verdüsterte sich.

Fragend sahen Bender und Schröder einander an.

Richter bemerkte es. „Sie müssen wissen, ich bin gegen Katzen ziemlich allergisch und reagiere auf sie beinahe schon dann, wenn ich sie nur sehe oder etwas berühre, was in ihrer Nähe war." Er schüttelte bekümmert den Kopf. „Deutlicher hätte sie es wirklich nicht mehr ausdrücken können."

Kurz darauf verabschiedeten sich Bender und Schröder. Sie hatten für den Moment genug erfahren.

Als sie das Büro verließen und Bender einen Blick zurückwarf, sah er Frank Richter noch immer an dem Rauchglastisch sitzen und vor sich hin starren.

Stefan Lindner

Tauschtanz

Nichts ist in seiner Vergänglichkeit
so unberechenbar wie die Liebe.

Warum nur haben meine nächtlichen Träume in letzter Zeit so häufig mit Krieg und Zerstörung zu tun? Mit Granaten, die links und rechts neben mir einschlagen, obwohl ich schon ewig keinen richtig brutalen Actionkracher mehr gesehen habe. Nur die Nachrichten.

Halt! Da fällt mir ein, was ich letzte Nacht geträumt habe. Oder ist es schon viel länger her …?

Es riecht nach kaltem Kaffee und der öligen Pfanne, die wieder niemand abgewaschen hat. Malcolm sieht erneut zur Uhr, als seine Frau Alice endlich aus ihrem Schlafzimmer zu ihm in die schmale Küche kommt. Ihre Stirn ist durchfurcht von zahllosen tiefen Denkergräben.

Die beiden haben ein warmes Haus, in dem bequem Platz für zwei ist.

Sie konnte in der letzten Nacht nicht schlafen, sagt sie, und da habe sie sich noch mal hingelegt. Ihre Augen sind von rötlichen Rändern umgeben, was Malcolm wohl nicht berührte, hätte er es gesehen.

„Waren heute Nacht wieder diese furchtbaren Katzen vor deinem Schlafzimmerfenster?“, fragt sie und untermauert ihr gekünsteltes Interesse mit gekonnt verlängertem Gähnen. (Ein Wunder, dass sie sich noch duzen, nach all den Jahren!)

Malcolm deutet ein Nicken an und blickt neutral in seine Kaffeetasse.

O ja, endlich wieder diese hingerotzte Freundlichkeit! Alles würde er dafür geben, dass die Viecher einmal vor Alice' Fenster, kreischend wie sterbende Kinder, bis aufs Blut um Revier und Partner kämpfen würden. Doch als Katze spricht sie die Sprache der Katzen und hat sie mit Sicherheit vor sein Fenster geschickt.

Seit Stunden trinkt er den ungesunden Wachmacher, der einen so schlecht aus dem Mund riechen lässt, und überlegt, ob er es heute Nacht wagen wird. Oft hat er es sich schon vorgenommen, doch dann verließ ihn jedes Mal der Mut. So muss Malcolm einsehen, dass er wohl auf ewig dazu verdammt ist, einer dieser hoffnungslosen Trübseher zu sein, die stets dem Regen hinterherlaufen, statt der Sonne entgegenzugehen, aus Angst vor Verbrennungen.

Nur einmal im Monat kann er mattes Schimmern am fernen Firmament erkennen: an jedem letzten Samstag.

Schon beinahe 23 Uhr, nur noch wenige Minuten – der Puls rast –, bis sie endlich aufbrechen. Beide wissen es, ohne es in den letzten Tagen erwähnt zu haben: Heute Abend wird die Kapelle wieder für sie spielen. Für Malcolm und Mary, für Arthur und Alice.

Arthur trägt wieder den angemoderten Regenmantel, den Mary schon dreimal weggeschmissen hat, weil er „nach toter Katze riecht", wie sie sagt. Arthur kramte das gute Stück jedes Mal aus der Tonne. Flüchtig abgebürstet, wurde es beim nächstbesten Anlass, mit noch verstärkter Duftnote, erneut feierlich übergestreift. Zum Entsetzen von Mary natürlich, die heute jedoch anderes denkt. Die beiden sind spät dran. Flink tippeln sie durch die feuchte Finsternis.

Warum musste sie auch so lange duschen? Ihretwegen werden wir den Anfang verpassen.

Den Anfang! Diesen kribbelnd-erregenden Augenblick, in dem schon so zahlreiche hoffnungslose Träumereien begonnen hatten, wenn es sich beinahe so unbekannt anfühlt wie beim ersten Mal.

Sie sprechen nicht auf dem Weg zu ihrem geheimen Platz, einem engen, von fensterlosen Rückwänden umringten Hof hinter der Kirche, wo man immer allein ist am letzten Samstag des Monats um diese Zeit. Musiker stellen ihre Instrumente auf dem Marktplatz des kleinen Dorfes auf und beginnen die großen Klassiker zu spielen, zu denen man so wunderbar verträumt tanzen kann.

Sie eilen über eine düstere und steinige Straße, an deren Ende man kein Licht sieht, stets darauf bedacht, den anderen unter keinen Umständen versehentlich zu berühren. Die Jungfräulichkeit des Abends muss um jeden Preis bewahrt werden.

Keiner der beiden, die nun seit mehr als fünfzehn Jahren verheiratet sind – genau wie Malcolm und Alice –, kann sagen, wann sich diese nicht zu überwindende Abneigung gegeneinander, die Abscheu vor jeder Eigenart des anderen, entwickelt hat oder warum.

Mary liebt es, wenn es dabei regnet, und sie hat von vereinzelten Schauern am späten Abend gehört.

Worüber sollten sie auch reden? Mit Sicherheit nicht darüber, was vor ihnen liegt.

Endlich taucht der Kirchturm mit seinem beleuchteten Zifferblatt aus der Dunkelheit auf: verlockende Drohung.

Sie biegen in eine schmale, unbeleuchtete Seitengasse, an deren Ende sich *ihr* Platz befindet. Vorbei an einem verwesenden Haufen, der einmal ein vom Marder gerissener Vogel war.

Malcolm und Alice warten bereits, ungeduldig auf die Uhr des Kirchturms starrend, und aus den Gesichtern beider lässt sich nun deutlich die Erleichterung ablesen. Die Sehnsüchtigen sind wieder vereint.

Nur das schwache Licht einer Laterne hellt das Geschehen auf und lässt vier Gestalten erkennen, die in zwei Paaren, einige Meter voneinander entfernt, schweigend verharren. Keiner kann sich zu einem „Hallo!“ oder wenigstens zu einem Begrüßungsnicken überwinden. Was sie gleich tun werden, ist so verboten unmoralisch, dass man sich besser nicht anmerken lässt, nicht nur ein in Trance befindliches Opfer seiner Triebe, sondern ein in vollem Bewusstsein handelndes Wesen zu sein, das wochenlang nur für diesen Tag, diesen endlos kurzen Augenblick gelebt hat.

Die Sekunden zählend, blicken acht Augen nach oben, während sich vier Mägen in Erwartung des Glockenschlages zur Mitternacht vor Spannung verkrampfen. Das morsche Ticken ertönt noch dreimal, noch zweimal, acht Augenlieder schließen sich: *Bong!*

Zwölf dieser magischen Klänge werden die hemmungslose Hypnose der vier Personen auf dem kleinen Hof hinter der Kirche einläuten. Während der Klöppel unermüdlich die Glocke trifft, schleichen sie langsam aufeinander zu, unfähig, dieser magischen Gravitation jetzt noch zu widerstehen.

Arthur und Alice stehen bald beieinander, ganz nah, so wie Malcolm und Mary. Ab jetzt gibt es keine Gedanken, keine Vernunft, keine Wirklichkeit mehr. Alice atmet, ihre Erregung preisgebend, hastig in Arthurs Gesicht, und obwohl ihr Atem eine Spur von Fäulnis trägt, ist ihm nichts so befriedigend, wie ihn wollüstig in sich aufzusaugen.

Kurz nachdem die Glockenschläge verstummt sind, erklingt ein berühmter Straußwalzer, gespielt von der Dorfkapelle, die den Höhepunkt des allmonatlichen Marktfestes intoniert. Die vielen Menschen, die sich auf dem Marktplatz versammelt haben, ahnen nicht, dass sich jenseits der geheiligten Mauern die skurrile Szene zweier neu formierter Paare vollzieht, die zu tanzen beginnen.

Unsicher ergreift man die Hand des anderen und setzt sich allmählich in Bewegung. Zuerst vorsichtig, dann zunehmend leidenschaftlich, jedoch stets so zeitlupenhaft, als sei die umgebende Luft zäher Brei, schwer zu durchdringen.

Malcolm streicht zärtlich über die Wange seiner neuen Partnerin, die er nun – sehnlichst erwartet – an sich drücken und im Takt schwingen darf, weil sie für einen wie Traum erlebten Moment nur ihm gehört. Mit jenem Geschöpf, sonst misshandelte Last eines Unwürdigen, das er so sehr begehrt, befindet er sich nicht mehr in dem finsteren Rattenloch hinter der Kirche. In einem weißen, unbefleckten Himmelbett, umgeben von wärmendem Licht, erleben sie vollendete Hingabe.

Arthur hebt Alice' Hand an sein Gesicht und beginnt, von animalischem Verlangen enthemmt, wild auf ihren Fingern zu kauen. Auch er begibt sich auf die Reise in eine Dimension, in der kein Tabu seine Phantasie beschränkt.

Alice hingegen, wenig beeindruckt von der Leidenschaft ihres Gegenüber, träumt davon, einmal mit Mary zu tanzen. Allein. Sie kennt ihren Namen nicht und wird nie danach fragen. Ihre Blicke hängen an Marys Kleid, ihren sanften Bewegungen …

Gedanken dieser Art fließen so wunderbar leicht, wenn man sich ihrer nicht schämen muss, und das tut an diesem Ort längst niemand mehr.

So schwenken sie im Dreivierteltakt dahin, die vier Träumer, und denken voller Sehnsucht zurück an ihr erstes Treffen. Unvergesslich war ein jedes danach, doch wie so oft erreichte kein Nachahmen die spontane Größe des ersten Males.

Es beginnt zu regnen.

Zwei massive Steinmauern entfernt fluchen Hunderte Menschen über Petrus' fatalen Fehlgriff: *Ausgerechnet heute Abend!* Und man bewundert die Unerschütterlichkeit der Kapelle, die immer noch weiterspielt.

Für Malcolm und Mary, Arthur und Alice könnte es kaum schöner sein. Die Kapelle spielt nur für sie.

Als dann der letzte Ton allmählich verhallt, hört man den tosenden Beifall steingedämpft. Nach einer Weile ist es still, und die vier, die eben noch Watteballett tanzten, stehen nun völlig regungslos, offenbar überrascht von ihrer absurden Pose. Man hat sie ungewarnt in eine fremde Umgebung gebeamt, an die sie sich trotz ihrer Alltäglichkeit erst gewöhnen müssen.

Fast beschämt beginnen sie ihrer Lage gewahr zu werden und tauen langsam aus der atemlosen Starre auf. Man begibt sich wieder zu seinem angetrauten Partner und räumt, wortlos zu Boden blickend, das Feld. Enttäuscht, tief im Innern, das Absolute doch nicht erlebt, es sich wieder nicht getraut zu haben.

Ihnen allen steht ein quälend normaler Sonntag bevor.

Arthur muss wieder den ganzen Vormittag Marys Quasselsender hören: *„... so, erst mal spielen wir ein paar Takte lustige Musik, und anschließend sprechen wir mit Professor Müller-Sackab über Hodenkrebs."*

Im Gegenzug wird er sich wieder nicht rasieren, weil Mary das so hasst.

Jede Menge Platz also für die kleinen, hingerotzten Feindseligkeiten des Alltags, die, warum auch immer, so unendlich genugtuend sind.

Irgendwo auf der Welt – man kennt das – schwört sicher in diesem Moment ein dummer Junge seiner Freundin, dass er sie bis an sein Lebensende lieben wird ...

Ingrid Lorenzen

Tee mit Herrn von Goethe

Aus: „Tee mit Herrn von Goethe und andere seltsame Geschichten“

I.

Ich hatte die Besuchergruppe längst verloren, außerdem wollte ich allein mit ihm sein, mit dem großen Mann in seinem Haus am Frauenplan in Weimar. Allein mit Johann Wolfgang Goethe, den man respektvoll geadelt hatte.

Es folgte mir keiner. Wir waren wohl die letzten Besucher gewesen, die an diesem Nachmittag in sein Haus gekommen waren.

Ich ging den Weg zurück, vorbei an seinem schmalen Bett, vorbei an den langen, vergitterten Regalen, auf denen sicherlich Tausende von Büchern standen. Berühren erstens gar nicht möglich und zweitens überdies verboten!

Ich ging vorbei an den blankpolierten Mahagonischränken, in denen man sich spiegeln konnte, Schränken mit großen Schubladen, die Goethes berühmte Steinsammlung enthielten. Und diese Tür war doch vorhin offen gewesen; jetzt war sie geschlossen, jemand hatte sie zugemacht. Dies war ja die Tür zu seinem Schreibkabinett.

Vorsichtig drückte ich auf die Klinke und schloß die Tür geräuschlos hinter mir. Und da saß er ja! In einem langen rotbraunen Überrock, über den Tisch gebeugt, mit dem Rücken zu mir. Ich wagte kaum zu atmen.

Da drehte er sich um und sah mich leise lächelnd, ohne großes Erstaunen an.

„Kommen Sie nur näher, Madame“, sagte er leise, „ich habe einen Moment, da mir das Stück hier nicht so recht von der Hand gehen will, so können wir ein bißchen plaudern.“ Und mit einer Handbewegung wies er auf einen Sessel, seinem gegenüber.

Ich setzte mich, fassungslos, hingerissen und ungläubig.

„Wie kann ich es wagen, Sie zu stören und aufzuhalten, Herr von Goethe – obwohl ich schon lange davon geträumt habe, mit Ihnen Tee zu trinken.“

„Das ist eine sehr gute Idee“, und er betätigte die Glocke auf seinem Schreibtisch. Beinahe als hätte jemand hinter der Tür gewartet, wurde sie geöffnet, und eine ältere Frau mit Häubchen und großer weißer Schürze stand auf der Schwelle. Auch sie schien über meine Anwesenheit keineswegs erstaunt. „Tee für uns beide, bitte, Martha“, bestellte mein Gegenüber. „Mit Milch und Zucker.“ Und der dienstbare Geist versicherte, daß kochendes Wasser auf dem Herd stehe und der Tee alsbald gebracht werden würde …

II.

„Woher kommen Sie, Madame?“ fragte Goethe.

„Aus einem kleinen Ort südlich von Hamburg.“

„Mit einer Kutsche?“

„Mit der modernen Version einer Kutsche, mit einem Auto.“

„Können Sie erklären, was das ist?“

„Das ist eine Kutsche, bei der die Pferdekräfte unter Blech versteckt sind, sie treiben das Fahrzeug vorwärts, viel schneller, als Pferde das können. Der Treibstoff, der die Pferde vorwärts jagt, heißt Benzin, er verbrennt während der Fahrt. Man muß ihn immer nachkaufen.“

„Und wie lange gibt es diese Kutschenform schon?"

„Seit 1885; inzwischen laufen Millionen Autos allein in Deutschland. Seit 1885 gibt es übrigens auch die Goethe-Gesellschaft, ihr Sitz ist hier in Weimar."

„Ach, das ist schön, das freut mich! – Woher kennen Sie mich übrigens, Madame?"

„Aber Herr von Goethe, bei uns kennt Sie jedes Kind, und das gilt nicht nur für Europa, sondern für die ganze Welt, in der man liest. Sie sind doch unser Dichterfürst, man hat Ihnen und Schiller ein sehr schönes Denkmal gesetzt, vor dem Theater. Und ich, ich kenne beinahe alles, was Sie geschrieben haben, ich kann den Faust – auch Faust II – zu einem guten Teil auswendig. Deswegen mußte ich auch herkommen und hoffte sehr, allein mit Ihnen zu sein."

Es klopfte. Martha kam herein und stellte das Teetablett auf den Tisch.

„Das Eingießen übernehme ich", schlug ich vor.

„In welchem Jahr befinden wir uns? Ich muß sagen, ich komme mit der Zeit manchmal ein bißchen durcheinander. Solange ich in meiner Studierstube bin, habe ich keine Zweifel, und unter Menschen gehe ich ja nicht mehr."

„Wir steuern auf das Jahr 2000 zu, Herr Geheimrat."

„Und heißt das, was Sie da vom Theater sagen, daß ich noch immer gespielt werde?"

„O ja, und mit großem Erfolg! Viele Regisseure versuchen sich mit wechselnden Formen der Inszenierungen; ich habe in Wuppertal eine erstklassige Aufführung des Faust II gesehen, ich muß Ihnen davon erzählen!"

„Ach Gott, was habe ich mich manchmal mit dem Theater hier herumgeärgert! Und wieviel Zeit hat es gekostet, etwas Ordentliches auf die Bühne zu bringen … Manchmal hätte ich lieber in Ruhe hier gesessen und geschrieben, aber ich mußte ja so häufig Dinge machen, die nun mal mit dem Hof und meinem Leben hier zusammenhingen. Wir sind nicht immer Herr der Ereignisse in unserem Leben … Wer stört nun schon wieder?“

Es hatte geklopft. Eine Dame steckte den Kopf zur Tür herein und sprach zu einer zweiten Person, die offensichtlich neben ihr stand: „Er hat natürlich Besuch – und ebenso natürlich ist es ein Frauenzimmer! Wie könnte es anders sein.“ Und die Tür schloß sich.

III.

„Ich habe jemand vertrieben“, sagte ich schuldbewußt.

„Das war die Stein“, knurrte Goethe, sichtlich verstimmt. „Jetzt kann sie wieder überall erzählen, daß ich eine weitere Freundin habe!“

„Und was ist daran so tadelnswert? Jede Frau, die das Vergnügen hatte, Ihre Freundin zu sein, wird sicherlich unendlich beneidet und kann sich glücklich schätzen.“

Hier mußte Goethe, offensichtlich sehr erheitert, laut lachen. „Ich fürchte, das ist eine sehr moderne Einstellung, meine Liebe, die zu meiner Zeit nur von sehr wenigen geteilt werden durfte! Vor allem von sehr wenigen Frauen!“

„Wenn ich es richtig weiß, dann sind Sie doch auch sehr angetan von Lord Byron – vielleicht nicht nur von seinen Dichtungen, sondern auch von dem Lebensstil des schönen Engländers und seinen unzähligen Amouren. Hätten Sie ihm sonst in Ihrem Faust II mit Endymion ein literarisches Denkmal gesetzt?“

„Ach, wird das so interpretiert? Aber damit wären wir ja bei der Faust-II-Aufführung, von der Sie mir erzählen wollten.“

„Ja, es war die beste Faust-Inszenierung, die ich bisher gesehen habe. Vier Stunden Faust II in Wuppertal vor einem begeisterten Publikum, vollbesetztes Haus, großartiges Bühnenbild – eine Mischung von moderner und klassischer Inszenierung."

„Wie soll ich mir das vorstellen?!"

„Die Regisseure heute haben natürlich den Wunsch, aus Ihren Stücken – das gilt auch für Schiller – etwas zu machen, was unserer Zeit entspricht, also nicht etwa den Text zu verändern, sondern das Äußere. Was die Schauspieler anhaben zum Beispiel, das Bühnenbild, in dem sie sich bewegen. Und dafür gab es in Ihrem Faust II ein wunderschönes Beispiel mit Mephisto: Gelegentlich ist er so gekleidet und geschminkt, wie man es an Mephisto gewöhnt ist, aber dann kam er plötzlich in einem weißen Rolls-Royce auf die Bühne gefahren. Er trug einen weißen Anzug, hatte einen Strohhut auf mit schwarzem Band und sah aus, wie wir uns heute einen Mafioso vorstellen. Das ist ein eleganter Verbrechertyp, der viel Einfluß, viel Macht und viel Geld hat und durch und durch böse ist!"

„Und was, verehrte Dame, ist ein Rolls-Royce?"

„Also, das ist eines der teuersten Autos, die es gibt, es ist sehr luxuriös, und es paßte wunderbar zu Mephisto – für mich der interessanteste Typ in Ihrer wunderbaren Tragödie!"

IV.

„Ja, des Chaos wunderlicher Sohn ist ein großer Verführer, und wenn er gut gespielt wird, vermag er einen Faust wohl in die Ecke zu stellen. Aber ich muß noch mal auf dieses sogenannte Auto zurückkommen. Also ein einzelner Mensch kann es lenken und damit fahren, wohin er will?"

„Ja, das ist richtig.“

„Mein Gott, wenn ich mir vorstelle, wie ich meine italienische Reise in so einem Fahrzeug gemacht hätte und was ich hätte alles ansehen können, und in wie kurzer Zeit, dann wird man ja auf die Moderne ganz neidisch … Welches Jahr, sagen Sie bitte, schreiben wir?“

„Wir gehen auf das Jahr 2000 zu, und in Weimar, also hier, werden Sie und Schiller dieses Jahr mit unzähligen Veranstaltungen ganz groß gefeiert! Faust gibt es in jeder Form: als Oper, als Ballett, als Diskussion und das ganze Jahr über. Und ganz Europa ist in Weimar zu Gast!“

„Hm, dann werde ich mich in den nächsten Tagen doch mal aus dem Haus schleichen und sehen, ob ich mein altes, herzogliches Weimar überhaupt noch wiedererkenne …“

„Es ist eine kleine noble Stadt, ein Ort, der für Kultur in Deutschland steht. Ich bin heute den ganzen Tag hier herumgewandert, auch an der Ilm und an Ihrem Gartenhaus entlang. Es war sehr schön, sehr entspannend und für jemand, der für Sie eine aufrichtige Zuneigung empfindet, einfach ein Genuß!“

„Ich danke Ihnen, es ist eine hübsche Idee, von einer Dame so geschätzt zu werden, die offensichtlich rund 250 Jahre jünger ist als ich.“

„Oh, mit Jahreszahlen ist das so eine Sache – manchmal denke ich, mir steht Cäsar näher als Napoleon oder der preußische Friedrich. Aber um noch einmal auf Ihre italienische Reise zurückzukommen: Einen Ort haben wir beide besucht, in dem noch heute, wie zu Ihrer Zeit, Künstler ihren Kaffee trinken: das antike Café Greco in Rom, neben der Spanischen Treppe!“

„Ja, dort sind viele Künstler gewesen, und natürlich mußte ich auch dorthin; und die Vorstellung, daß Sie und ich in dem kleinen Lokal womöglich an demselben Tisch gesessen haben, ist ebenso erheiternd wie beunruhigend.“

„Viele haben dort gesessen: Stendhal, Wagner, Gogol und auch Ihre Zeitgenossen, wenn auch nicht so berühmt wie Sie.“

„Ach, wissen Sie, was bedeutet schon Ruhm. Es ist erfreulich, angesehen zu sein, über Mittel zu verfügen, sich alles mögliche leisten zu können – aber wie lange hält der Ruhm? Drei Jahrhunderte, fünf Jahrhunderte oder länger? Und da wir, die Betroffenen, nichts mehr davon wissen, ist es doch eigentlich völlig gleichgültig, nicht wahr?“

V.

„Nun, Sie werden doch nicht Ihren Freund, Herrn von Schiller, Lügen strafen wollen, von dem der wunderbare Vers stammt:

‚Von des Lebens Gütern allen
ist der Ruhm das Größte doch,
wenn der Leib in Staub zerfallen,
lebt der große Name noch!‘ “

„Hat er das geschrieben? Wir kennen wohl nicht alles voneinander. Sie geben mir ein bißchen Hoffnung, daß er recht hat. Wenn man uns beide nach 250 Jahren in einem Dutzend Sprachen feiert, das ist ja schon ganz erbaulich!“

„Es gibt in Deutschland einen sehr bekannten und beliebten Schauspieler, der sich über mangelnden Erfolg in seinem Leben nicht beklagen konnte und der, als er schon ein alter Herr war, auf die Frage, wer, also welche Gestalt, er gern gewesen wäre, nur knapp antwortete: ‚Goethe!‘ “

„Gewiß, verglichen mit vielen anderen Menschen, auch mit großen Künstlern, habe ich wohl ein beneidenswertes Leben geführt, aber es gab da auch dunkle Seiten …“

„Denken Sie an so manche Verpflichtung bei Hofe, die Sie zwang, Ihrem Schreibtisch fernzubleiben?"

„Ja, auch das, obwohl ich ja dem Herzog und seiner verehrten Frau Mutter, der Herzogin Anna Amalie, sehr viel verdanke. Im übrigen hat mir das Hofleben in vieler Hinsicht sehr gepaßt, ich hätte nicht in einer Großstadt leben wollen. Der Kreis in Weimar war anregend und groß genug, um alle Strömungen meiner Zeit kennenzulernen."

„So entspricht das, was Sie kennenlernten, dem Satz, den Sie Ihrem Mephisto in den Mund legten: ‚Allwissend bin ich nicht, doch viel ist mir bewußt.' "

„Ich merke schon, meine überraschende Besucherin, Sie lieben tatsächlich meinen Faust!"

„Ich liebe, ehrlich gesagt, Mephisto mehr …"

Darauf Goethe lächelnd: „Das kann ich verstehen! – Sollen wir noch einen Moment durch den Garten gehen?"

„Sehr gern, und dann ist diese zauberhafte Stunde wohl so plötzlich vorbei, wie sie begann …"

Goethe stand auf und verließ den Raum.

Bevor ich ihm folgen konnte, stand ein Wächter im Museumsoutfit vor mir und sagte überrascht: „Gut, daß ich noch hier hereingeschaut habe! Und gut, daß Sie keiner eingeschlossen hat. Der Herr von Goethe soll hier ja gelegentlich erscheinen. – Wie kommt das Geschirr auf den Tisch?"

„Ich habe mit Herrn von Goethe Tee getrunken", sagte ich und stieg langsam die Treppe nach unten.

Niemand folgte mir.

Jürgen Molzen

Aphorismen

Was nützt einem die beste Brille, wenn man nicht durchsieht.

Warnung an die Deutschen:
Im Paradies gibt es keine Autos.

Alles wird durch andere anders interpretiert.

Wenn einem das Fell über die Ohren gezogen wird,
ist das Ausdruck einer neuen Eis-Zeit!

Obwohl seine Lebensabschnittsgefährtin nur noch Magermilch-Joghurt aus entrahmter Milch verzehrt, geht sie auseinander. –
Wie ein Pfannkuchen.

Liebe geht durch den Wagen.

Der Augenblick ist doch nur Notbehelf.

Ungerecht:
Echtes Geld – für falsche Zähne!

Was macht eine Frau mit (ihren) zwei Männern? –
Sie überlebt sie.

Alle Achtung!
Deutscher Erfindergeist erweckt uralte Technik
wieder zum Leben. – Schön-Färberei!

Wie sagte Uschi Glas? „Ich kann nicht mehr mit
meinem Mann unter einem Dach wohnen.“ –
Ja, wer im Glas-Haus sitzt …

Käfer im Deutschen Bundestag. –
Muss man den nicht schließen?

Blume im gelben Papier

S-Bahnhof Berlin-Tempelhof. Es ist sieben Uhr und zwölf Minuten. Alles hastet. Ich gehe langsam.

Am Ende der Treppe steht eine junge Frau. Ein junger Mann spricht sie an. „Ich habe Sie schon oft gesehen. Bisher fehlte mir immer der Mut, Sie anzusprechen. Sie gefallen mir."

Die junge Frau trägt einen roten Anorak. Ihr blasses Gesicht rötet sich leicht.

„Diese Blume", fährt ihr Gesprächspartner fort, „möchte ich Ihnen geben." Er überreicht ihr eine in gelbes Papier gehüllte Blume.

Wortlos nimmt die jugendfrische Dame diese entgegen.

Der Blumenspender sagt noch einige belanglose Worte. Dann geht er auf die Straße. Die Schwingtür pendelt. Vergnügt pfeift er vor sich hin.

Die junge Frau sieht ihm nach. Sie geht die Treppe hinauf. In der Hand die Blume im gelben Papier.

Zwiebeln, die im Wasser wachsen

Ihm träumt, er geht an alten Holzhäusern vorbei. Die Straße entlang. Bis an einen Weiher.

Darin schwimmt ein Hund. Der Hund taucht unter. Dann taucht er wieder auf. Er schwimmt ans Ufer. Er verlässt den Teich und schüttelt sich. In seinem Maul etwas Grünes.

Eine Frau – seine Herrin – sagt: „Er frisst gern Zwiebeln, die im Wasser wachsen."

21. Februar 2002

Leiser Abschied

Meine Frau Annelies und ich betreten am frühen Vormittag den Waldfriedhof Zehlendorf, 14109 Berlin, Potsdamer Chaussee 75. Die Sonne scheint. Uns fröstelt. Kalter Wind. Links, neben dem Eingang, ein braunes Holzschild. Der Pfeil darauf weist den Weg. Zum Grab von Willy Brandt.

Wir sehen eine Glocke, die Patina angesetzt hat. Sie hängt zwischen zwei hohen Betonpfeilern. Wir biegen links ein. Das Wasser im runden Brunnen an der Weggabelung trägt eine Eisschicht. Sie zeigt Naturmuster, die jedem Designer zur Ehre gereichten. In unmittelbarer Nähe der Kapelle: der Ehrenhain der im Zweiten Weltkrieg gefallenen italienischen Soldaten. Auf einer der vielen Steinplatten ohne Namen liegt ein Lebensbeweis. Eine langstielige Teerose.

Am Grab von Willy Brandt: Sonnenlicht bricht sich in Steinkristallen des Grabsteines. Dadurch hebt sich die Inschrift seines Namens besonders hervor.

Dahinter: die Grabstelle von Ernst Reuter und seiner Ehefrau. Mir ist, als hörte ich seine Stimme: „Ihr Völker der Welt, schaut auf *diese* Stadt ...“

Einen Steinwurf weiter stehen wir dann am Grab der letzten großen deutschen Diva – Hildegard Knef. Rotrosenberegnet ist es. Ein Kranz mit weißer Schleife. Eine schwarze Stoffschleife mit goldfarbener Inschrift: *In stillem Gedenken ...*

„Der Mensch an sich ist einsam ...“, höre ich gegenwärtig nah ihre Stimme. Einsam wie sie, denke ich. Trotz ihrer oder gerade wegen ihrer großen Erfolge. Jeder geht seinen Weg. Allein. Und den letzten sowieso. Muss ihn allein gehen!

Inzwischen stehen zwei ältere Frauen neben uns. Verneigen sich schweigend.

Eine zartrosa Rose, in Zellophan gewickelt, und ein überdimensionaler Strauß dunkelroter Rosen finden erst jetzt meine Aufmerksamkeit. „Für mich soll's rote Rosen regnen, mir sollten sämtliche Wunder begegnen ..." Wieder ihr unnachahmlicher Gesang.

Hier hat sie jetzt *ihre* Ruhe. Sie ist angekommen.

Sie befindet sich in guter Gesellschaft.

Rechts neben ihrem Grab lese ich: *Wer an Jesus glaubt, der wird leben, wenn er stirbt (Johannes 11,25).* Ein *Willy FRANZ, geb. 8. 8. 1913, gest. 26. 8. 1996,* hat ihn sich als Leitspruch auserkoren, wie auf seinem Grabstein steht.

Eine Grabstätte weiter rechts sehe ich einen weißen Engel. *Ulrich Schamoni,* lese ich auf dem Grabstein, der sich links von dem Engel befindet. Ein Bild zeigt Schamoni mit Filmkamera. Auf dem Grab, in Stein gemeißelt: *LOVE.*

Fast am Fußende des Grabes: ein Buch. Aus weißem Marmor. Aufgeblättert. Auf der linken Seite drei Fotos. Lebensphasen Schamonis: drei Lebensalter.

Auf der rechten Seite die Worte:

MEIN LEBEN

MEIN LEBEN
EIN LEBEN IST ES KAUM
ICH GEH DAHIN ALS WIE IM TRAUM
WIE SCHATTEN
HUSCHEN MENSCHEN DAHIN
EIN SCHATTEN
DAZWISCHEN ICH SELBER BIN
UND IM HERZEN TIEFE MÜDIGKEIT
ALLES SAGT MIR: ES IST ZEIT

Annelies und ich gehen zwei Gräber nach links. Zur Granddame Hildegard Knef. Bedanken uns. Für den „geschenkten Gaul", für ihre unverwechselbaren Lieder, die wir öfter hören, für die „Sünderin“ und und und …

Die Birke am Grab lässt zartes Grün erahnen. Eine Amsel hüpft am Boden.

Am Friedhofsausgang kommen uns Leute entgegen. Ohne Gießkannen und Harken. Auf dem Weg, den wir zuvor gingen?

Auf der Straße hören wir das anhaltende Zirpen eines Vogels. Aus Richtung Hildegard Knefs Grab. Leiser Abschied.

Berlin, 3. März 2002

* *
*

Siebenter Februar 2002

Um 14 Uhr vierzig spricht ein Reporter im *Spree-Radio 105 Punkt 5*: „Wir melden uns vom Waldfriedhof Zehlendorf. Von der Beisetzung der letzten großen deutschen Diva – Hildegard Knef. Gerade als ein Sargträger sagte: ‚Ruhe in Frieden‘, fing es an zu schütten.“

Klaus Paulsen

Neuzeit-Märchen

Aus: „Schlitzohr mit Heiligenschein. Porträt und Erfahrungsbericht eines ehemaligen Parteisekretärs der SED“

Die UNO hatte Experimente für Selbstverwaltungen beschlossen. Der DDR wurden fünf Beispiele zur Erprobung von neuzeitlichen Selbstverwaltungen angeboten. Der Betrieb Projektierung des Tiefbaukombinates Berlin wurde als Beispielbetrieb in der Kategorie 300 bis 500 Beschäftigte ausgewählt. Von der UNO wurden die Spielregeln vorgegeben, zwei Berater abgestellt. Das Einverständnis des Tiefbaukombinates und des Magistrats von Berlin lagen vor. Vor Beginn des Experimentes mit der Selbstverwaltung musste noch eine Befragung aller Beschäftigten erfolgen. 75 Prozent der Belegschaft mussten mindestens zustimmen, sonst würde ein anderer Betrieb ausgewählt. Die zwei UNO-Beobachter, der Schweizer Wilhelm Tell und der Österreicher Johann Strauß, führten die Befragung durch. 95 Prozent der Belegschaft waren für das Experiment. Unser Betrieb wurde zum Erprobungsbetrieb erklärt. Jetzt erfolgte die Loslösung vom Kombinat, jetzt wurden alle gesellschaftlichen Organisationen aufgelöst, die bisherigen Mitgliedschaften ruhten, eine Eröffnungsbilanz wurde erstellt. Jeder Kollege bekam ein Büchlein mit den Spielregeln und musste eine Erklärung unterschreiben, dass er die Spielregeln anerkennt und alle Konsequenzen akzeptiert. Jetzt wurden die Vertreter für den Gesellschaftlichen Rat des selbstverwalteten Betriebes gewählt. Die Lehrlinge, die Technischen Zeichner und Teilkonstrukteure, die Absolventen und Jungingenieure, die Fachingenieure, die Abteilungsleiter und Chefingenieure, die Bereichsleiter, die Fachdirektoren, die Vertreterin der Frauen und der Vertreter der Jugendlichen bestimmten ihre Vertreter im Gesellschaftlichen Rat. Die Wahlen fanden geheim statt, immer unter Aufsicht der UNO-Vertreter, betriebsfremde Personen durften weder die Wahlen beobachten noch vorbereiten. An den Wahlen mussten mindestens 75 Prozent der Kollegen teilnehmen. Gewählt war der Kollege mit der absoluten Mehrheit. Ich wurde als Vertreter der Gruppe der Abteilungsleiter und Chefingenieure gewählt. Hatte somit meinen Sitz im Gesellschaftlichen Rat bekommen. Nachdem alle Vertreter in den Gruppen gewählt waren, konstituierte sich der Gesellschaftliche Rat. Die Mitglieder des Gesellschaftlichen Rates mussten nun aus ihrer Mitte den Vorsitzenden wählen. Hier galt ebenfalls die absolute Mehrheit. Neun Mitglieder hatte der Rat, fünf Mitglieder mussten für den Vorsitzenden stimmen. Die Wahl erfolgte geheim, natürlich unter Aufsicht der UNO-Vertreter. So wurde auch der Papst gewählt, es war sehr spannend. Jedes Mitglied konnte als Kandidat für den Vorsitz gewählt werden. Jeder Kandidat musste sich noch mal vorstellen, seine Vorstellungen für die Arbeit als Vorsitzender des Gesellschaftlichen Rates erläutern. Ich sagte nur, dass ich als „sozialistischer Pfaffe“ die Arbeit gestalten würde, eine Erfahrung von acht Jahren einbringen kann, meine rauhe und herzliche Art bekannt ist. Es gab eine Überraschung, ich wurde mit sieben Stimmen gewählt. Der Vorsitz wurde mir übertragen, die Leitung der Vollversammlung lag nun in meinen Händen. Die Vollversammlung konnte stattfinden. Der Ablauf, die Prozeduren, die Protokollierung und die Überwachung der Rechtmäßigkeit waren vorgegeben. Zwei Notare vom Staatlichen Notariat waren zusätzlich anwesend. Es war die Atmosphäre einer Aktionärs-Hauptversammlung. Jeder Kollege hatte eine Stimme mit einer entsprechenden Registriernummer. 495

Kollegen waren anwesend, waren stimmberechtigt. Es erfolgte die Wahl der betrieblichen Funktionen, beginnend mit dem Betriebsdirektor. Siegessicher stellte sich Lothar Ratte zur Wahl, erläuterte sein Konzept und bat um das Vertrauen und die Stimmen der Kollegen. Bevor die Wahl begann, erteilte ich allen Mitgliedern des Gesellschaftlichen Rates das Wort, um ihre Meinung zu hören. Die Mitglieder des Gesellschaftlichen Rates hatten sich in ihrem Kreis vorher beraten und wurden von ihren Kollegen bevollmächtigt, so zum Beispiel die Interessen der Frauen oder der Jugendlichen vorzutragen. Aus den Erfahrungen mit dem Schiffsrat gelernt, durfte als Erste die Vertreterin der Lehrlinge sprechen. Das junge Mädchen trug ihr Herz auf der Zunge, ohne Umschweife sprach sie sich im Namen aller Lehrlinge gegen Lothar Ratte aus. Die Begründungen, wie herzlos, arrogant, selbstherrlich, unkollegial, egoistisch, diktatorisch usw., schlugen wie eine Bombe ein. Der Damm war gebrochen, nur die bisherigen Fachdirektoren schickten ihren Vertreter im Rat als Feuerwehr und Retter in der Not ins Rennen. Die Anhörung war zeitlich begrenzt, die Wahl erfolgte. Es knisterte in unserer Kantine, über 500 Personen in dem Raum. Der Schweizer Wilhelm Tell verkündete das Wahlergebnis. Von 495 Wahlberechtigten hatten sich 375 Kollegen gegen die Kandidatur von Lothar Ratte ausgesprochen. Der Saal kochte. Die Kollegen sprangen auf, klatschten und fielen sich in die Arme. Ein Despot war demokratisch abgewählt worden. Die Notare stellten das Entlassungsschreiben aus. Lothar Ratte musste zu mir kommen, sein Entlassungsschreiben entgegennehmen und seine Wahlkarte abgeben. Er war somit nicht mehr Angehöriger des Betriebes, hatte kein Stimmrecht und durfte als Gast auf einem Gästeplatz die weiteren Wahlen verfolgen. Die Augen vom Lothar Ratte sagten mir alles. Diese Niederlage hatte er nicht erwartet, an eine öffentliche Abstrafung nie gedacht. Er sah in meinen Augen die Freude über die verdiente Ablösung. Die Wahlen gingen zügig weiter. Der Stellvertreter des Betriebsdirektors und Direktor für Produktion, Gernot Schwalbe, Freund des Hauptdirektors, wurde noch vernichtender abgewählt. Dem Direktor für Technik, dem Mister Unsinn, erging es genau so. Dem Direktor für Ökonomie und dem Hauptbuchhalter fehlten auch die notwendigen Stimmen. Wir mussten eine Beratungspause einlegen, denn die Belegschaft hatte soeben die Direktoren abgewählt. Die UNO-Berater mussten mich jetzt beraten, die weiteren Schritte vorschlagen. Aus der Gruppe der Bereichsleiter musste in diesem Fall der neue Betriebsdirektor vorgeschlagen werden. Die Gruppe musste sich zurückziehen und in fünf Minuten ihren Kandidaten präsentieren und für die Wahl vorschlagen. Der Bereichsleiter aus dem größten Bereich, Klaus Baumann, wurde vorgeschlagen. Bei der anschließenden Wahl wurde er mit 350 Ja-Stimmen gewählt. Vom Notar wurde das Ernennungsschreiben aufgesetzt. Ich beglückwünschte Klaus Baumann zu seiner Wahl zum Betriebsdirektor und bat ihn, im Gesellschaftlichen Rat seinen Platz einzunehmen. Die anderen Direktorenposten wurden zur Ausschreibung freigegeben. Die Wahl der Produktionsbereichsleiter erfolgte ohne Probleme. Veto-Rechte hatten nur der Vorsitzende des Gesellschaftlichen Rates, der Vertreter der Jugendlichen und die Vertreterin der Frauen. Bei der Abwahl von Kollegen waren auch 75 Prozent der Wahlberechtigten erforderlich. Bei Behinderten, allein stehenden Frauen mit Kindern, Frauen ab 55 Jahren und Männern ab 60 Jahren mussten sich 90 Prozent der Kollegen gegen einen Verbleib im Betrieb aussprechen, um ein Ausscheiden, eine Kündigung zu erreichen. Alle abgewählten Kollegen bekamen noch sechs Monate ihr Gehalt vom Betrieb, mussten sich aber eine neue Stelle suchen. Bei der Wahl eines Abteilungsleiters, dem Kollegen Lothar Rubel aus dem

Verkehrsbau, legte ich mein Veto ein. Ich bat die Vollversammlung, den Fall Rubel besonders zu bewerten, und begründete mein Veto. Lothar Rubel war ein guter Fachmann und guter Geldmacher. Im vergangenen Jahr hatte er 8000 Mark Vergütungen für Neuererleistungen bekommen, in den Jahren davor waren die Zahlungen ähnlich. Der Fuchs legte gewieft die Neuererverordnung aus, verschaffte sich somit ständig eine zusätzliche Einnahmequelle. Um die geforderten Kennzahlen im Neuererwesen zu erreichen, wurde es geduldet, wurde der Edelganove noch belohnt. Ich hatte eine andere Auffassung von den Aufgaben eines Abteilungsleiters und wollte zur Vollversammlung diese Machenschaften für Ingenieure ab Gehaltsgruppe J IV abschaffen. Im Kombinat gab es da noch bessere Spezis. Die ausgeschlafenen Jungen, überwiegend Technologen in den Baubetrieben, schafften ihre Arbeiten in der halben Arbeitszeit, hatten dann genügend Zeit, die Bauunterlagen nach Fehlern und Verbesserungen zu durchsuchen. Als ehemaliger Leiter der Arbeitsgruppe Wissenschaft und Technik hatte ich mir eine Liste mit den jährlichen Honoraren und Vergütungen anfertigen lassen. Lothar Rubel war bei den Leuten mit 5000 bis 10 000 Mark jährlich und über viele Jahre. Eine Hand voll Edelganoven war in der Gruppe von 10 000 bis 50 000 Mark. Ich kannte die Jungs alle persönlich, hatte unter vier Augen die Fabel vom Fuchs und Wolf erzählt. Ein Technologe hatte den Spitznamen Pluto. Von gesellschaftlicher Arbeit hielt diese Gilde gar nichts, aber zum 1. Mai war immer eine Gelegenheit, mit mir einen Plausch zu machen. Die Jungs wurden bei dem Kennziffern-Beschiss im Neuererwesen gebraucht, die kannten die Lücken in der Neuererverordnung, hatten sogar bei Gerichtsverhandlungen gewonnen. Aber in unserem Experiment mit der Selbstverwaltung hatte so ein Beschiss nichts mehr zu suchen, da musste aufgeräumt werden. Da durfte Lothar Rubel nicht weitermachen können. Ich schlug vor, Lothar Rubel eine Probezeit von einem halben Jahr zu geben, zur Bewährung und Wiedergutmachung. Ich musste Lothar Rubel auch verteidigen, denn er hatte dem Betrieb nicht geschadet, wir hatten durch die Aktivitäten von Lothar Rubel unsere Kennziffern im Neuererwesen erfüllt, den Prämienfonds gesichert usw. usw. Viele Kollegen erfuhren von diesem Absahnen zum ersten Mal, waren erbost und empört. Lothar Rubel hat gerade noch die Hürde genommen, zehn Stimmen weniger und die Betriebszugehörigkeit wäre verloren gegangen. Einen Freund hatte ich mir dadurch nicht gemacht. Aber jetzt kamen erst die harten Brocken. Wir hatten in unserem Betrieb einen Haufen Sozialisten-Schrott. Wenn die Kombinatsleitung mit einem Kollegen nichts anfangen konnte, weil er für viele Arbeiten zu dumm und unfähig war, dann wurde diese Person in die Projektierung abgeschoben. Alkoholiker und Berufsversager waren darunter. Diese Leute tummelten sich in Abteilungen des Direktors für Technik oder beim Ökonomischen Direktor. Jetzt begann in der Hauptversammlung das große Ausmisten. Die einzelnen Kollegen mussten ihre Arbeitsergebnisse des letzten Jahres für den Betrieb vortragen, der Vertreter im Gesellschaftlichen Rat gab seine Stellungnahme ab und die Wahl erfolgte. Es war verheerend, wie viele Kollegen nichts für den Betrieb geleistet haben, dafür Gehalt bezogen und gar nicht merkten, dass das eigentlich nicht in Ordnung war. Die gewählten Vertreter gesellschaftlicher Organisationen, SED, FDGB, FDJ, KDT, ABI, wurden davon ausgenommen, diese durften sich innerhalb der nächsten sechs Monate um freie Stellen im Betrieb bewerben. Die zwei schwer behinderten Kollegen wurden ohne Wahl sofort übernommen. Es fielen aber sehr viele Kollegen durch das Netz. Zum Schluss der Vollversammlung waren von den 495 Wahlberechtigten nur noch 375 Kollegen übrig geblieben. Die Notare bestätigten die Ordnungsmäßigkeit der Wahlen, die rechtskräftigen Entlassungsschreiben und den Ausschluss des Rechtsweges. Die UNO-Vertreter hielten eine kurze Ansprache und wünschten uns viel Erfolg bei der Arbeit.

Amerika

Unsere zwei UNO-Beobachter waren mit unserem Betrieb zufrieden. Wir hatten nach ihrer Meinung die Selbstverwaltung im Griff. Es gab mit uns keine Probleme. Wir sollten dafür eine Auszeichnung bekommen. Wir durften mit dem gesamten Gesellschaftlichen Rat eine Reise in ein Land unserer Wahl unternehmen. Bedingung war, dass wir unseren Urlaub dafür nehmen und uns an den Kosten beteiligen. Die Reise durfte aber nicht länger als 14 Tage dauern. Vier Wochen nach Bekanntgabe unseres Reisezieles könnten wir die Reise antreten. Es wäre schön, wenn für das Experiment der Selbstverwaltung einige Erfahrungen abfallen. Was tun? Der Gesellschaftliche Rat wurde kurzfristig zu einer Sondersitzung einberufen, ich verkündete die frohe Botschaft und beschloss, einen Schiffsrat abzuhalten. Der Schiffsrat sollte das Reiseziel erarbeiten. Unser Lehrling hatte das Wort. Amerika wurde vorgeschlagen. Die Absolventin kam an die Reihe. USA wurde präzisiert. Die Vertreterin der Jugendlichen wollte nach Florida. Die Vertreterin der Frauen wollte nach New York. Es ging hin und her. Wir einigten uns auf den Besuch von Indianerreservaten, wegen der Selbstverwaltung. Wählten den Westen der USA, weil wir da weiter weg sind, wählten eine Busreise ab San Francisco über Las Vegas bis Los Angeles. Die Begründung der Reise wurde mir überlassen, da ich im Berichteschreiben und der Industrie-Lyrik Erfahrungen hatte. Die UNO-Vertreter akzeptierten unseren Vorschlag. Vom Außenministerium erhielte ich Besuch, ein Herr Erich Müller stellte sich als Reiseleiter für unsere USA-Reise vor. Erich Müller machte uns mit den Spielregeln für einen USA-Besuch vertraut. Vorher durfte ich seine Fragen über alle Teilnehmer beantworten. Mir war klar, dass das unser Aufpasser war. Bauchschmerzen hatte ich nur bei unserem Lehrling, für den konnte ich meine Hand noch nicht ins Feuer legen bezüglich der Möglichkeit zur Republikflucht. Erich Müller sprach mich unter vier Augen mit Du an, da ich ja bis vor ein paar Wochen noch ein guter Genosse war, meine Mitgliedschaft nur ruhte. Ich versprach Erich Müller, in einer Woche meine Meinung zum Lehrling zu sagen, versicherte ihm, dass er auf mein Urteil vertrauen kann. In unserem Betrieb ist bisher noch kein Kollege abgehauen. Erst mal vergatterte ich den gesamten Gesellschaftlichen Rat. Ich machte allen klar, dass durch eine Republikflucht das Experiment Selbstverwaltung gestorben ist, alle jetzt schon erreichten besseren Bedingungen, im Vergleich zum Kombinat, flöten gehen. Wir haben auch eine Verantwortung gegenüber unseren Kollegen, wenn es auch keine 500 mehr sind. Meine Pappenheimer kannte ich, unsichere Kantonisten waren eigentlich nicht darunter. Dem Rat verkündete ich, dass ich mich mit dem Lehrling gesondert unterhalte, da müssen nicht alle zuhören. Wir spielten auch durch, ob uns eine Falle gestellt werden sollte, ob sich die DDR blamieren sollte, es gab viele Möglichkeiten, uns ein Bein zu stellen. Wir sollten die Reise geschlossen antreten und auch wieder geschlossen im Betrieb ankommen, vielleicht noch eine zweite Reise unternehmen. Die Worte wurden verstanden. Den Lehrling bestellte ich zu mir zu einem Gespräch mit ihrem Freund. In meiner Zeit als „sozialistischer Pfaffe" haben sich schon mehrere junge Kollegen bei mir ausgeheult, Rat gesucht und Rat bekommen. Unser Lehrling kam mit ihrem Freund in mein Büro, es war das alte Parteibüro. Ohne Umschweife fragte ich den Freund, ob seine Angebetete bei der Amerikareise abhauen will, was er davon hält? Der junge Mann musste erst mal Luft holen, dem Lehrling standen schon beinahe die Tränen in den Augen. „Ihr habt die Prüfung bestanden“, sagte ich. Die Augen konnten nicht lügen, da war Zuneigung, da war Vertrauen und eine erste kleine Liebe. Dem jungen Mann schüttelte ich die Hand, versprach, auf seine Kleine aufzupassen und sie gesund und munter wieder in Berlin bei ihm abzuliefern. Wie zwei gut erzogene Kinder verabschiedeten sich die zwei von mir, als ob ich ihr Vater wäre. Erich Müller kam unangemeldet in mein Büro und fühlte mir auf den Zahn. Solche Gespräche kannte ich, die Fragen waren nicht neu. Ich versicherte Erich Müller, dass ich für alle Kollegen der Reisegruppe aus unserem Betrieb die Hand ins Feuer lege, dass keiner abhaut. Mit Begründungen hatte ich noch nie Probleme. Er vertraute mir und benannte den Termin für die Abreise. Jetzt brach das Reisefieber aus. In 14 Tagen sollten wir mit einem Angehörigen in das Außenministerium kommen, da werden uns von einem Stellvertreter des Außenministers die Reisedokumente übergeben, da erfolgt im Beisein von Vertretern der UNO der Start für die Reise in die USA. Wo Licht ist, ist auch Schatten. Es gab auch Neider, einige gönnten uns die Reise nicht. Wir haben daher als Gesellschaftlicher Rat beschlossen und an der Wandzeitung verkündet, dass maximal nur zwei Reisen für die Mitglieder des Rates möglich sind, noch viele Kollegen zukünftig für solche Reisen in Frage kommen. Es ist keine Dienstreise, alle nehmen dafür ihren Urlaub. Es ist auch eine Auszeichnung für den gesamten Betrieb, die Vertreter für den Gesellschaftlichen Rat wurden auch demokratisch gewählt, alle sechs Monate findet eine Vollversammlung statt, als Kandidat kann sich jeder Kollege aufstellen lassen, da gelten keine Privilegien, Beziehungen oder Schiebungen. Die Volksseele beruhigte sich, die Argumente waren wasserdicht. Wir erschienen im Außenministerium, jeder hatte einen Koffer mit maximal 20 Kilogramm Gewicht, unsere Angehörigen hatten sich herausgeputzt und verabschiedeten uns mit traurigen Gesichtern, sie wären gern mitgefahren. Reden wurden gehalten, wir waren Repräsentanten der DDR und trugen jetzt als UNO-Delegation eine hohe Verantwortung. Feierlich bekamen wir grüne Dienstpässe mit USA-Visum und das Taschengeld in Dollar. Der Herr Erich Müller wurde zu unserem Reiseleiter ernannt, der alle Reiseangelegenheiten regelt. Die UNO-Vertreter aus unserem Betrieb gehören auch mit zur Reisegruppe. In den USA wird uns für die Dauer unserer Reise ein Kleinbus der UNO zur Verfügung gestellt. In den USA bekommen wir von der UNO noch einen Reiseleiter, der berechtigt ist, die Indianerreservate zu betreten, der uns aber auch als Reiseführer zur Verfügung steht. Ein Reisebus stand vor dem Ministerium, wir verabschiedeten uns von unseren Angehörigen und stiegen in den Bus. Wir fuhren zum Übergang Heinrich-Heine-Straße. Erich Müller war da bekannt. Ab zum Flugplatz Tegel. Seit der Mauer war ich nicht mehr in Westberlin gewesen. Tegel kannte ich auch nicht. Mit unseren Dienstpässen, USA-Visum und UNO-Begleitung kamen wir schnell durch Zoll und Passkontrolle. Mit einem US-Vogel flogen wir nach Frankfurt am Main. So groß hatten wir uns den Flugplatz nicht vorgestellt. Jetzt stiegen wir in einen noch größeren Vogel, es ging über den großen Teich. Wir konnten es nicht glauben, dass ausgerechnet wir das Glück hatten, über den großen Teich in die USA fliegen zu dürfen. Alle strahlten, einige witzelten schon über das nächste Reiseziel. Die zwölf Stunden vergingen sehr schnell, alles musste besichtigt, bewundert werden. Wir hatten billige Plätze, das war egal. Unsere Schweizer und Österreicher saßen in einer besseren Klasse, dafür besuchten sie uns Naive ein paar Mal. In San Francisco landeten wir am Morgen, entsprechend der Ortszeit. Die Einwanderungsbehörde quetschte uns Exoten richtig aus, aber Erich Müller und die UNO-Vertreter konnten die Eifrigen davon überzeugen, dass wir in 14 Tagen die USA wieder verlassen. Nach den Einreiseformalitäten konnten wir den Flugplatz verlassen, wir wurden schon erwartet. Mit einem UNO-Plakat in den Händen winkte uns ein junger Mann zu einem Kleinbus mit UNO-Kennzeichnung. Der junge Mann war unser Reiseführer, war Schweizer Staatsangehöriger, hatte USA-Geschichte studiert und sich auf Indianer spezialisiert. Er stellte sich als Rudi Alm vor, wir durften ihn Rudi nennen und alle Fragen stellen, die wir wollten. Für den ersten Tag war San Francisco vorgesehen. Jeder bekam eine Mappe mit Karten, Reiseverlauf, Beschreibung von Land und Leuten, kleine Verhaltensregeln, Hinweise auf Gefahren, Diebe, Penner und leichte Mädchen. Für den Bus wurden die Spielregeln bekannt gegeben. Jeden Tag ist im Uhrzeigersystem eine Sitzreihe weiter der Platz einzunehmen. Wir sind hier nicht in Europa, wo jeder ständig seinen Platz behält, hier bekommt jeder jeden Tag einen anderen Platz, das ist gerechter, da gibt es keine Vor- und Nachteile. Die Zimmerzuteilung wurde auch festgelegt. Die vier Frauen bekommen zwei 2-Bett-Zimmer, die sechs Männer zwei 3-Bett-Zimmer. An den Kofferanhängern ist diese Einteilung zu vermerken, die gilt für die gesamte Reise. Chinesenviertel, Straßenbahn, Hafen, große Brücke. Wir konnten die vielen Eindrücke so schnell gar nicht verkraften. Wir konnten es auch nicht fassen, in den USA zu sein. Mit Reiseführer waren wir eine Truppe von 13 Personen, da musste aufgepasst werden, das keiner verloren geht. Die unterschiedlichen Interessen unter einen Hut zu bekommen, war auch nicht einfach, wir mussten Kompromisse machen. Bauwerke für die Männer, Bummel durch die Kaufhäuser für die Frauen. Erich Müller war bereit, die Frauen zu führen, er kannte sich in der Stadt aus, wir Männer blieben bei Rudi Alm. Am Abend waren wir kaputt, wir hatten ein bescheidenes Hotel. Am nächsten Tag begann die Reise mit dem Bus durch Kalifornien. Teilweise mussten Schneeketten angelegt werden. Rudi Alm war ein guter Reiseführer. Es soll hier kein Reisebericht abgegeben werden. Abends waren unsere Koffer schon auf den Zimmern, die Organisation klappte hervorragend. Die Stimmung in der Truppe war sehr gut. Wir fuhren durch Nevada, Utah, Arizona. Im Navajo-Reservat besuchten wir Indianer. Das eigentliche Ziel unserer Reise, jedenfalls auf dem Papier. Wir waren von den vorgefundenen Lebensbedingungen enttäuscht. Solche beschämenden Zustände, solche erbärmlichen Verhältnisse. Die Zelte, die Hütten, die Kinder, die Tiere. Wie im Museum, Touristenattraktionen, keine richtige Arbeit. In den Gesichtern der Indianer war zwar Stolz zu erkennen, eine korrekte stramme Haltung, geschmückte festliche Kleidung. Aber hinter der Fassade die Armut, das Elend, keine Zukunft. Wir unterhielten uns über unsere Reiseführer mit einigen Häuptlingen, stellten Fragen. Kinder, Schule, Krankheiten, Geld, Tiere, Behausung, Winter, Junge, Alte, Kranke. Eins mussten wir lernen: Die Sorge um die Alten, die Einbeziehung der Alten, war gut geregelt. Die Alten gehörten zum Stamm. Wurden nicht abgeschoben, sie wurden verehrt und noch gebraucht. Meine Mitreisenden beruhigte ich, sie brauchen sich keine Sorgen zu machen, für einen Bericht reicht es, ich habe meine Notizen gemacht. Freundlich wurden wir verabschiedet, Fremde verirren sich selten hierher, die Ausgestoßenen merken es gar nicht mehr. Die Pflichtübung war erfüllt, der Aufhänger für die Reise. Jetzt konnte die Erkundung der Neuzeit beginnen. Mit Geld waren wir knapp versorgt. Für große Sprünge reichte es nicht. Beim Essen wurde gespart, große Geschenke konnten auch nicht gekauft werden. Wir deckten uns mit Steinen aus dem Tal des Todes, Muscheln von Stränden, großen Tannenzapfen und Datteln ein. Stundenlang fuhren wir durch die Wüste und wie eine Fata Morgana tauchte Las Vegas auf. Wir hatten ja alle keine Vorstellung von Las Vegas. Die Größe, die großen Hallen mit den Spielautomaten, die vielen Hotels in verschiedenen Formen, die Beleuchtung bei Nacht, die Attraktionen, die Leute, der Betrieb auf den Straßen, eine verrückte Welt. Zu den Indianern wie Tag und Nacht. Phoenix, Los Angeles, es wurde immer verrückter. Hollywood war der Gipfel. Die Straße mit den Fußabdrücken und das Filmstudio. Klamauk, Klamauk an jeder Ecke. Ein Bus fällt auf einer Brücke in die Tiefe, man sitzt mit drin, Wasserbomben explodieren, eine U-Bahn-Station erlebt ein Erdbeben, man wird durchgeschüttelt und in Minuten ist der Tunnel wieder in Ordnung. Die Reise verging für uns wie im Rausch, wir konnten es so schnell nicht fassen. Wir konnten auch unser Glück nicht fassen, die Reise überhaupt antreten zu dürfen. Der Tag der Abreise nahte. Auf dem Flugplatz von Los Angeles wurden auch die Anzeigen nach Hawaii gelesen. Wir flachsten rum, eigentlich hätte Hawaii auch mit zu unserem Reiseprogramm gehören können.

(Eine persönliche Anmerkung: Ich war in Hawaii, kam aus dem Wasser und trocknete mich ab. Beim Abtrocknen bemerkte ich eine junge Frau, die mich richtig anstarrte und sich dabei fürs Baden auszog. Sie hatte nur noch den Bikini an und kam auf mich zu. Ich dachte, na was soll das, sieht die nicht, dass ich schon ein älterer Knacker bin? „Sind Sie nicht der 1.

Bauleiter von den Tiefbauern aus Kriwoi Rog? Ich war dort als Köchin, erkennen Sie mich nicht mehr? Ich war in der Großkantine im Baufeld Filtration. Ich habe Sie besonders in den Nachtschichten bedient." Ich musste überlegen, als Köchin hatte sie immer eine Haube oder Mütze auf. Ich erkannte meine ehemalige Kollegin. „Da wurden alle mit Du angesprochen. Ich bin der Klaus, was machst du hier?" – „Ich habe in der vorigen Woche geheiratet, einen Maurer vom Industriebau, der war auch in der Ukraine, der kennt dich sehr gut. Die Tiefbauer haben große Stücke auf ihren 1. Bauleiter gehalten. Und nun rennt der mir hier über den Weg. Geheiratet haben wir in Los Angeles in der kleinen weißen Kirche, mit Pastor und allem Drum und Dran." – „Die Welt ist klein, erst waren wir im Verbannungsgebiet der Zaren, jetzt sind wir im Paradies. Ich wünsche euch viel Glück.")

Der Rückflug kam uns schon nicht mehr so lange vor. Noch waren wir in den Wolken, da setzte der Vogel schon in Frankfurt am Main auf. Umsteigen nach Tegel und wir waren in Westberlin. In Tegel war wieder ein Kleinbus für uns reserviert, der uns über die Übergangsstelle Heinrich-Heine-Straße nach Ostberlin brachte. Die Grenzkontrolle war problemlos, unsere Truppe reiste vollzählig wieder ein. Bevor wir die Kontrollstelle verlassen wollten, wurden erst mal unsere grünen Dienstpässe von Erich Müller eingesammelt. Wir wurden darüber schon beim Antritt der Reise informiert, dass die Pässe nicht als Privateigentum betrachtet werden dürfen und Eigentum des Außenministeriums sind. Ich gab als letzter Tiefbauer meinen Dienstpass ab. Erich Müller drückte mir noch mal fest die Hand und bedankte sich für die gute Zusammenarbeit bei allen Kollegen. Ich war auch froh, alle gesund, vollzählig und beeindruckt von der Reise auf ihre wartenden Angehörigen loszulassen. Mit Kind und Kegel waren unsere Angehörigen erschienen, das Wiedersehen war herzlich. Es war ein Freitag, am Montag begann wieder unsere Arbeit. Ich machte mir den Spaß, unseren Lehrling mit ihrem Freund noch mal aufzusuchen, dem Freund zu versichern, dass ich ständig aufgepasst habe und kein Fremder eine Chance hatte. Wir waren froh, aber auch traurig, weil unsere Angehörigen nicht mitfahren durften. Die Geschenke fielen bescheiden aus, das Kleingeld für größere Geschenke hatten wir nicht, dafür schämten wir uns. Die Eindrücke sollten aber bleiben, Ansporn für weitere Reisen sein.

Israel

Im Betrieb wieder angekommen, musste der Bericht geschrieben werden. Unsere UNO-Betreuer bedankten sich beim Gesellschaftlichen Rat für die disziplinierte Reisegruppe. Es hatte keine Zwischenfälle und Vorkommnisse gegeben. Zwischen den Zeilen hörten wir heraus, dass wir ein unkomplizierter Betrieb sind, die jetzt bereits erzielten Ergebnisse mit der Selbstverwaltung positiv bei den zuständigen UNO-Gremien angekommen sind. Als Ergebnis der Reise richteten wir für unsere Senioren einen Clubraum in der Bibliothek ein. Hier konnten sie sich täglich von 10 bis 16 Uhr aufhalten, mit Kollegen plauschen, Literatur studieren und mit Rat und Tat jüngeren Kollegen zur Verfügung stehen. Es wurde eine Kaffeekasse eingerichtet, die Betreuung durch Kollegen aus der Bibliothek gesichert. Der Club wurde angenommen. Der Reisebericht wurde bestätigt. Der Schweizer Kollege war über den Bericht so erstaunt, die vielen Erfahrungen und Ergebnisse in dem Bericht hatte er bei der Reise gar nicht mitbekommen. Er bezeichnete mich als ein Schlitzohr in der Berichterstattung. Der Bericht durfte aber nicht weiter geschönt werden. Die Neider standen auf der Matte, sowohl im Betrieb als auch außerhalb des Betriebes. Wir hatten den gleichen Lohnfonds, aber ein Viertel weniger Arbeitskräfte. Nach dem halben Jahr waren die freigesetzten, die abgewählten Kollegen nicht mehr im Betrieb. Wir mussten als Gesellschaftlicher Rat die Notbremse ziehen. Die Abteilungen und Bereiche durften ihren erwirtschafteten Lohn selbst verteilen. Einige üppige Gehaltserhöhungen sollten erfolgen. Hier bestand die Gefahr, dass andere Betriebe im Kombinat oder im Berliner Bauwesen auf die Barrikaden gehen. Wir haben daher als Gesellschaftlicher Rat den Beschluss gefasst, dass maximal 150 Prozent der in Berlin üblichen Gehälter bezahlt werden dürfen. Eine Kommission wurde eingesetzt, die mögliche Zuwendungen an die Kollegen vorschlagen sollte. Die fällige zweite ordentliche Vollversammlung wurde einberufen. Alle Funktionen und die Betriebszugehörigkeit standen auf dem Prüfstand. Es wurde wie bei der ersten Vollversammlung verfahren. Der Gesellschaftliche Rat stellte sich zur Neuwahl. Im Vorfeld hatte bereits jede Gruppe ihre Kandidaten für den Gesellschaftlichen Rat ausgeguckt, jetzt erfolgten die Vorschläge. Ich wurde von meiner Gruppe wieder vorgeschlagen. Veränderungen gab es bei den Lehrlingen. Durch Abschluss der Lehre wurden neue Kandidaten gebraucht. Der Vertreter der Jugend hatte die Altersgrenze überschritten und musste ersetzt werden, ebenfalls für die Gruppe der Absolventen war Ersatz erforderlich. Der Gesellschaftliche Rat wählte seinen Vorsitzenden, ich war der einzige Kandidat, bekam alle neun Stimmen. Alle Leiter wurden wiedergewählt. Von den Kollegen behielten auch alle ihre Betriebszugehörigkeit, es brauchte keiner wegen fehlender Zustimmung durch die Vollversammlung entlassen zu werden. Wir waren 375 Kollegen. Nach erfolgreicher Vollversammlung verabschiedete sich der Kollege aus Österreich, seine Betreuung war nicht mehr erforderlich. Der Kollege aus der Schweiz kam auch nur noch zu besonderen Anlässen zu uns, wir waren in die Selbstständigkeit entlassen worden. Die Spielregeln wurden eingehalten und akzeptiert. Alles wurde protokolliert, nur mit Mehrheitsbeschlüssen wurde gearbeitet, jegliches Hineinregieren, Kommandieren und Befehlen gehörte der Vergangenheit an. Jetzt wurde die zweite Reise vorbereitet. Wir führten auch Gespräche mit dem Außenministerium, um auch Angehörigen die Teilnahme zu ermöglichen. Wir einigten uns auf Israel als Reiseziel, wir wollten die Erfahrungen eines Kibbuz studieren. Alles verlief wie bei der ersten Reise. Nur einen neuen Reisebetreuer bekamen wir vom Ministerium, auch sollten unsere UNO-Betreuer nicht mehr mitfahren. Unser neuer Betreuer war Horst Wolf, Spezialist für den Nahen Osten. Sechs alte und drei neue Teilnehmer waren wir. Der Vertreter der Lehrlinge war eine junge Mutter, es gab keine Probleme mit Kandidaten, die abhauen könnten. Horst Wolf war von der gleichen Fakultät. Der wusste über mich und die anderen Reisekandidaten besser Bescheid als wir selber. Die Namen wurden bestätigt, der Termin der Ausreise verkündet. Wir hatten schon Routine. Am Israel-Programm mussten wir noch feilen. Jerusalem ja oder Jerusalem nein, das war die Frage. Der Besuch von zwei Kibbuzim war selbstverständlich, ebenfalls ein Bad im Toten Meer. Verabschiedung wieder im Ministerium, gleiche Reden, aber auch ein wenig Lob für unser bisher so erfolgreiches Experiment mit der Selbstverwaltung. Freude über alte, aber auch neue Gesichter. Ziel war Tel Aviv. Der Flug war ein Katzensprung. Am hellen Tag über dem Mittelmeer Kreta, und die Landung erfolgte. In Tel Aviv, einige Nummern kleiner als San Francisco, empfing uns der Israeli Hans Glück. Seine Eltern mussten 1934 Hamburg verlassen. Er studierte Geschichte und Religion, war in meinem Alter. Sprach sehr gut Deutsch, war erfreut, dass eine UNO-Delegation sich für die Kibbuzim interessierte. Mit Bauleuten aus der DDR hatte er noch nie Kontakt, er freute sich auf uns. Bedingt durch angesagte Regenfälle in den nächsten Tagen schlug er vor, sofort zum Süden des Toten Meeres zu fahren, weil bei starken Regenfällen die Straßen am Toten Meer wegen Überflutung für mehrere Tage gesperrt werden können. Wir hatten wieder einen Kleinbus der UNO und fuhren an Jerusalem vorbei zum Toten Meer. Wir wurden auf Straßenschilder aufmerksam gemacht, welche die Tiefe unter dem Meeresspiegel anzeigten. 100 Meter, minus 200 Meter, minus 300 Meter und minus 400 Meter. Hier war unser erstes Ziel erreicht. Ein Ort mit zirka zehn Hotels, eine Oase in der Wüste. Das andere Ufer vom Toten Meer gehörte zu Jordanien. Wir kamen in ein bescheidenes Hotel. Zimmerverteilung wie gehabt. Belehrung über den Umgang mit dem Toten Meer. Nicht ins Wasser springen, Wasserkontakt mit den Augen vermeiden, nicht zu lange im Toten Meer aufhalten, Geländer benutzen. Für mich als Wasserwirtschaftler war ein Bad im Toten Meer schon immer ein Traum gewesen. Man schwimmt nicht, man schwebt. Die Beine gehen allein hoch, man hat Mühe, die Beine wieder in senkrechte Stellung zu bringen. Das Wasser fühlt sich an wie Öl. Die 400 Meter unter dem Meeresspiegel bedeuten eine andere Luft, mehr Sauerstoff, die Haut verbrennt nicht. Wir wollten aber zu einem Kibbuz. In Richtung Süden, am Ende des Toten Meeres, sind riesige Industrieanlagen, die Mineralien aus dem Toten Meer gewinnen. Dann ist nur noch Wüste. Wir fuhren Richtung Rotes Meer. Nach einigen Autostunden sahen wir schon Siedlungen. Wir fuhren in einen Kibbuz. Gepflegte Einfamilienhäuser, schöne Vorgärten, saubere Straßen und Parkanlagen. Große Gewächshäuser, riesige Kuhställe, Plantagen mit Wein, Südfrüchten und Blumenfelder. Wir fuhren zum Chef des Kibbuz. Unser Reiseführer kannte den Chef, sie hatten in der Armee zusammen gedient. Wir wurden durch den Ort geführt, die Einrichtungen für die Jugend wurde uns gezeigt. Freilichtbühne, Kino, Disko, Sportplatz, Tierpark. Ein kleines Krankenhaus, Altersheim, Seniorenclub, Museum, Synagoge, Hubschrauberlandeplatz. Wir fragten den Chef nach dem Erfolgsrezept. Die Antworten kamen wie aus der Pistole geschossen. Der Jugend eine Perspektive geben. Der Jugend die beste Ausbildung geben. Den jungen Paaren helfen beim Hausbau, mit Arbeit und bei finanziellen Schwierigkeiten. Gute gesundheitliche Versorgung. Betreuung der Alten. Kulturelle Veranstaltungen, kulturelle und sportliche Betätigung. Warum kann sich der Kibbuz so viel leisten, fragten wir. Weil bei uns das Leistungsprinzip eingehalten wird. Faulheit lohnt sich bei uns nicht. Nur Leistungen werden bezahlt, anerkannt und gewürdigt. Die Demokratie muss stimmen. Alle Beschlüsse werden offen gefasst, keine Schiebereien, Mauschelei, Vetternwirtschaft, Bestechung, Korruption und was es alles gibt. Die Demokratie wird ernst genommen. Wir waren beeindruckt, die vorhandenen Tatsachen haben uns überzeugt. Nun fuhren wir in einen anderen Kibbuz. Unser Reiseführer hatte die Route vorgeschlagen und wusste genau warum. Hier war das krasse Gegenteil zum ersten Kibbuz. Viele Häuser standen leer, waren verlassen. Schon die Straße machte einen schmutzigen Eindruck. Kaum noch Plantagen, verfallene Gewächshäuser, leere Ställe. Es war schwer, überhaupt den Chef aufzutreiben. Eine traurige Gestalt, das sollte der Chef sein? Der Kibbuz ist an seiner Demokratie und Gleichmacherei zugrunde gegangen. Es war mal festgelegt, dass alle Mitglieder im Kibbuz den gleichen Anteil am Gewinn bekommen. Die Faulen bekamen den gleichen Anteil wie die

Fleißigen. Dann muckten die Fleißigen auf, aber die Faulen bestanden auf ihrem Recht. Es gab nur noch Zank und Streit, die Arbeit wurde vernachlässigt, die Jungen hauten ab, die Talfahrt begann. Die Gemeinschaft war nicht in der Lage, das Schiff richtig zu steuern und immer auf Kurs zu halten. Die Leiter waren unfähig, keiner nahm das Zepter in die Hand, jeder wurstelte weiter. Unter gleichen Bedingungen solche Ergebnisse in zirka 25 Jahren. Wir hatten unsere Lektion bekommen. Das waren ehemalige europäische Juden, zu den afrikanischen Juden sind wir nicht gefahren, da sollen die Zustände teilweise noch chaotischer sein. Wir hatten eine Lehrstunde in Demokratie erhalten, wir hatten erfahren, wie eine Selbstverwaltung funktionieren und wie eine Selbstverwaltung gegen den Baum gefahren werden kann. Wir mussten alles erst mal verdauen. Unser Versuch war noch nicht mal ein gutes Jahr alt. Wo lagen die Gefahren? Wir konnten nur vom ersten Kibbuz lernen, aber was? Ich schrieb alle Eindrücke auf und fragte unserem Reiseführer Löcher in den Bauch. Gemeinsam legten wir unsere nächsten Schritte für Berlin fest. Leistungsprinzip, volle Eigenverantwortung, Förderung der Jugend, Auswahl der Besten, gesunden Wettbewerb und vieles mehr. Die Demokratie darf dabei nie auf der Strecke bleiben. In jedem Halbjahr müssen in der Vollversammlung alle Leiter Rechenschaft ablegen und sich der Wiederwahl stellen. Neue Stellen sind auszuschreiben und nur mit guten Leuten zu besetzen. Bei Unfähigkeit muss die Abwahl erfolgen. Das Experiment mit der Selbstverwaltung funktionierte. Und wenn sie nicht gestorben sind, so leben die Akteure noch heute.

Anke Pekarsky

Engelsgesicht

Sie hörte das Rauschen des Meeres, das Tosen der Brandung, die mit unheimlicher Kraft gegen das Riff geschleudert wurde.

Das Kreischen der Möwen füllte sie aus, die Kälte des Wassers verlangsamte ihren Herzrhythmus, bis sie ganz ruhig atmete und nur die Stille der Einsamkeit noch in ihrem Herzen lastete.

„Tu es endlich“, flüsterte ihr die Stimme zu. „Tu es!“ Und sie zögerte nicht länger, tauchte in die eisigen Fluten des Herbstmeeres, versank in ihnen, kam prustend wieder an die Wasseroberfläche und wurde urplötzlich hinuntergezogen, als ob unsichtbare Hände sie packen würden.

Sie versuchte mit aller Kraft, wieder an die Wasseroberfläche zu kommen, paddelte unerbittlich mit Armen und Beinen, öffnete den Mund, um Luft zu schnappen, aber nichts anderes als eine Flut von salzigem Wasser, das ihre Lungen füllte und sie zum Bersten zu bringen drohte, drang über ihre zarten Lippen in ihren Hals. Sie schluckte und versuchte zu husten; alles um sie herum bestand auf einmal nur noch aus Wasser. Sie konnte nicht mehr. Ihre Kräfte verließen sie, und endlich ließ sie es zu, dass die Ströme des Meeres sie hinunterzogen bis zum Grund der See und sie vollends das Bewusstsein verlor.

„Wach auf.“ Es war nicht mehr als ein leises, kaum zu vernehmendes Flüstern, das irgendwie in ihre Gedanken drang, als käme es aus weiter Ferne. „Wach auf!“ Sie hörte es wieder und wieder, und mit jedem Mal nahm es an Lautstärke zu.

Sie öffnete erschöpft die Augen und schloss sie wieder. Ein

erneuter Versuch – alles irgendwie verschwommen und unklar wie ein verwackelter Film.

Dann sah sie ihn, das dunkle Haar, das ihm in langen Strähnen ins Gesicht fiel, die blauen Augen, die so hell leuchteten wie das Meer an einem ruhigen Tag, die blassen roten Lippen, die engelsgleichen Züge, das Lächeln, als seine Augen den ihren begegneten.

„Na endlich. Ich habe schon gedacht, du … du …“ Er rollte mit einem verschmitzten Grinsen die Augen nach oben und sah sie dann wieder an. „Ich dachte wirklich, du schaffst es nicht.“

„Wo … wo bin ich?“ Erst als sie diesen Satz ausgesprochen hatte, kam ihr in den Sinn, wie dumm sie ihn fand. Früher hatte sie immer gedacht, wenn sie sich irgendwelche Filme angesehen hatte, in denen jemand nach langer Krankheit wieder aufwachte, dass es doch das Dümmste sei, so etwas zu sagen, aber jetzt musste sie sich eingestehen, dass ihr gar nichts anderes auf die Schnelle eingefallen war.

„Ich hab dich nach oben gebracht. Du hattest wirklich Glück, dass ich gerade vorbeigekommen bin.“

Sie bewegte langsam ihre Finger und spürte weichen Sand unter ihren Händen. Immer noch lag sie am Strand. Dort war sie.

Der Fremde stand langsam auf und lächelte ihr immer noch zu. Es schien, als ob er niemals aufhören würde zu lächeln, als ob sein Gesicht in dieser Maske erstarrt wäre, nur immer dieses eine Lächeln, nichts anderes. Was wäre, würde er einmal traurig sein? Würde dieses Lächeln dann immer noch standhalten?

Sie beobachtete ihn mit immer wacheren Augen. Langsam verlor sie ihre Angst, begriff sie, dass sie am Leben war und er sie gerettet hatte. Sie war nicht tot, auch wenn sie sich das vor nicht allzu langer Zeit so sehr gewünscht hatte.

„Es war keine kluge Entscheidung, Nat.“

Sie blickte weiter zu ihm auf. Sein Lächeln war erstarrt, hatte sich nun doch in etwas anderes verwandelt, ja, es war deutlich eine Spur von Trauer und Betroffenheit in diesen tiefgründigen Augen zu sehen. In diesem Augenblick schien sein junges Gesicht um viele Jahre gealtert zu sein, wie bei jemandem, der schon viel Schlimmes erlebt hatte.

„Du hättest das nicht tun sollen, Nat.“

Er betonte ihren Namen, der einfach nur die Abkürzung für Natascha war. Aber sie hasste Natascha. Natascha war Daddys Baby gewesen, sein Spielzeug und seine Geliebte. Natascha war nichts anderes als eine Nutte und doch abhängig von ihm, so sehr, dass sie ohne ihn niemals zurechtgekommen wäre. Und jetzt, wo er nicht mehr da war, wollte sie auch nicht mehr sein. Sie hatte gedacht, ein anderer Name könnte etwas daran ändern, dass ihr Leben verpfuscht war, aber das stimmte nicht. Nichts konnte etwas ändern, nur der Tod hätte das gekonnt. Dieser Fremde hatte sie an ihrem Vorhaben gehindert. Es hätte alles vorbei sein können, in diesem Augenblick schon. Und jetzt, jetzt fing alles von vorn an, und sie sah auch kein Ende der traurigen Geschichte ab. Sie hasste Natascha, sie hasste auch ein bisschen Nat, weil sie es zuließ, dass ihr Vater ihr das antat.

„Das ist kein Grund, sterben zu wollen, Natascha.“

Sie zuckte zusammen und richtete sich halb auf. Er blickte immer noch auf sie herab, und sie wünschte sich, sie könnte seine weißen Hände berühren, sein Engelsgesicht mit ihren Lippen küssen. Er war so wunderschön und traurig. Von all der Fröhlichkeit, die sein bezauberndes Lächeln ausgestrahlt hatte, war nichts mehr übrig geblieben.

„Woher weißt du …?“ Sie starrte ihn mit offenem Mund an. Ihre Augen weiteten sich mehr und mehr.

„Ich weiß mehr, als du denkst."

Er wandte sich von ihr ab und schlenderte den weißen Sandstrand entlang, schritt langsam auf die rauen, hoch aufragenden Klippen am Rande der Bucht zu und drehte sich nicht ein einziges Mal nach ihr um.

Sie spürte, dass ihr schwindelig wurde, schloss einen Moment die Augen und fasste sich an den Kopf.

Ein Meer von Bildern flutete über sie hinweg: Daddy in seinen braunen Baumwollhosen, das breite Grinsen auf seinem bartstoppelübersähten Gesicht, seine riesigen behaarten Pranken, die nach ihr griffen und sie zu berühren versuchten und es am Ende sogar schafften.

Dann öffnete sie ruckartig die Augen. Der Fremde war weg, verschwunden, wie vom Erdboden verschluckt.

Sie strich sich eine nasse Strähne ihres rötlichen Haares aus dem Gesicht und verschränkte die Arme vor der Brust. Was sollte sie jetzt tun? Wohin sollte sie gehen? Sie fühlte sich einsam, einsamer als je zuvor. Alle Freunde, die sie einmal besessen hatte, waren irgendwann aus ihrem Leben verschwunden, waren umgezogen und hatten auf ihre Briefe nicht geantwortet oder hatten sie vielleicht einfach vergessen. Sie wusste nicht: Lag es an ihr oder an ihren scheinbaren Freunden? Es war ohnehin gleichgültig. Das Leben war sinnlos, egal wie man es sah. Man wurde geboren, lebte eine Weile und starb dann, ohne zu wissen, warum, und alles, was man besessen hatte, war für alle Zeit verloren.

Sie schlenderte langsam die lange, breite Landstraße entlang. Kein einziges Auto war ihr begegnet. Als wäre die Welt vollkommen verlassen.

Sie erreichte das Gasthaus in dem Moment, als die Sonne wie ein rot glühender Feuerball im Meer versank. Es fehlte nur das Zischen, das sie immer erwartet hatte, solange sie ein Kind war. Aber es war immer ausgeblieben, nur ein Traum, nichts anderes.

Sie ließ sich ihren Zimmerschlüssel geben und ging schweigend die Treppen hinauf. Nummer 17 stand auf der braunen Eichentür, und sie öffnete sie mit klammen Fingern.

„Ich habe auf dich gewartet." Dieselbe feine Stimme, dasselbe blasse Engelsgesicht mit den leuchtend blauen Augen.

Nat schloss erschrocken die Tür hinter sich und lehnte sich dagegen. Sie wusste nicht, ob sie Angst haben oder sich eher freuen sollte.

„Was willst du von mir?", fuhr sie ihn dann schließlich doch an.

Der geduldige Ausdruck seines Gesichts veränderte sich nicht. Als er weiter mit leiser Stimme zu ihr sprach, war es ihr, als blicke sie in eine andere Welt.

„Du kannst nicht gehen."

„Wohin gehen? Was soll das denn? Erst rettest du mich, obwohl ich dich nicht darum gebeten habe, dann weißt du Dinge über mich, die nicht einmal meine besten Freunde wussten, dann verfolgst du mich bis in mein Zimmer."

„Du verstehst nicht."

„Nein, das tue ich auch nicht. Was willst du denn von mir? Willst du das, was alle wollen, was er wollte, schon als ich noch ganz klein war? Das kannst du haben – und dann geh!"

Sie fühlte Tränen in ihren Augen brennen und wischte sie energisch weg. Mit zitternden Händen machte sie sich an den Knöpfen ihres Oberteils zu schaffen, aber er hielt sie zurück. Seine kalte Hand berührte sie, umschloss ihre bebenden Finger, und es war ihr, als hätte sie ein Eisklumpen berührt.

Sie starrte zu ihm hoch und durchdrang seine kühlen blauen Augen. Er lächelte wieder.

„Du verstehst nicht. Ich will dir nicht wehtun. Ich bin nicht dein Vater.“

„Mein Vater hat mir nie wehgetan.“ Diese Worte kamen ihr mehr aus Gewohnheit über die Lippen.

Nat hielt inne und blickte zu ihrem Retter auf, der immer noch ihre zarten, schmalen Hände umklammert hielt. Sie schloss die Augen und reckte den Kopf zu ihm empor, um diese roten, sinnlichen Lippen zu berühren. Aber sie traf nur auf Luft, und auch die Kälte um ihre Hände war verschwunden.

Sie öffnete die Augen und blickte in das leere Zimmer. Sie war wieder allein, als wäre nie jemand anderes außer ihr in diesem Raum gewesen. Sie drehte sich um, aber er war nicht da. Er war einfach nicht mehr da.

Sie verbrachte den ganzen Abend, indem sie am Fenster saß und auf das Meer hinausblickte, das in der Ferne im bleichen Mondlicht glitzerte. Es war wirklich nicht mehr als ein Glitzern, aber sie wusste, dass es das Meer war, das sie so liebte. Das allein zählte.

Auf einmal stand sie auf. Es war mitten in der Nacht. Mitternacht war längst vorüber, und draußen regte sich nicht ein einziges Lüftchen. Die Luft roch salzig nach den Fluten des Meeres.

Nat zog sich rasch eine alte Jeans an und einen warmen schwarzen Pulli über und ging nach draußen. Sie schlenderte die Straße entlang bis zu der einsamen kleinen Bucht.

Er stand bereits dort und wartete. Er hätte ihr Bruder sein können, so verbunden fühlte sie sich mit ihm, als hätte sie ihn schon ewig gekannt.

„Ich habe dich erwartet.“

„Warum … warum versteh ich das nicht?“

Er blickte sie nur an und antwortete nicht.

„Du kommst nicht von dieser Welt. Hab ich Recht?“

Er schüttelte den Kopf, erwiderte aber immer noch nichts.

„Was bist du nur? Ich versteh's wirklich nicht. Du kanntest meinen Vater, du weißt, wer ich bin, und du …“

„Und ich bin dein Retter.“

„Ja, genau.“

Sie schwieg eine Weile und begutachtete ihn.

Der Wind hatte wieder eingesetzt und heulte leise vor sich hin wie hungrige Wölfe in der Nacht.

„Wenn ich dich berühre, verschwindest du. Warum?“

Er musste das Verlangen in ihren Augen gesehen haben, die versuchten, bis zu seiner Seele vorzudringen, denn er wandte sich von ihr ab und stieg ein Stück ins Wasser. Die Kälte schien ihm nichts auszumachen. Mit leisem Plätschern überfluteten die schäumenden Wogen seine Knöchel, dann seine Knie und schließlich seine schlanken Hüften. Er drehte sich zu ihr um und starrte sie an.

Sie hatte auf einmal Angst, ihm näher zu kommen. „Ich werde das Wasser nicht wieder betreten. Ich … kann nicht.“

Er erwiderte nichts, blickte nur stumm zu ihr zurück, sein Gesicht eine erstarrte Maske, bleich und unwirklich zugleich.

Jetzt trat sie doch einen Schritt auf das glitzernde Wasser zu, bis die kalten Wellen ihre Turnschuhe durchnässten. Sie ließ es geschehen, starrte weiter zu ihm hinüber und beobachtete, wie er langsam, aber stetig in den starken, strömenden Fluten versank. Ohne sich zu wehren, ging er einfach unter.

Nat ließ sich auf den Boden sinken. Es störte sie nicht, dass das kalte Wasser ihre Hose durchnässte. Sie versuchte nur, ihre Gedanken zu ordnen und für sich und die Begegnung mit diesem geheimnisvollen jungen Mann einen Sinn zu finden, aber sie fand keinen, sosehr sie auch danach suchte.

Aus irgendeinem Grund hatte sie nichts tun können, als sie

ihm beim Ertrinken zugesehen hatte, so als ob das alles nicht wirklich, sondern nur in ihrem Kopf geschehen wäre, als ob er nur ein Geist gewesen wäre.

Als sie am nächsten Morgen zum Frühstück in den Speisesaal hinunterging, sprach ihre Wirtin sie an.

„Haben Sie schon die Zeitung gelesen? Gestern Abend hat man am Strand von Piermon einen Toten gefunden. Er war aus dieser Gegend. Er soll schon seit einer Woche vermisst worden sein. Sein Vater hätte ihn ermordet und sich danach selbst umgebracht. Der Junge war nicht viel älter als Sie. Wirklich eine traurige Sache das. Sie sollten sein Gesicht sehen, das in der Zeitung abgebildet ist. Fast wie ein Engel sah er aus, so unschuldig und rein."

Mit nachdenklich nach oben gezogenen Augenbrauen verließ die alte Wirtin Natascha und ging an ihre Arbeit zurück.

Nat starrte wortlos auf das nahe gelegene Fenster. Ein Meer von Schatten zog langsam in ihrem Kopf vorbei und löste sich von ihr. Sie wusste jetzt, was der Junge ihr zu sagen versucht hatte.

Natascha drückte ihre Hände vor das Gesicht und fing leise an zu weinen.

Gabian Peter

Mundial

Ganz allmählich wachte Blubber (Gangstername) aus der Ohnmacht auf. Mühsam erkannte er sein Zimmer, nicht aber den gebückten alten Mann, der grau in grau am Fenster stand. Schwerfällig formulierte er die Frage: „Was ist denn los, wer sind Sie?“

„Ich bin doch Watschel“, sagte jener traurig, „du hast siebenundzwanzig Jahre lang geschlafen, Blubber ...“

Vor Schreck verließen Blubber fast erneut die Sinne. Zaghaft forschte er nach einer Weile: „Was ist denn bloß passiert?“

„Tja“, kam es endlich zögernd, „die Ärzte waren völlig ratlos ... Die Aufregung vielleicht nach unserm letzten tollen Coup, damals in Dings – na, wo war es doch noch gleich?“ Watschel tat sich auch schon sichtlich schwer mit dem Gedächtnis.

„Hey, und was ist aus dem vielen Geld geworden?“ Blubber wurde plötzlich viel lebendiger.

Watschel sackte nur noch mehr zusammen. „Na, das liegt da, wo du es deponiert hast, wenn es nicht vergammelt ist.“

„Ja, gibt es denn das Banktresorfach immer noch?“

„Wir haben die Gebühren stets bezahlt, bloß, wir kennen die Geheimzahl nicht, die weißt nur du.“

„Die schönen neuen Euro hätten mittlerweile so viel Zinsen bringen können“, sinnierte Blubber deprimiert, „ich mußte aber doch den heißen Zaster erst einmal verstecken!“

Watschel winkte ab. „Nun ist es aber auch egal, sie führen nämlich jetzt den Mundo ein, eine Währung für die ganze Welt. An sich ja eine prima Sache, nur, die Umtauschzeit ist eigentlich schon abgelaufen.“

Alarmiert versuchte Blubber, sich von seinem Lager hochzuhieven.

„Bleib bloß liegen“, beschwor ihn Watschel hastig, „wenn du wieder abtrittst, ist gar nichts mehr zu machen … Gib mir in drei Teufels Namen diesen Code, mal sehen, was zu retten ist.“

Unwillig, aber notgedrungen nannte Blubber eine Zahlenfolge.

Watschel hatte mitgeschrieben und befand: „Glotzer soll gleich rangehn.“

Aufs Stichwort stob ein junger Mann herein, griff sich den Zettel und verschwand.

„Hey“, brüllte Blubber erneut aufgeregt, „Glotzer sieht noch aus wie damals!“

„Nicht nur das, er ist auch so schnell wie immer“, triumphierte Watschel, plötzlich kerzengrade, „wir haben dich nämlich nur für ein paar Tage eingeschläfert, um dich reinzulegen – du verdammter, sturer Geizhals …“

Klonery

Der fast bankrotte Fabrikant Jim Lallinger identifizierte eine bislang unbekannte Wasserleiche als seine vermißte Frau. Dank der Versicherungssumme war er in der Lage, seine Firma wieder zu sanieren.

Nelly Lallinger war indessen quicklebendig. Die Eheleute hatten nämlich, um ihre Existenz zu sichern, einen dreisten Schwindel ausgeheckt.

Der zunächst nach außen hin gebeugte Witwer erschien freilich ziemlich bald schon wieder in weiblicher Begleitung, und zwar häufig wechselnder, wobei es sich zumeist um reichlich schräge Typen handelte. Dahinter steckte niemand anderes als Nelly, die als ehemals professionelle Komödiantin in aberwitzige Masken schlüpfte.

Das war vorübergehend amüsant, wurde aber doch bald lästig, so daß die beiden auf einen neuen, diesmal ungeheuerlichen Dreh verfielen. Jim erklärte überglücklich, er habe Nelly aus einem aufbewahrten Haarschopf von ihr klonen lassen, zudem in einem neuen Hauruckverfahren, wodurch ihr alter Zustand sofort wieder eingetreten sei. Strahlend zeigte sie sich öffentlich.

„Humbug!" wetterten seriöse Wissenschaftler. Die Sensationsjournaille und gewisse Spezialisten stiegen aber darauf ein. Alle Welt ereiferte sich für und wider.

Derweil verlangte die Versicherung ihr Geld zurück, es gab verschiedene Betrugsanzeigen, und Nelly bekam mehr und mehr das Image einer Hexe. Ein weiterer Trick war fällig.

Die Lallingers besorgten heimlich eine Marmorstatue, die sie an Nellys Lieblingsplatz im Freien hinterm Haus aufstellten. Vom bösen Streß sei seine liebe Frau versteinert worden, verkündete nun Jim betroffen.

Maßlose Verblüffung stoppte erst mal alle feindlichen Attacken, und wieder fanden sich beflissene Experten, die den Vorfall prüfen wollten.

Mit Laserspektographen, Lupen und Sonargeräten drängten sie sich scharenweise in den Garten, um jener Weibsfigur auf den anmutigen Leib zu rücken. Diese zeigt gelassen neben ihrem blanken Hinterteil und der entblößten Oberweite ein ausgesprochen maliziöses Mienenspiel.

Das ist bei der echten Nelly ebenso, wenn sie heimlich zuschaut. Nur, wie lange läßt sich das Versteckspiel durchziehen?

Eifrig tüfteln jetzt die Lallingers an einer Masche, wie sie den Spuk beenden könnten, doch das ist lausig schwierig. Hat jemand vielleicht einen Tip ...?

Christine Rupp

Wie die Sonnenblume nach Grönland kam

Ein Märchen für Erwachsene

Es war einmal eine Sonnenblume …

Sie stand am Rande eines großen Sonnenblumenfeldes, und um sie herum standen viele andere Sonnenblumen. Sie sahen alle gleich aus und waren wunderschön. Man hatte sie durch Kunstdünger zum Wachsen getrieben und mit Pestiziden steril gemacht. Ihre Bestimmung war es, zu Sonnenblumenöl verarbeitet zu werden. Die Menschen wollten es so.

Anfangs war unsere Sonnenblume sehr traurig, weil sie, wenn auch nur zufällig, so am Rande des Sonnenblumenfeldes stand, Wind und Wetter, Sturm und Hagel viel mehr ausgesetzt als all die anderen. Und so klammerte sie sich mit ihren Wurzeln ganz fest in die Erde, damit ihr die Witterung nichts anhaben konnte, und begann wie alle anderen Sonnenblumen zu wachsen.

Unsere Sonnenblume sah neben sich den kleinen See, in dessen Schilf die Frösche quakten; sie sah die Libellen in der Sonne tanzen, das Licht sich im Wasser spiegeln und den Nebel wie einen zarten Schleier am Waldrand. Manchmal trug der Wind das Lachen von Kindern und Hundegebell bis zu ihr herüber. Die Luft roch nach Sommer, Heu und Blumen.

Die Sonnenblume erzählte den anderen Sonnenblumen davon. Diese lachten nur. Weil sie all die Dinge nicht sahen, glaubten sie auch nicht daran. Sie hielten die Erzählerin für ein bißchen verrückt. Diese aber redete nun nicht mehr über all die Dinge. Sie dachte sich: ‚Wenn ich ein bißchen über die anderen hinauswachse, sehe und höre ich noch mehr' – und sie war eine sehr neugierige Sonnenblume.

Sie wandte sich der Sonne zu und wuchs und wuchs und wurde größer und größer und war immer ein bißchen größer als alle anderen. Sie lockte die Bienen und die Schmetterlinge an, die ihr von vielen unbekannten Dingen erzählten, während sie sich auf ihr ausruhten. Die Vögel kamen und freuten sich auf die Zeit, da die Sonnenblumenkerne reif sein würden.

Unsere Sonnenblume war glücklich und hatte längst erkannt, daß das, was sie für ein Unglück gehalten hatte – nämlich so am Rande zu stehen –, eigentlich ihr Glück war.

Sie erfuhr aber auch unangenehme Dinge.

So hörte sie von seltsamen Zweibeinern, die sich Menschen nannten. Diese hielten Tiere in Käfigen, erzählte ein Schmetterling. Nicht weit von dem Sonnenblumenfeld befände sich ein Zirkus, und dort seien fast alle Tiere eingesperrt oder angebunden. Jene aber, die frei herumlaufen dürften, hätten keinen eigenen Willen mehr; obwohl sie tun könnten, was sie wollten, würden sie, wie von unsichtbaren Fäden gehalten, nur das tun, was die Menschen befahlen.

Diese unsichtbaren Fesseln, Ketten und Zäune waren schlimmer als die, die man sehen konnte.

Aber ein Tier gab es, das den Zorn seines Herrn, eines Dompteurs, hervorrief: den Seelöwen Erwin. Dieser wollte nicht mehr, daß ihm Bälle oder sonst irgend was auf der Nase herumtanzten. Er hatte, wie er schimpfte, „die Schnauze voll". Er wollte auch keine Fische mehr fressen. Er wollte nur noch ins Wasser. Er träumte von Wasser und Wellen.

Der Zirkusdirektor war darüber sehr wütend.

Auch unsere Sonnenblume träumte vom Wasser.

Der Sommer war heiß, die Sonne brannte unbarmherzig vom Himmel, und weil die Sonnenblume so hoch hinauswollte, litt sie viel mehr als die anderen unter der Hitze. Sie dürstete und ließ den Kopf und alle Blätter hängen. Nur das Wasser aus dem See zu ihren Füßen hätte ihr helfen können. Die Rettung lag so dicht vor ihr, aber ohne Hilfe konnte sie nicht von dem Leben spendenden Wasser trinken. Und sie hatte es nie gelernt, um Hilfe zu bitten.

Doch dann geschah etwas Unvorhergesehenes.

Der Zirkus zog in langer Wagenkolonne an dem Sonnenblumenfeld vorüber. Plötzlich ein scharfer Befehl, und die Wagen hielten an. Ein Mann stieg aus. Er öffnete den Käfig, in dem die Seelöwen vor sich hin dämmerten. Er packte den für ihn nutzlos gewordenen Seelöwen Erwin, der seinen Befehlen nicht mehr gehorchen wollte, und schleuderte ihn erbost übers Gestrüpp. Erst als der Dompteur es platschen hörte, wurde ihm bewußt, daß hinter den Hecken Wasser sein mußte.

Seelöwe Erwin, so plötzlich aus seiner verhaßten, aber doch vertrauten Umgebung gerissen, bekam einen Riesenschreck. Doch als er erst das Wasser spürte, fing er an, darin herumzutoben und herumzujagen, daß es gewaltig spritzte.

Er schwappte so sehr im Wasser herum, daß alle Sonnenblumen naß wurden.

Auch die besonders große und schöne Sonnenblume, die so unter der unbarmherzigen Sonne zu leiden hatte, erholte sich dank des Leben spendenden Wassers wieder. Sie richtete sich langsam auf, sah all das Schöne um sich herum und auch den Seelöwen Erwin, der endlich frei war. Und sie lernte wieder, zu lachen und sich zu freuen!

Und doch: Es kam die Zeit, da dieses Sonnenblumenleben zu Ende gehen sollte.

Vorher aber kamen alle Vögel herbei, um die ein bißchen schneller gereiften Sonnenblumenkerne zu picken. Die Sonnenblume verschenkte sie gern. Sie sah darin viel mehr Sinn, als gepreßt und in Flaschen gefüllt als Öl verkauft zu werden.

Manche der Kerne fielen zu Boden oder ins Wasser, und einer

blieb in den Schnauzerhaaren des Seelöwen Erwin hängen, ohne daß dieser es bemerkte.

Auf einmal ging alles sehr schnell: Ein großes, lautes Ungetüm kam, köpfte sämtliche Sonnenblumen, häckselte ihre Stiele klein, pflügte das Feld um – und der Seelöwe Erwin war allein.

Die Schmetterlinge kamen nun nicht mehr, die Vögel waren still geworden oder sogar nach Süden gezogen, und die Frösche hatten ihr Konzert schon lange eingestellt. Die Tage wurden kürzer und die Nebel dichter.

Der Seelöwe dachte an die vergangenen schönen Tage und Sonnenblumen, und er fühlte sich sehr einsam. Eine eigenartige Unruhe überfiel ihn. Dieses Gefühl war ihm zwar bekannt, aber er konnte ihm keinen Namen geben. Er wußte nur, er mußte nach Norden, dorthin, wo er zu Hause war: nach Grönland.

Und so machte er sich auf den Weg.

Es stellte sich heraus, daß das Leben unter den Menschen und im Zirkus für ihn doch ganz nützlich gewesen war. Er kannte den Laster, mit dem die Fische zum Füttern der Seelöwen und Eisbären gebracht wurden. So einen mußte er finden. Er dachte sich: ‚Ein solcher Lieferwagen muß ja auch wieder dorthin zurück, wo die Fische hergekommen sind: ans Meer!'

Und richtig: Er fand ein solches Auto, schmuggelte sich hinein und fuhr in Richtung Norden. Ums Futter brauchte er sich nicht zu sorgen. Beim Transport war hier und da schon mal ein Fisch aus der Kiste gefallen, und das mußte für den Hunger reichen, bis er am Meer sein würde.

Und dann war es soweit: Er war am Wasser!

Er schwamm und schwamm. Er hatte den Eindruck, als gäbe es viel mehr Wasser als früher. Sollte die „Klimakatastrophe", wie die Menschen es nannten, schon längst begonnen haben? Aber warum „Katastrophe"? Es würde eben nur anders sein.

Auch zu Hause, in Grönland, war es anders als früher. Es war wärmer geworden, und die Vegetation gedieh üppiger.

Erwin wunderte sich, schüttelte sein graues Haupt – und dabei fiel der Kern seiner Sonnenblume aus dem Schnauzer auf die fruchtbar gewordene Erde.

Erstaunt und sehr liebevoll deckte der Seelöwe Erwin ihn mit dieser zu und beobachtete ungeduldig, ob aus dem Kern wirklich wieder Neues wachsen würde.

Seine Freude war unbeschreiblich, als er die ersten grünen Blättchen entdeckte. Diese wuchsen und wuchsen und wurden wirklich eine Sonnenblume.

Der Seelöwe Erwin war unendlich glücklich und dankbar, und er sah nun voller Zuversicht in die Zukunft. Er hatte seine Sonnenblume wieder. Sie war der Beweis dafür, daß immer Neues entstehen wird und nichts auf dieser Welt verlorengeht.

Und seither wachsen auf Grönland

SONNENBLUMEN.

* *
*

Im Januar 1997 brachte die Zeitung „Münchner Merkur" folgende interessante Meldung:

Föhn über Grönland

Nuuk (dpa) – Die Grönländer leiden unter einer Wärmewelle mit Föhn. Während aus weiten Teilen Europas immer neue Kälterekorde gemeldet werden, wundern sich die Einwohner von Nuuk, der Hauptstadt der riesigen Polarinsel, über Temperaturen zwischen fünf und zwölf Grad plus, warme Winde und ständigen Regen. Das ist um mindestens 15 Grad wärmer als normalerweise im Januar. Der Schnee ist bisher völlig ausgeblieben.

Markus Schmidl

Die Steinwüste

Baxter lag hinter einem Betonblock in Deckung. Sein Atem ging schwer. Er nahm mit der linken Hand seine zerknautschte Mütze ab und wischte sich den Angstschweiß von der Stirn. In der rechten Hand hielt er seine Pumpgun.

Er musste unbedingt den Standort von Lef, seinem Gegner, herausfinden. Er setzte die Mütze auf den Lauf des Gewehres und hielt sie über den Betonblock.

Augenblicklich begann eine MPi zu rattern, und die tödlichen Stahlhummeln schwirrten rechts und links an Baxters Deckung vorbei. Oder sie trafen den Betonblock und jaulten als Querschläger durch die Luft.

Als das kurze Dauerfeuer abbrach, handelte Baxter blitzschnell. Er nahm sein Schrotgewehr fester, lud es durch und tauchte hinter dem Betonblock auf. Er zielte kurz in die Richtung, aus der er die Schüsse vermutete, und drückte ab. Seine Waffe bäumte sich auf. Der Rückschlag hämmerte ihm das Gewehr fest gegen die Schulter.

Baxter lud sofort wieder durch und feuerte erneut.

Als er das dritte Mal durchlud, entdeckte er einen alten, verbeulten Ford ohne Scheiben. Das Fahrzeug stand etwa zehn Meter von ihm entfernt auf der Straße. Zwischen dem Betonblock und dem Wagen gab es keine schützende Deckung.

Baxter schoss erneut. Der Knall war kaum verklungen, als er bereits mit schnellen, langen Sätzen auf das alte Fahrzeug zurannte.

Kein Schuss war hinter ihm zu hören.

Baxter erreichte den Wagen unbeschadet, ging hinter der Motorhaube in Deckung und schoss ein weiteres Mal, ohne zu zielen. Er lud sein Gewehr wieder durch, ließ sich über die Motorhaube in das Fahrzeug gleiten und legte sich quer über die beiden Sitze.

Die MPi seines Gegners begann wieder zu rattern.

Mit einem kurzen, geübten Griff schloss Baxter den Ford kurz. Der Wagen sprang sofort an. Der Amerikaner hielt es in dieser gefährlichen Situation aber für besser, in seiner liegenden Haltung zu verbleiben. Währenddessen betätigte er die Kupplung und das Gaspedal mit den Händen. Der Wagen machte einen Satz nach vorn und fuhr an.

Baxter atmete erleichtert durch. Der Wagen wurde schneller.

Als Baxter glaubte, sich mit seinem Wagen weit genug von Michail Lef entfernt zu haben, setzte er sich auf und trat das Gaspedal bis zum Boden nieder.

Baxter holte das Letzte aus seinem Wagen heraus. Er hatte Angst und dachte nur noch an Flucht. Für seine Umgebung hatte er kein Auge.

Rechts und links von ihm befanden sich eingestürzte und verfallende Häuser. Auf der Fahrbahn lagen Steinbrocken und ausgebrannte Autowracks. Müll säumte die Straßen. Die Stadt wirkte, als hätte vor langer Zeit ein grausamer Krieg stattgefunden.

Baxter verließ mit seinem Wagen die albtraumhafte Innenstadt und raste auf der dreispurigen Autobahn in einen Tunnel Richtung Vorstadt. Auch ohne einen Blick in den Rückspiegel hätte er gewusst, dass sein Gegner inzwischen die Verfolgung aufgenommen hatte. Mit einem Motorrad raste Lef hinter dem Amerikaner her.

Baxter griff mit der rechten Hand zu seiner durchgeladenen Waffe auf dem Beifahrersitz. Dann riss er plötzlich das Steuer herum und nagelte die Bremse gegen den Fahrzeugboden. Sein

Wagen brach nach links aus und stand nach einem gewaltigen Ruck quer auf der Fahrbahn.

Baxter hob das Gewehr. Er konnte keinen klaren Gedanken fassen. Das Herz schlug ihm fast bis zum Hals. Seine Hand zitterte.

Lef raste unaufhaltsam auf ihn zu. Er näherte sich Meter um Meter.

Baxter drückte den Abzug. Ein trockener Schuss peitschte auf. Ein armlanger Mündungsblitz verließ den Lauf der Waffe.

Der Russe verlor die Gewalt über das Motorrad, stürzte und schlitterte über den spiegelglatten Asphalt.

Baxter legte seine Waffe zurück auf den Beifahrersitz, startete den Wagen erneut und gab Gas. Der Ford verließ den Tunnel und raste erneut durch die albtraumartige Betonwüste der Zukunft.

Baxter wusste, dass er falsch gehandelt hatte. Er hatte nur Lefs Motorrad getroffen. Durch einen weiteren Schuss hätte er seinen Gegner endgültig besiegen können, aber er war in Panik.

Das Feuer einer MPi näherte sich dem alten Ford. Der Russe hatte sich überraschend schnell von seinem Sturz erholt.

Baxter blickte in den Rückspiegel: Lef saß in einem der vielen noch fahrtüchtigen Autowracks und jagte wieder heran.

Die Einschläge der Kugeln kamen immer näher. Erneute ergriff Baxter die Panik.

Plötzlich ging ein Ruck durch den Wagen. Baxter hatte nicht auf die Straße geachtet. Er war mit 80 Stundenkilometern gegen einen Betonpfosten gedonnert. Er wurde durch die kaputte Windschutzscheibe geschleudert und schoss wie ein Katapultgeschoss durch die Panoramascheibe eines alten, ausgeplünderten Gardinengeschäftes.

Es dauerte einige Augenblicke, bis Baxter wieder bei Bcsinnung war. Sein ganzer Körper schmerzte. Er spürte jeden Knochen einzeln, und dunkle Ringe tanzten vor seinen Augen. Ein untrainierter Körper hätte diesen Sturz niemals überlebt.

Baxter befreite sich benommen aus der Dekoration des Geschäftes, orientierte sich kurz und rannte in den Verkaufsraum.

Lef raste in seinem Autowrack heran. Er hatte wütend mit ansehen müssen, wie Baxter den Aufprall überlebt hatte und im Laden verschwunden war.

Baxter blickte sich kurz um.

Drei Meter vor ihm befand sich eine lange, ebenholzfarbene Verkaufstheke. Daneben führte eine Wendeltreppe in den ersten Stock.

Der Amerikaner überlegte nicht lange. Der Tresen war eine wunderbare Deckung. Lef würde bestimmt vermuten, dass Baxter in den ersten Stock gelaufen war, um sich dort zu verschanzen. Das war seine Chance. Wenn Lef die Treppe nach oben laufen würde, könnte Baxter ihn für immer erledigen. Es wäre fast wie beim Tontaubenschießen.

Der Russe betrat den Laden durch die kaputte Schaufensterscheibe. Sein Blick fiel sofort auf die Treppe. Vorsichtig trat er näher. Er wollte sich aber erst einmal kurz im Verkaufsraum umsehen und sich dann erst nach oben begeben. Nur so konnte er sich den Rücken freihalten.

Er ging langsam auf den Tresen zu.

Baxter bemerkte die vorsichtigen Schritte seines Gegners und tauchte blitzschnell hinter dem Tresen auf. Sein Gewehr spie eine tödliche Ladung Schrot.

Lef reagierte eine Zehntelsekunde schneller. Mit einem gewaltigen Satz hechtete er aus der Gefahrenzone und ging hinter einem umgekippten Tisch in Deckung.

Lef legte schwer atmend seine Uzi auf den Boden. Hier war er fast völlig ungeschützt. Die dicke Eichenplatte des Tisches würde einem Treffer aus dem Schrotgewehr seines Gegners niemals standhalten. Er war Baxter praktisch ausgeliefert.

Keinen Moment zu früh rollte sich Lef aus der Gefahrenzone. Die Schrotladung zerriss den Tisch. Holzteile wirbelten durch die Luft.

Baxter lud sein Gewehr durch. Lef drückte ab. Das Rattern seiner MPi vermischte sich mit dem trockenen Knall des Schrotgewehres.

Lef war ohne Deckung. Er musste hier raus, sonst war er so gut wie tot.

Eine weitere Salve verließ den Lauf seiner Waffe. Baxter war wieder in Deckung gegangen.

Diesen Augenblick nutzte Lef. Er sprang auf und warf sich mit seinem gesamten Gewicht gegen die massive Eingangstür hinter ihm. Deren Schloss gab sofort nach. Die Tür schwang nach außen und fiel hinter Lef wieder zu.

Lef blieb vorerst am Boden liegen. Ein Schuss detonierte. Ein Regen aus Glassplittern und Holzteilen ergoss sich über seinen Körper. Als der Schuss verhallt war, robbte er hinter einen Mauervorsprung.

Lef atmete erleichtert auf. Er durfte aber keine Zeit verlieren. Die Situation hatte sich nun grundlegend verändert. Jetzt war er der Gejagte und konnte sein Leben nur durch Flucht retten.

Er hechtete durch die kaputte Windschutzscheibe in seinen Wagen und startete. Von panischer Angst getrieben trat er hastig das Gaspedal durch. Der Wagen raste unkontrolliert um die nächste Kurve.

Zu spät sah Lef deshalb den Übertragungswagen, der hinter der Hausecke quer auf der Fahrbahn stand. Im letzten Moment versuchte er das Unglück abzuwenden. Er riss das Steuer herum, aber sein Wagen raste ungebremst in den Kastenwagen des privaten Fernsehsenders.

Lef knallte mit dem Kopf hart gegen das Lenkrad. Blut spritzte, ein lähmender Schmerz durchzuckte ihn. Er hob benommen den Kopf. Das Blut lief ihm über das Gesicht. Er fühlte ganz deutlich die hässliche Platzwunde auf der Stirn.

Dadurch durfte er sich aber jetzt nicht aufhalten lassen. Er nahm seine Uzi wieder in die Hand, kroch aus dem Wagen und floh zu Fuß in die Betonwüste. Um die Insassen des Übertragungswagens kümmerte er sich nicht.

Auf der Straße fand sich keine Deckung. Keine Autowracks und keine Betonbrocken waren zu sehen. Nur eine dünne Sandschicht bedeckte die Oberfläche der Straße.

Den Gedanken, eine der verfallenen Häuserzeilen zu betreten, verwarf der Russe gleich wieder. Es hätte an aktiven Selbstmord gegrenzt.

Die einzige Möglichkeit, sich in Sicherheit zu bringen, war ein umgestürzter Tanklastzug, um den sich eine große Benzinlache ausgebreitet hatte.

Lef spurtete los. Er würde diesem verfluchten Amerikaner einen warmen Empfang bereiten, wenn dieser auf ihn zugerannt kam!

Er umrundete den Lastzug erst einmal vorsichtig und kletterte schließlich auf den stark verrosteten Tank. Hier legte er sich auf die Lauer. Seine Waffe hielt er schussbereit in der Hand. Diesmal durfte Baxter nicht entkommen!

Der Amerikaner rannte mit langen Sätzen um die Ecke. Er sah auf den ersten Blick die einzige Möglichkeit, wo sich Lef verschanzt haben konnte, und lud sein Gewehr durch. Er atmete ein letztes Mal tief ein, dann rannte er weiter.

Baxter musste rund 300 Meter freies Gelände überqueren, aber er hoffte den Russen mit einem Schuss aus möglichst geringer Entfernung töten zu können.

Als Baxter auf Schussreichweite herangekommen war, eröffnete Lef das Feuer. Die Kugeln umschwirrten Baxter, aber er ließ sich dadurch nicht beirren. Es gab für ihn nur ein Ziel: Er musste Lef töten!

Baxter hatte fast 150 Meter zurückgelegt, als der Russe das Feuer einstellte. Der Amerikaner erkannte sofort seine Chance. Er blieb stehen, hob sein Gewehr und zielte kurz.

Im gleichen Augenblick, als Baxter abdrückte, feuerte auch Lef eine weitere Salve ab. Die Schüsse vermischten sich.

Baxter brach tot zusammen. Mehrere Kugeln hatten ihn getroffen.

Aber auch seine Ladung traf. Durch die Einschläge in seinem Körper hatte er das Schrotgewehr verrissen, und so wurden die heißen, absolut tödlichen Schrotkörner direkt in die Benzinlache gelenkt. Das Benzin fing sofort Feuer.

Lef konnte sich nur einen winzigen Augenblick über seinen Sieg freuen, dann zerriss ihn die gewaltige Benzinexplosion in tausend Fetzen.

*

Kopfschüttelnd stand Horst Chwastek von seinem Lieblingssessel auf.

Die dunkle Rauchwolke einer Explosion war auf dem Bildschirm seines Televisionsgerätes zu sehen. Die beiden Duellanten hatten sich gegenseitig gerichtet.

Er musste sich eingestehen, dass er bereits bessere und tödlichere Zweikämpfe auf dem Fernsehschirm gesehen und sich schon wesentlich besser unterhalten hatte. Diese Folge der beliebten Unterhaltungsserie „Tödliche Betonwüste“ war eine sehr durchschnittliche Ausgabe gewesen.

Die Werbung für diese Sendung fiel Chwastek wieder ein. Der Fernsehsender hatte am Vortag in einem Spot angekündigt, dass heute „der bedeutendste Zweikampf der Menschheitsgeschichte“ auf den Bildschirmen zu sehen sein würde. „50 Jahre nach Beendigung des Kaltes Krieges treffen erstmalig ein Amerikaner und ein Russe in dem Zweikampf um den Titel ‚Bester Killer der Welt‘ aufeinander. Eine Sendung von historischer Tragweite.“

„Tödliche Betonwüste?“, murmelte Chwastek verärgert vor sich hin, als er das Wohnzimmer verließ. „Hätte heute besser ‚tödliche Langeweile‘ heißen sollen.“

Gisela Schröder

Die Geschichte von den beiden Buchen

Es waren einmal zwei Buchen. Sie standen mit vielen anderen in einem großen, großen Wald droben im Harz, dort, wo auch heute noch die Luft reiner, die Bäche sauberer und die Bäume gesünder sind. Rank und schlank waren sie emporgewachsen, die eine ein gutes Stück breiter im Stamm und trutziger, die andere um ein geringes geschmeidiger und zarter, wohl auch um einige Jahresringe jünger. So wuchsen sie langsam aus ihrem verborgenen Inneren dicht bei dicht, sechzig, achtzig Jahre lang, bis ihre Blüten reiften zu hochzeitlicher Bestäubung, und immer weiter, der Mitte ihres Lebens zu. In all der Zeit hatten ihre Wurzeln in dem gleichen Boden Halt gefunden und sogen aus der gleichen Erde Nahrung. Der gleiche Wind wiegte sie, und die gleichen Sonnenstrahlen ließen ihre graubraunen Leiber aufleuchten im Jugendglanz. So nahe standen sie beieinander.

Aber einer kannte den anderen nicht. Was Wunder in solch großem Buchenwald! Jeder Baum war ja vor allem mit sich selbst beschäftigt, sich zu nähren, zu grünen, zu blühen, zu wachsen und endlich Früchte zu treiben in den schimmernden Wipfeln. Auch waren sie nicht einsam. Vögel ließen sich im Frühling nieder, bauten ihre Nester und zogen ihre Jungen groß. Das war ein Leben, wenn sie ihre ersten Flugversuche wagten, immer weiter und höher flogen und stolz zurückkehrten, bis sie dann Abschied nahmen und aufbrachen für die große Reise nach dem wärmeren Süden. Dann kamen bald die kühlen Winde. Die Blätter leuchteten – Abschied nehmend – um die Wette in roten und gelben Farben, ehe sie braun und welk wurden und die Windsbräute sie in die Lüfte wirbelten. Aus den

Buchenkronen fielen zu Tausenden vierzipflige Fruchtbecher zu Boden. Nun kamen die Menschen, scharrten und sammelten im raschelnden Laub und füllten ihre Taschen mit den rotbraunen Früchten, die ihnen Öl schenkten und geröstet wohl schmeckten.

Kurze Zeit darauf begann es zu schneien. Der Winter kommt früh im Harz. Wieder hatte ein jeder mit sich zu tragen an der Last des Schnees und der Eiskrusten und -zapfen, die selbst den kleinsten Zweig einhüllten und schwer waren wie Blei. Dann seufzten sie wohl doch einmal heimlich auf unter der Bürde. Aber sie waren stolz und jammerten nicht. Es ging den Buchen wie den Menschen: In der Selbstverständlichkeit gewohnter Wiederkehr von Kommen und Gehen verging Jahr um Jahr, und sie glaubten, so würde es immer bleiben.

Dann aber, in einer finsteren Novembernacht, kam ein gewaltiger Sturm. Wie zehntausend Wölfe heulte er um die Ecken und Kanten der Berge, fuhr in die tiefen Klüfte und Schluchten, wo in versteckten Felsenhöhlen die Hexen schlafen, oft viele Jahre lang, und weckte sie. Sie dehnten und reckten sich, schüttelten ihre roten und grünen Mähnen, schwangen sich auf ihre Besenstiele und fuhren – schreiend vor Lust – den Brocken hinunter. Und immer mehr Gelichter erwachte in den dunklen Tälern, so daß die Meute wuchs und wuchs und in wilder Hatz dem Rambergmassiv zujagte. Das war ein Getöse über den sonst so stillen Wäldern! Ihr Gevatter Sturm brüllte vor Vergnügen und trieb sie immer schneller, immer schneller in den Sog eines riesigen Wirbels, bis er über dem Buchenwald, nahe dem Hexentanzplatz, Sekunden, nur Sekunden verharrte.

Da stürzte sich das Hexenvolk auf die Bäume. Kreischend schwangen sie sich von Krone zu Krone, zurrten die Wipfel zu Boden, daß sie umknickten wie Streichhölzer, rissen baumstarke Äste ab und schleuderten sie um die Wette ins Land.

Oder sie rüttelten miteinander an den Stämmen, bis die Wurzeln aus dem Erdreich brachen und Baumriesen hilflos zu Boden stürzten.

Dann stiebten sie mit ihrem wilden Gesellen hohnlachend davon und ließen in unheimlicher Stille ein Trümmerfeld zerborstener Bäume zurück.

Auch mit den zwei Buchen hatte die Meute ihr hexisches Spiel getrieben. Und wenn sie sich nicht stöhnend vor Schmerz und Angst im Dunkel dieser unheimlichen Nacht aneinandergelehnt und mit ihren Ästen umfangen hätten, wie es die Menschen mit ihren Armen tun in Todesangst, wären auch sie vernichtet worden. So aber standen sie als einzige inmitten des niedergemähten Waldschlages, als am nächsten Morgen die Holzfäller kamen.

Kopfschüttelnd sahen sie die Verwüstung und sprachen davon, daß selbst die ältesten Leute im Dorf sich nicht erinnern konnten an eine so schlimme Windhose. Dann begannen sie mit flinken Äxten zu zerkleinern und aufzuräumen, damit sich keine Schädlinge einnisten konnten im toten Gehölz.

„Schaut mal!“ sagte einer, der gerade Hand anlegen wollte an die beiden Umschlungenen, „wie sie der Sturm aneinandergefügt hat!“

„Ach, laß sie stehen!“ rief der Vorarbeiter. „Sie sind noch gut im Holz und kerngesund. Sie werden sich erholen und weiterwachsen!“

So überlebten sie, einander stützend, und ihre Wunden schlossen sich im Laufe der Zeit. Rinde schmiegte sich an Rinde, so daß ihre Äste und Zweige verwoben zu einer einzigen gewaltigen Krone, die immer mehr Tieren Heimstatt bot und den Menschen Schattenkühle und Schutz, wenn es regnete. Die Wildschweine, die zur Zeit der Ernte aus den Suhlen kamen und mit ihren Rüsseln den Boden zu ihren Füßen umpflügten, fanden reiche Beute und füllten sich laut schmatzend und grunzend die Bäuche, so daß sich kein Sammler mehr in die Nähe traute.

Im Buchenschlag waren rundum Schößlinge sorgsam gepflanzt worden; auch wilde sprossen hervor und wollten rasch größer werden. Aber das dauert. Die beiden Buchen überragten sie alle, beschützten die Winzlinge vor Kälte und Dürre, vor der Gewalt der Stürme und wuchsen miteinander immer weiter, wurden neunzig, hundert, hundertvierzig Jahre alt. Bald brauchte es vier, später sechs Menschenarme, sie zu umfangen.

Nach und nach wurden ihre Rindenkleider zu eng. Sie brachen auf, querüber und längs, so daß das blanke Holz aus schwärzlichen Rändern schaute und sich Rindenknollen wie riesengroße Warzen bildeten. Astlöcher und Verletzungen von Wind und Wetter nahmen ihren Stämmen Jugendglanz und Jugendglätte. Sie färbten sich heller. Das, was wir bei den Menschen Runzeln und Falten und Spuren des Älterwerdens nennen, prägte auf Buchenweise auch sie, aber auch zunehmende Stärke und Reife und Erfahrung, wie es Überstandenes und Durchgestandenes mit sich bringt …

Die Liebespaare, die Hand in Hand durch den Wald gingen, blieben manchmal stehen und wunderten sich über die seltsamen Buchen, die – jeder für sich – aus zwei Wurzelgeflechten emporstrebten und erst oben in der Höhe wie zu einem einzigen Stamm mit einem riesigen Dach aus Gewölben grüner Blätter verschmolzen.

Manche umfaßten sich und brauchten einander nicht zu sagen, warum. Es gab aber auch andere, jene, die meinen, überall ihre Spuren hinterlassen zu müssen, und mit scharfen Messern ihre Namen oder wenigstens ihre Anfangsbuchstaben in die Rinde schnitten, womöglich noch inmitten eines Herzens. Meistens kannte einer den anderen am Ende des Jahres nicht mehr, aber von den Wunden, die sie den Bäumen geschlagen hatten, blieben Narben, und sie waren keine Zierde.

Die beiden Buchen verwuchsen in vielen Jahren miteinander wie Menschen, die in Liebe und Treue zusammenleben und gemeinsam Gefahren überstehen. Wie die Menschen merkten sie in ihrem Glück nicht, daß sie älter wurden. Schon hatten sie das graue Kleid des Alters angelegt und leuchteten im Mond- und Sonnenlicht wie Perlmutt auf, dem silberweißen Haar alter Menschen ähnlich. Rehböcke und Hirsche hatten sich daran gewöhnt, an ihnen den Bast von ihren Geweihen zu schaben, und hinterließen rotbraune Spuren im Holz. Andere knabberten an der Rinde, wenn in kalten Wintern der Schnee die Wiesen lange bedeckte und sie hungerten. Immer mehr Rindenknollen buckelten sich an den Stämmen, und an der oft feuchten Wetterseite siedelten sich Algen und grüne Moose an. Da waren sie sicher schon über zweihundert Jahre alt. Nun ächzten und knarrten die Äste immer lauter im Wind. Immer öfter hatten sie keine Kraft mehr, Blätter und Blüten zu treiben.

Der Förster – es war nun schon die dritte oder vierte Generation nach dem großen Sturm – stand so manches Mal vor ihnen, runzelte die Stirn und überlegte. Förster sind ja so eine Art Amtswalter des Lebens und des Todes für Bäume, denn schließlich sollen aus ihnen nützliche Dinge für die Menschen hergestellt werden. Dann blickte er wohl hinauf in die schütter und flacher werdende Krone und auf die jugendlichen Nachbarn, die ganz nahe bei ihnen standen und munter herangewachsen waren, so nahe, daß sie verletzt werden könnten, schlüge man die beiden Baumriesen ab.

So hatten sie noch einmal Glück und durften sich noch etliche Jahre gemeinsam im Wind des Lebens wiegen.

Sie wuchsen nun nicht mehr weiter und hatten den Gipfel

ihrer Lebensjahre, das hohe Alter, erreicht. Aber noch konnte einer den anderen stützen, damit er nicht stürzte im Sturm, ihn trösten, wenn das Alter ihn quälte und die böse Alterskrankheit, der Rindenbrand, schmerzte und seine Rinde zersetzte. Aber sie lernten – niemals hört das Lernen auf –, sich der guten Stunden und der Gemeinsamkeit um so mehr zu freuen, während die Zeit immer schneller und erbarmungsloser voranschritt ...

Die Winzlinge von damals erreichten mit ihren höchsten Zweigen schon die Krone der beiden Alten. Jahr für Jahr strebten sie ungeduldiger höher, immer höher, stießen mit ihren Ästen unbarmherzig hinein in das brüchiger werdende Dach über ihnen. Fürwitzig, wie die Jungen sind, machten sie ihre Witze über das dürre Holz und die – ihrer Meinung nach – immer häßlicher und nutzloser werdenden beiden Uralten, als würden sie selber niemals alt, als hätten sie nicht in ihrem Schatten ruhig und ungefährdet stark und groß werden können.

So ist das Leben. Der ältere der beiden Bäume, der mit seinen stärkeren Ästen den nur ein wenig kleineren geschützt und beschützt hatte seit damals, als der Sturm sie zusammengefügt, wurde schwächer und schwächer. Nur der verzweifelten Kraft des anderen gelang es wohl, ihn durch den letzten Winter zu bringen und ihn zu halten. Er war ja auch schon alt und krank, und Schwäche lähmte ihn immer öfter. Dennoch schien es, als spräche er dem anderen Trost zu, mache ihm Mut und gäbe ihm Zuversicht. Der aber schüttelte traurig und stumm seine Krone, und es war, als zöge er seine müden Zweige, soweit sie nicht schon abgebrochen waren, wieder an sich, als wollte er allein sein in seinem Altersschmerz, der keinem Baum, keinem Tier und keinem Menschen erspart bleibt. Aber dann gab es wieder sonnige Tage. Dann meinten sie, ihr Leben könne doch noch nicht vorbei, zu Ende sein.

In jenem Jahr war ich öfter im Buchenwald, freute mich an

den kräftigen Jungen und blickte wehmutsvoll auf das uralte Paar. Es ist immer traurig, Vergänglichkeit zu erleben. Aber wäre das Leben so schön, so einmalig, so kostbar ohne sie ...?

Nach einer Gewitternacht stand nur noch der eine der beiden Bäume im Morgenlicht, als ich vorüberkam. Ein Blitzschlag mußte es gewesen sein, der den Alten gewaltsam abgespaltet, hinweggerissen hatte und zu Boden. Reglos lag der riesige Stamm quer über dem Waldweg, und er hatte in seinem Sturz andere, kleinere Bäume mitgerissen und vielerlei Getier aufgeschreckt. Es war ganz still, als trauere der Wald.

Nun sah ich noch einmal die Schönheit der alten Buche, ihre vielen Narben, die von ihrer Lebenszeit und ihrem Lebenskampf blieben, und die letzte große Wunde, aus der Lebenssaft sickerte wie beim Menschen das Blut. Der Baum war gestorben, plötzlich und unerwartet, wie es so schön heißt. Die ihn nicht liebten, meinten: „Es war ja auch Zeit. Viel war nicht mehr dran an ihm!“ Die ihn am meisten geliebt hatte, die einsame alte Buche, senkte trauernd ihre Zweige tief, tief, als strebe sie hinab zu ihm. Aber sie erreichte ihn nicht. „Was soll mir das Leben noch?“ schien sie zu sagen, und sie weinte aus der gleichen tiefen Wunde, die dort klaffte, wo sie mit ihm am meisten verbunden gewesen war.

Ehe ich wieder hinabfuhr in die Ebene, in meinen Alltag, kehrte ich noch einmal zurück. Nun sah ich die jungen Bäume, die wie befreit, erlöst vom Schatten des Alten im sanften Wind wisperten und rauschten. So hatte er, der jetzt sein Buchenleben beendet hatte, vor mehr als zweihundertfünfzig Jahren wohl auch gelebt und gestrebt und sich seines Daseins gefreut.

Ich blickte noch einmal auf den letzten einsamen alten Baum im jungen Gehölz, der nun mit schwachen Kräften allein bestehen muß, bis auch seine Zeit gekommen ist. Wie lange noch? Wer viele Jahre so eng verbunden war mit dem Gefährten, erholt sich nur mühsam zu einem neuen Leben, allein, wie er nun ist.

Jahre verstrichen, ehe ich wieder im Harz wanderte, auch den Buchenschlag suchte und lange nicht fand. Dort, wo zuletzt der einsame alte Baum gestanden hatte, wuchsen schimmernde Buchenleiber kraftvoll empor wie einst die alten. Zu ihren Füßen sprossen junge Buchenkinder wie immer, wenn nicht Krankheiten oder der Mensch das Kommen und Gehen im natürlichen Auf und Ab stören.

So lebt der Buchenschlag in meinen Gedanken fort als ein Gleichnis von Leben, Liebe und Tod – ein tröstliches Gleichnis.

Hans Schuckar

Das andere Ich

Der einundvierzigjährige Philipp Morisson schaute gerade durchs vergitterte Fenster – dahinter die herbstliche schweizerische Landschaft, die Freiheit bedeutete –, als die Zellentür geöffnet wurde. „Zum Herrn Direktor, das Entlassungsgespräch ist fällig!“, rief der Wachmann. – ‚Die Moralpredigt kann er sich schenken!‘, dachte Philipp.

Nach Jahren war es endlich so weit: Er stand in seiner alten Kleidung vor der Vollzugsanstalt und hörte das eiserne Gefängnistor hinter sich zuknallen. Genussvoll atmete er die „ungesiebte“ Luft ein.

Fast zwölf Jahre waren seit damals vergangen, als er wegen einer Geldunterschlagung zur Begleichung seiner Wettschulden gesucht worden war. Über diese Scham waren später die Eltern gestorben. Statt als Marco Mahlow war er mit falschen Papieren als Philipp Morisson in der Schweiz untergetaucht und hatte dort einen Banküberfall verübt. Im Knast hatte er genug Zeit zum Nachdenken gehabt.

Er zog ein Stück Papier aus seiner Hosentasche und las hämisch: *Erik Mahlow, Braunschweig, Birkenweg 13.* Da er in der Schweiz nicht bleiben wollte und auch nicht bleiben konnte, fuhr er zurück in sein Heimatland.

Sein Bruder Erik war charakterlich das ganze Gegenteil. Er war ein arbeitsamer Mensch, der als Hauptkassierer mit Prokura in einem großen Kaufhausbetrieb arbeitete. Er genoss das Vertrauen seines Chefs und der dortigen Mitarbeiter.

Tag für Tag erschien er pünktlich um acht Uhr beim Kaufhauspförtner und nahm seinen Kassenraumschlüssel in Empfang. Im Arbeitsraum roch es ständig nach alten Banknoten.

Als Erstes öffnete er das vergitterte Fenster, von wo aus man den Park überblicken konnte. Nach kurzen Kassenstunden sammelte er jeweils um 11 und 16 Uhr – man konnte die Uhr danach stellen – die Einnahmen der Kassiererinnen ein. Um 18 Uhr verließ er, nachdem er das Fenster und den großen Kaufhaustresor sorgfältig verriegelt hatte, seinen Arbeitsplatz und lief schnurstracks zum Pförtner, um dort seinen Schalterschlüssel zu hinterlegen.

Erik Mahlow lebte unverheiratet sehr zurückgezogen in einer kleinen Wohnung. Im häuslichen Alltag machte er sich bestimmte Lebensgewohnheiten zu Eigen, sah um 20 Uhr die Tagesschau, andere Fernsehprogramme und ging pünktlich um 22 Uhr schlafen.

An jenem Freitagabend – es war auch noch der Dreizehnte – verspürte er eine merkwürdige Unruhe und ging nervös zu Bett.

Kurz vor dem Einschlafen läutete es an der Wohnungstür. Die große Wanduhr zeigte eine Stunde vor Mitternacht. Mit unguter Vorahnung spähte er durch den Türspion. Seine Hände begannen zu zittern. Wie ein Chamäleon wechselte er die Farbe. Ihm wurde speiübel. Trotzdem öffnete er die Tür.

„Marco, wo kommst du denn her?!“, flüsterte Erik, denn sein Bruder war schon ein Totgeglaubter. Aus Schamgefühl über des Bruders Untaten war Erik nach Braunschweig gezogen, wo ihn niemand kannte. Doch nun wurde er wieder von der Vergangenheit eingeholt.

„Mensch, Erik, nun glotz nicht so! Oder willst du mir keinen Einlass gewähren?“

„Komm rein!“, erwiderte Erik leise, mehr aus Rücksicht auf die anderen Hausbewohner. Vor Aufregung hüpfte sein Adamsapfel rauf und runter.

Dann saßen sie sich in der Wohnstube gegenüber – so, als wenn sie ihr anderes Ich sähen! Sie glichen sich wie ein Ei dem anderen, sie waren nämlich Zwillinge. Beide hatten einen spärlichen Haarwuchs, nur Erik trug einen Backenbart.

„Wie ich sehe, Erik, geht es dir gut und mir dafür schlecht. – Hast du nicht mal ein Bier zur Begrüßung?"

Während Erik Flaschenbier servierte, tischte Marco seinem Bruder eine unglaubliche Geschichte auf, die Mitleid erwecken sollte. Nur von der Schweiz erzählte er nichts. Anschließend wollte er von Erik alles wissen und besonders dessen Tagesablauf kennen lernen: wo, als was und wie er arbeitete und viele Erik zunächst unbedeutend erscheinende persönliche Kleinigkeiten.

Erik war unwohl zu Mute, und so fragte er: „Hat dich jemand ins Haus kommen sehen?"

„Keine Angst, Brüderchen, niemand hat mitgekriegt, dass du Besuch bekommen hast", erwiderte Marco und zog ein stilles Resümee über seinen Bruder: ein bisschen älter geworden, noch genauso trottelig, pedantisch wie früher, lässt sich einschüchtern und herumkommandieren.

Als Erik seinem Bruder die Haustür zum Gehen öffnete, kündigte sich schon der Samstagmorgen an. Und bevor er verschwand, sagte der Totgeglaubte: „Ich komme bald wieder!"

Marco fand seit seiner Rückkehr in Braunschweig bei der blonden Prostituierten Mizi Unterschlupf. Bei ihr hieß er weiterhin Philipp Morisson.

Während seiner Knastzeit hatte er sich einen gigantischen Plan ausgedacht, um an das große Geld heranzukommen. Dazu gehörte auch, seinen Bruder tagelang zu beschatten.

Mizi tat für Philipp alias Marco alles. Bei einem Versandhaus bestellte sie auf ihren Namen eine komplette Herrenausstattung – von Kopf bis Fuß. „Sag mal, Philippchen, warum denn gleich alles zweimal?"

„Mach, was ich dir sage! Bekommst dein Geld schon zurück! Doppelt und dreifach!"

Akribisch speicherte Marco alles im Gedächtnis. Er war ein kluger Kopf, bloß nicht geeignet für eine solide, ehrliche Tätigkeit.

Es war Mittwoch. Bei Erik schellte gegen 23 Uhr die Türglocke. Draußen stand Marco, beladen mit Paketen und Kartons.

„Mein Gott, was schleppst du denn alles an? Hat dich zu dieser späten Stunde auch niemand gesehen? Schnell, komm rein!“

„Mensch, hab nicht solchen Schiss! Deine weiße Weste wird schon nicht befleckt werden!“, erwiderte Marco grimmig.

„Du hast aber eine Menge Geld lockergemacht“, staunte Erik. „Ich dachte immer, dir geht es so schlecht – und jetzt diese Geschenke?“

„Ich hab beim Wetten Glück gehabt. Und neue Plünnen kannst du ja auch mal wieder gebrauchen, so als Finanzchef eines Kaufhauses.“

Erik musste sofort die neuen Sachen anprobieren. Eigentlich war es überflüssig, denn sie hatten beide die gleiche Konfektionsgröße.

„So gehst du ab morgen zur Arbeit – verstanden?!“, sagte Marco mit befehlender Stimme. Sein Ton ließ keine andere Meinung aufkommen, das wusste Erik von früher.

Und so gekleidet ging er am nächsten Tag ins Kaufhaus. „Nanu, Herr Mahlow, heut so flott angezogen? Sie gehen doch nicht etwa auf Brautschau?“, fragte das Kassenfräulein. Erik war es sichtlich peinlich, und er wollte schnell die Einnahmen in Empfang nehmen.

„Aber Herr Mahlow, Sie waren doch vor gerade mal einer knappen Viertelstunde bei mir – zwar früher als sonst – und haben das Geld geholt.“

Erik sah das Fräulein entgeistert an. Irritiert holte sie das

Kassenbuch hervor. Dort stand es schwarz auf weiß: *5600,00 DM erhalten*, quittiert mit seiner Unterschrift.

„Sie sehen heute zwar gut aus, aber dafür reichlich nervös. Verliebt, was?“

Sich x-mal entschuldigend, zog sich Erik kopfschüttelnd zurück, aber die Summe fehlte in seinem Kassenbestand.

Völlig durcheinander fuhr er zum Feierabend nach Hause, ging frühzeitig schlafen, fand aber keine Ruhe.

Kurz vor Mitternacht erschien Marco. Als Erik seinen Bruder in den gleichen Sachen sah, dazu noch mit einem angeklebten Backenbart, da machte es bei ihm endlich klick! Nun wusste er, wer das Geld abkassiert hatte. Er zitterte am ganzen Körper und versuchte Marco zur Rede zu stellen. Stotternd brachte er nur unverständliche Worte hervor. Doch er sah nur in ein kaltes, brutales Brudergesicht.

„Marco, was ist bloß aus dir geworden?!“, stammelte er. Im Schlafanzug hockte er wie ein Häufchen Unglück im Sessel.

Eiskalt reagierte Marco. „Mach dir nicht in die Hose und halt die Klappe! Hör zu, was ich dir zu sagen habe: Morgen und übermorgen bleibst du zu Hause! Ich gehe für mein Brüderchen zwei Tage arbeiten – verstanden?! Und wage ja nicht, hier aus deiner Bude zu gehen!“

Erik sprang auf, wollte protestieren, aber schon landete ein Faustschlag in seinem Gesicht. Er fiel in den Sessel zurück, und ein schmerzhafter Bluterguss zeichnete sich am Auge ab. Er gab nicht auf und wollte sich wütend auf Marco stürzen, doch schon trafen die nächsten Schläge seinen Körper – und das war dann der K.o.

Als Erik vor Schmerzen im Bett wach wurde, blinzelte ihn das grinsende Gesicht seines Zwillingsbruders an. „Siehst du, wenn man auf seinen Bruder nicht hören will, muss man fühlen!“

Dann hämmerte Marco nochmals mit Worten auf seinen Bruder ein: „Die nächsten zwei Tage bleibst du in der Wohnung – und wehe, wenn du jemanden verständigst!“ Vorsorglich riss er das Telefonkabel aus der Wand, vergaß auch nicht, sich den Tresorschlüssel geben zu lassen. Als Druckmittel steckte er Eriks Wohnungsschlüssel ein.

„Pünktlich wie immer, Herr Mahlow!“, sagte der Pförtner am nächsten Morgen und übergab um acht Uhr den Kassenraumschlüssel. Um 11 und 16 Uhr wurden die Zwischeneinnahmen bei den Kassiererinnen abgeholt. Das Geldtransportunternehmen wurde durch Mahlow „wegen dringender Geldtransaktionen des Betriebes“ abbestellt. Pünktlich um 18 Uhr landete der Kassenraumschlüssel wieder beim Pförtner. „Einen schönen Feierabend, Herr Mahlow!“, sagte dieser freundlich.

Mahlow schlug den Weg zur Bushaltestelle ein, änderte dann aber eilends die Wegstrecke.

„Mizi, es läuft alles wie am Schnürchen. Morgen bist du mit unserem Miet-BMW fünf Minuten vor 18 Uhr am Park. Wenn ich im Kassenraum kurz das Licht aus- und einschalte, dann stehst du unterhalb des Fensters und fängst die Taschen auf, die ich durch die Gitterstäbe runterwerfe. Sieben Minuten später bin ich am Wagen, und ab geht's! – Küsschen drauf!“

Wie von Marco Mahlow geplant, verlief der Freitag ohne Pannen. Die Geldzählmaschine hatte kurz vor Feierabend eine sehr hohe Einnahmesumme ausgewiesen.

Für Marco verging die Zeit viel zu langsam, nur mühsam quälte sich der große Uhrzeiger voran. Endlich war es 17.55 Uhr! Flink schaltete er das Licht aus und an und schob die bereitgestellten Geldtaschen durch die Gitterstäbe. Mit rasanter Geschwindigkeit verschloss er alles und war um 18 Uhr beim Pförtner. „Ich wünsche noch ein schönes Wochenende, Herr Mahlow!“

Triumphierend schlug Marco den Weg zum vereinbarten Halteplatz des Wagens ein – aber er sah weder den BMW noch Mizi! Schweißtropfen bildeten sich auf seiner Stirn. Er rannte zu der Stelle, wo die Geldtaschen liegen mussten. Nichts. In der Ferne sah er auf dem Parkweg schemenhaft zwei Gestalten davonrennen.

Zorn stieg in Marco auf. Hatte Mizi ihm mit Komplizen ein Schnippchen geschlagen? Er lief zur Straße und sah Mizi angefahren kommen. Wutschnaubend schaute er sie an.

„Liebling, ich hatte mit dem Auto einen Unfall, fuhr ein anderes Fahrzeug an. Die Bullen kamen, und ich konnte nicht weg. Müssen es eben am Montag nachholen!“

Marco konnte sich gerade so weit beherrschen, dass er Mizi nicht zusammenschlug. „Du dämliches Miststück! Ich habe über eine halbe Million buchstäblich aus dem Fenster geworfen. Andere haben die Beute geklaut und sind verduftet. – Und nun müssen wir schleunigst verduften!“

Nach Marcos Fensterwurf hatten zwei Jugendliche, die des Wegs kamen, am Kaufhausgebäude zufällig die Geldtaschen gefunden und waren damit fortgerannt – zufällig in die Arme von Polizeibeamten am Ende des Parkweges.

Die Klärung erfolgte schnell, und bereits um 19 Uhr standen Kriminalbeamte vor der Wohnungstür von Erik, der nach dem Sturmklingeln verängstigt öffnete. „Mensch, wie sehen Sie denn aus?!“, fragte ein Beamter.

Erik Mahlow erzählte den ganzen Vorfall mit seinem Zwillingsbruder Marco, auch von dessen Vergangenheit.

An der Grenze zu Frankreich wurde Philipp Morisson alias Marco Mahlow zusammen mit Mizi festgenommen.

Und wieder saß er vor dem Untersuchungsrichter, der den Haftbefehl verkündete, und musste nun hören, wie er die Worte sprach: „Wachtmeister! Den Festgenommenen abführen!“

„Spreekönigin Nana“

Der Witwe Elfriede König behagte das geruhsame Berliner Stadtleben überhaupt nicht, denn die längste Zeit ihres Lebens hatte sie auf Vaters Schlepper zugebracht. Trotz hübscher Wohnung und guter Nachbarschaft brauchte sie zum Dasein die Wasserluft, musste auf den Frachtkähnen die Atmosphäre der Schiffersleut schnuppern. So war es nicht verwunderlich, dass sie die alten Schiffsbesatzungen kannte, die auf der Spree durch Berlin fuhren.

Eines Tages suchte eine junge Mutti für ihre sechsjährige Tochter Nana eine „Kinderfrau“, so eine Art Ersatzoma. Elfriede, in Ermangelung eigener Kinder, nahm sich der Kleinen aus dem Wohnhaus an. Sie war ganz happy, wenn sie in die dunklen, leuchtenden Kinderaugen sah und dem Mädchen über den schwarzen Haarschopf strich. Zwischen den beiden entwickelte sich ein inniges Oma-Enkelin-Verhältnis.

Elfriede musste ihr Schifffahrtsgeschichten erzählen, auch von ihrem Wunsch, ein weißes Passagierschiff zu besitzen. Dabei entwickelte sie oft eine blühende Phantasie, mit Kindern und Rentnern über die Berliner Seen zu fahren.

Wenn die Sehnsucht nach den Berliner Gewässern und besonders zu ihrer geliebten Spree zu groß wurde, nahm sie Nana bei der Hand, und ab ging’s ans Spreeufer oder zum Müggelsee. Im Vorbeifahren winkten die Kahnleute Elfriede zu, sobald sie sie erblickten, und riefen herüber: „Hallo! Spreekönigin!“

„Sag mal, Oma Elfriede, warum rufen sie immer ‚Spreekönigin‘?“

„Ja, weißt du, mein Kind, das war so: Da wir König hießen, bekam ich den Spitznamen ‚Spreekönigin‘. Vielleicht sah ich auch königlich hübsch aus.“ Sie musste selbst darüber schmunzeln.

„Bestimmt! – Und warum kaufst du dir nicht so ’n weißes Schiff, wovon du immer sprichst?“

„Weil ich nicht so viel Geld habe, mein kleiner Engel!“

„Dann musst du Lotto spielen!“

„Ja, das mache ich ja, aber bisher hatte ich nie Glück.“

„Du schaffst es schon, du bist doch die ‚Spreekönigin‘!“ Nana sah Elfriede mit ihren dunklen Augen überzeugend an.

Elfriede lispelte: „Vielleicht findet ein blindes Huhn auch mal ein goldenes Körnchen!“ – War so eine Redensart von ihr.

Eines Sonntags unternahm sie mit Nana eine Spreepartie. Und wie nicht anders zu erwarten, träumte Elfriede von einem weißen Schiff, welches sie quer durch Berlin zum Wannsee steuerte.

Am Montagmorgen begann dann wieder der Alltagsablauf. Elfriedes Gedanken waren noch beim Sonntagsausflug, als ihr plötzlich Nanas Hinweis auf das Lotto einfiel. Sie flitzte in die Küche, nahm die Montagszeitung zur Hand, suchte nach den Gewinnzahlen und verglich sie mit ihrem Tipp.

„Sieben, zehn, zwanzig“, sprach sie laut und las weiter, „dreißig, einunddreißig, vierzig!“ Sie ließ sich auf den Stuhl plumpsen. „Ich werd verrückt! Elfriede, du hast ja sechs Richtige! Mensch! Und die Zusatzzahl auch!“, rief sie außer sich vor Freude.

Ja, mit dem Glück geht es oft so wie mit der Brille: Man hat sie auf der Nase und merkt es nicht.

Still und heimlich fuhr Elfriede zur Lottodirektion und ließ sich die sehr hohe Gewinnsumme aufs Konto überweisen. ‚Jetzt könnte mein Traum wahr werden!‘, jubelte sie innerlich. Sie erzählte aber niemandem etwas davon, auch nicht der kleinen Nana, denn es sollte die größte Überraschung werden.

Tags darauf fuhr Elfriede mit der S-Bahn nach Treptow, um den Hafen der Personenschifffahrt aufzusuchen. Dort wollte sie mit alten Bekannten sprechen, denn jetzt sollte das weiße Schiff Wirklichkeit werden.

Die S-Bahn war dicht gefüllt, und ein stark beleibter Mann versuchte sich noch rückwärts reinzuzwängen. Da ertönte aus dem Wageninneren eine Stimme: „Dicker, lass die Luft raus, dann jehste noch rin!"

Elfriede stutzte. Der Korpulente, das war doch Berthold Schuhmann, der Schiffsführer!

Und richtig, er stieg ebenfalls in Treptow aus und wollte zum Hafen.

Kurz darauf entdeckte er Elfriede. „Mensch, Spreekönigin! Was machst du denn hier? Willste eine Runde auf den Wellen plätschern?"

„Ach, Berthold, dich hat der Herrgott geschickt! Ich muss mal wieder Spreeluft schnuppern und mit jemandem quatschen. – Und was machst du hier?"

„Ich fahr die ‚Dahme' vom Eigner Luipold."

„Ach so", erwiderte Elfriede. Dann sprach sie über ihre Absicht, ein Schiff zu kaufen. „Weißt du, ich muss was unternehmen, muss wieder Schiffsplanken unter den Füßen haben."

Tage später teilte Berthold ihr ein Angebot mit. Daraufhin trafen sie sich am Zeuthener See.

„Elfriede, dort am Steg liegt ein weißes Motorschiff für fünfzig Personen. Es ist erst vor acht Jahren aus der Werft gekommen. Sein Eigentümer will es aus gesundheitlichen Gründen preisgünstig verkaufen."

„Das wäre die Erfüllung meines Traumes! Aber wer steuert das Schiff? Ich habe doch keine Befugnis."

„Wenn du mich als Schiffsführer einstellen würdest, dann hättest du einen Befugten. Einen Matrosen und einen zweiten Schiffsführer könnte ich auch anheuern, und so hättest du gleich drei neue Arbeitsplätze geschaffen."

„Berti, du bist ein Teufelskerl!“

„Frau Kapitän, schauen Sie mal nach Backbord!“, sagte er schmunzelnd und zeigte auf die herrlichen Neubauten fünfzig Meter weiter am Wasser. „Da kannst du dir gleich eine moderne Wohnung mit Blick auf den See mieten und hast Anlegesteg und Schiff gleich nebenan.“

Gesagt, getan. Das Geschäft wurde abgewickelt.

Und dann fuhr Elfriede, innerlich jubelnd, mit ihrer kleinen „Glücksfee“ Nana nach Zeuthen.

„Oma Elfriede, dort ist ja so ’n weißes Schiff, was du dir immer gewünscht hast!“, rief das Mädchen aufgeregt.

„Ja, meine Kleine, ich hab’s gekauft, und von nun an gehört uns beiden das schöne Schiff.“

Mit Blasmusik fand eine zünftige Schiffstaufe statt, und das schmucke Passagierschiff erhielt den Namen „Spreekönigin Nana“.

„Ersatzoma“ Elfriede drückte liebevoll ihr kleines Mädchen und rief voller Stolz: „Willkommen an Bord und Leinen los!“

Mit Kindern, Betreuern und Rentnern ging’s los zur „Jungfernfahrt“.

Der Pfennigbaum

Es war einmal vor langer Zeit, da zog ein Jüngling namens Fabian auf Wanderschaft. Seine spärliche Habe hatte er in ein Tuch gebunden. Frohen Mutes lief er fröhlich trällernd durch die Lande. Überall, wo er hinkam, half er den Leuten, ob Jung oder Alt, Arm oder Reich. Aus Prinzip nahm er für seine Arbeit kein Geld – was sollte er auch damit? Lieber ließ er sich für seine Dienste verpflegen. Weit und breit war der junge Wandersmann gern gesehen.

Eines Tages lief er durch einen großen Wald. Er war so guter Dinge, dass er gar nicht merkte, dass er im Märchenwald war.

Da sah er eine alte Frau auf einem morschen Baumstamm sitzen. Sie jammerte entsetzlich vor sich hin.

Fabian brachte es nicht übers Herz, einfach vorbeizugehen. „Heda, Mütterchen! Warum klagst du so?"

„Ach, weißt du, Söhnchen, ich habe mir das Bein verstaucht und kann nicht auftreten. Kannst du mir nicht helfen?"

„Aber gewiss!", erwiderte er hilfsbereit.

„Na, dann geh Blätter sammeln, die ich mir auf meinen Fuß legen kann, um ihn schnell gesund zu machen", sprach die Alte.

„Ich kenn solche Wunderblätter leider nicht, Mütterchen. Weiß auch gar nicht, wo ich sie suchen sollte."

Sie beschrieb Fabian die Wunderpflanze und erklärte ihm, wo er sie finden könne.

Bevor der Jüngling loszog, gab er der Alten sein Tüchlein mit seiner ganzen Habe zur Aufbewahrung.

Pfeifend sprang er über Stock und Stein. Nach vielem Suchen fand er schließlich neben anderen Gewächsen auch die Heilpflanze – sie hatte gelbgrünliche Blätter –, die das Mütterlein haben wollte.

Hurtig lief er zur Alten zurück, die immer noch auf dem Baumstamm kauerte.

„Hier, Mütterchen, hast du deine Zauberblätter. Ich hoffe, es sind genug und die richtigen."

„Ja, mein Söhnchen, du hast die richtigen gebracht. Nun brauche ich deine Hilfe nicht mehr. Als Belohnung kann ich dir aber nur eine kleine Münze geben, mehr hab ich nicht!"

Fabian war ein bisschen verblüfft, denn die Münze war ein Pfennigstück.

Er nahm sein Tüchlein und sagte lächelnd: „Auch ohne Belohnung hätt ich's getan. Ich tat's gern. Und nun mach's gut, Mütterchen!"

„Halt, halt, mein Söhnchen!", rief sie. „Ich muss dir doch noch etwas sagen."

„Ja, was denn noch?"

„Das Geldstück, welches ich dir gab, ist etwas ganz Besonderes. Wenn du die Münze in die Erde steckst, dann wird ein Bäumchen daraus. Es blüht jedes Jahr, und es wird immer größer."

„Na, das ist ja schön!"

„Papperlapapp! Hör weiter! Aus den Blüten werden Pfennigfrüchte, harte Münzen, die du ständig ernten kannst. Aber überlege gut, wo du das Geldstück in die Erde legst! Verpflanzen kannst du das Bäumchen nämlich nicht mehr!"

„Nochmals vielen Dank, Mütterchen, und werde schön gesund!"

Noch ehe Fabian sich besinnen konnte, war die Alte verschwunden. Den Pfennig steckte er in seine Jackentasche.

Und so vergingen die Jahre. Fabian wurde sesshaft und kaufte sich vom Ersparten ein kleines altes Haus mit Garten.

Die Begegnung mit der Alten war längst vergessen – bis Fabian eines Tages beim Kramen auf dem Boden die Kiste mit den alten Wanderkleidern fand. ‚Ach richtig, da ist ja auch noch der Pfennig in der Jackentasche!‘, dachte er. Und sofort fiel ihm wieder das merkwürdige Erlebnis im Wald ein. Er musste im Nachhinein noch lächeln.

Aber aus Spaß steckte er das kleine Geldstück in die Erde seines Gartens.

Und tatsächlich: Im Frühjahr wuchs dort ein Bäumchen. Zunächst war es klein, wurde dann aber immer größer und trug wirklich reichlich Früchte – alles harte, echte Pfennigstücke. Und da, wo Fabian sie pflückte, sprossen sogleich neue Pfennigfrüchte, und von Jahr zu Jahr wurden es mehr.

Von nun an hatte Fabian immer Geld. Er wurde zwar nicht übermäßig reich, konnte aber heiraten und eine Familie gründen.

Ja, das war die Geschichte vom *Pfennig-* oder jetzt *Euro-Cent-Baum*. Aber wo dieser steht, das wird nicht verraten. Sucht ihn doch selbst!

Hans Schweizer

Aus: „Hinter die Ohren geschrieben –
Zeichen der Zeit kritisch-ironisch betrachtet“

Klausi oder Die Schuld der Gesellschaft

Klausi war wieder einmal zu spät zum Abendbrot gekommen. Es war gegen 23 Uhr, als er mit seiner Schultasche eintrudelte.

Seine Mutter, von ihrem Gatten „Rehlein“ genannt, fragte ihr Bübchen, wo es denn so lange geblieben sei.

„Ich habe mit Jonny meine Hausaufgaben gemacht.“

Dagegen sei nichts zu sagen, meinte Vater Hans, von seiner Gattin liebevoll „mein Hansemann“ gerufen.

Das vollschlanke Rehlein ließ ihren Klausi wissen, daß sie sein Abendessen aufs Zimmer gebracht habe. Sie habe einen prächtigen Pudding gekocht, umlegt mit Gummibärchen.

Klausi trollte sich mit seiner Schultasche davon. Er schloß die Zimmertür ab, ehe er der Tasche Kassetten mit drei japanischen Bauchaufschlitzer-Filmen, zwei Pornofilmen, Marke „strengstes Jugendverbot“, und die Kampfzeitschrift „Hitler lebt in uns“ entnahm. Aus seiner Hosentasche fingerte er vorsichtig ein eisernes Hakenkreuz, das er seiner Sammlung von Verdienstmedaillen aus dem Dritten Reich einverleibte.

Am Frühstückstisch beschwerte sich Klausi, daß man ihn so früh geweckt hatte. Denn er habe noch die halbe Nacht über Methoden der Selbstverteidigung nachdenken müssen.

Dagegen sei nichts zu sagen, meinte Vater Hansemann, denn man müsse heutzutage gerüstet sein, dem Ausländergesocks, wie Türken und Zigeunern, kräftig aufs Maul zu hauen. Dann erging sich der Vater, von Rehlein mit stetigem Kopfnicken begleitet, in längeren Ausführungen über eine unfähige Regierung, die Asylanten Tür und Tor öffne, über eine Polizei, die angesichts jeden Negers die Hosen voll gestrichen habe, und über die Notwendigkeit, ein Deutschland der Deutschen zu schaffen.

Klausi, mit seinen fünfzehn Jahren schon erstaunlich weitsichtig, bemerkte lakonisch: „Der Auffassung sind wir schon immer."

„Wer ist ‚wir'?" fragte der Vater.

„Alle meine Freunde", antwortete Klausi. „Wir haben Blut und Ehre auf unsere Fahne geschrieben, wir säubern unser Wohnviertel von Artfremden, wenn es die Polizei schon nicht tut, wir bauen das neue Deutschland."

„Da bin ich ja direkt stolz auf dich", säuselte Rehlein. „Du bist ein anständiger Junge. Jetzt aber mußt du in die Schule."

„Was soll ich eigentlich in dieser Schule?" maulte Klausi. „Hauen wir einem Langhaarigen in die Fresse oder spielen wir in der Pause ‚Türken-Werfen', kommt bestimmt einer unserer blöden Lehrer und sabbert uns mit lauen Sprüchen, Toleranz, Multikultur und dergleichen Blabla, voll. Die haben nix, aber auch gar nix begriffen."

Einige Tage später kam Klausi von der Schule nicht nach Hause. Hansemann und Rehlein wurden vor einen Untersuchungsrichter zitiert.

„Wir werfen Ihrem minderjährigen Sohn vor, gestern abend am Niederbrennen eines Asylantenheims beteiligt gewesen zu sein."

Klausi saß stumm in einer Ecke. Rehlein strich ihm über das Haar und sagte mit tränenerstickter Stimme: „Das hast du doch nicht getan, mein Herzblatt, wir haben dich doch zu einem anständigen Menschen erzogen. Du bist doch so lieb zu unserer Katze, und überhaupt warst du doch gestern abend zu Hause."

Der Richter schaute die Mutter skeptisch an. „Wir werden sehen. Wieviel Taschengeld bekommt Ihr Sohn in der Woche?"

„So um die 200 Euro. Unser Klausi soll auf nichts verzichten müssen. Wir wissen, daß Armut die Menschen zu Verbrechern macht. Nicht wahr, Hansemann?"

Hansemann murmelte, daß ihm alles unerklärlich sei. Was man auch Klausi in die Schuhe schieben wolle, am Elternhaus habe dies keineswegs gelegen. Man habe alles getan, um ihn zu einem nützlichen Glied der Gesellschaft zu erziehen.

Rehlein sprang auf. „Herr Richter, nur die Gesellschaft ist an allem schuld! Die Gesellschaft ist es, die unsere Jugend so verdirbt."

Dann ließ das Rehlein seine 95 Kilo befriedigt auf den Stuhl zurücksinken. Und Vater Hansemann nickte stumm zu seinem Sohn, der verlegen lächelte.

Die Macht der Medien

Fritzi ist siebzehn Jahre alt und eine exzellente Sportlerin. Sie wird für die Olympischen Spiele nominiert.

Schlagzeile: *Fritzi fährt zur Olympiade.* Nächste Schlagzeile: *Fritzi strebt nach Gold.*

Fritzi wird von einem Reporter gefragt, ob sie sich eine Goldmedaille wünsche. Natürlich, so antwortet sie, wünsche sich jeder Olympiateilnehmer Gold, für sie sei das aber eine Illusion.

Nächste Schlagzeile: *Fritzi sagt, Gold muß her.* Ein paar Tage später: *Fritzi, unser Goldmädchen!*

Bei den Spielen erreicht das junge Mädchen das bisher beste Ergebnis seines Lebens und gewinnt, unerwartet, die silberne Medaille.

Schlagzeile: *Kein Gold für Fritzi!* Weitere Schlagzeilen: *Nur Silber für Fritzi. – Versagten Fritzi die Nerven? – Enttäuschung über verpaßtes Gold.*

Fritzi versteht die Welt nicht mehr. Sie ist zum Spielball der Medien geworden. Wer zum Teufel hat den Medien die Macht verliehen, ihr eine Goldmedaille anzudichten, die, nach ihrer einzigen relevanten Aussage, für sie noch eine Illusion sei?

Hoch lebe die Pressefreiheit!

Karsten Steckling

Die Mondlandung

Das Jahrhundertereignis oder Sommerferien in Schmöckwitz

Die Menschen hoffen den Mond zu erreichen; sehen dabei aber nicht die Blumen, die zu ihren Füßen blühen.

ALBERT SCHWEITZER

Heute ist Mittwoch, der 21. Juli 1999. Ich habe Ferien und endlich wieder mal viel Zeit. Erneut machen meine bunten Erinnerungen mit mir einen langen und ausgedehnten Spaziergang. Vor genau einer Woche habe ich Urlaub bekommen, den schönsten, den es für einen Lehrer geben kann: große und lange Sommerferien.

Ist das Leben nicht schön? Ich sitze im Liegestuhl, genießerisch ausgebreitet, und lese in Ruhe und ohne Hektik die heutige Tageszeitung. Wichtige und unwichtige Meldungen wird es auch heute wieder mehr als genug geben. Aber ich habe ja Ferien. Und noch ist Hansa Rostock auch nicht abgestiegen. Die neue Saison beginnt ja erst in wenigen Wochen. Also bitte: Noch keine unnötige Hektik! Ruhig und gelassen nehme ich alles hin.

Ich sagte schon, dass ich viel Zeit habe, und deshalb gehen mir auch tausend Gedanken durch den Kopf. Nun blicke ich zurück. Dreißig, und das auf den Tag genau, anstrengende, aber eigentlich doch immer schöne Dienstjahre habe ich nun mittlerweile auch schon auf dem Buckel. Ja, ja, die liebe Zeit! Schon Wilhelm Busch wusste, dass sie im Sauseschritt eilt. Nun sind dreißig Jahre seit meinem Dienstbeginn vorbei.

Heute erinnere ich mich sogar noch an Einzelheiten, obwohl es oft schon nicht einfach ist, sich zu merken, was für den folgenden Tag wichtig erscheint …

Ja, es war ein recht heißer Sommer vor über dreißig Jahren. Es war mein letzter Feriensommer vor dem Start ins Berufsleben. Nun wollte es der Zufall, dass es mich vor dreißig Jahren gerade in den Berliner Raum verschlug. Knapp drei Wochen hatte ich Dienst als Gruppenerzieher und Rettungsschwimmer in einem Kinderferienlager in der schönen Berliner Seenlandschaft. Damals schickte sich die DDR an, in Kürze ganz groß das zwanzigste Jubiläum ihrer Gründung zu feiern. Auch im Ferienlager waren davon alle Morgenappelle geprägt.

Nun war ich in Schmöckwitz am Rande Berlins, wo man jeden Tag Westfernsehen ohne größere Probleme empfangen konnte. Ich befand mich aber in einem Kinderferienlager, in dem mir die Erziehung junger „sozialistischer Persönlichkeiten“ anvertraut war. Als junger Mensch, der gerade mit dem Studium fertig geworden war, wollte ich meine Arbeit natürlich so gut wie möglich erledigen. Da gehörte es sich doch einfach nicht, die „Aktuelle Kamera“ zu negieren und stattdessen die „Tagesschau“ zu verfolgen. Aber nachts war man meistens unbeobachtet …

Nun erinnere ich mich an den geschichtsträchtigen Tag vor genau dreißig Jahren so genau, als wäre alles erst gestern gewesen. Ich sollte an diesem Tag mein zweites kosmisches Großereignis erleben, nachdem ich schon 1961 den ersten Weltraumflug eines Menschen mitverfolgen konnte.

Der 20. Juli war ein Sonntag. Wenn wirklich alles klappen sollte, würden in der Nacht zum Montag, also am legendären 21. Juli 1969, amerikanische Astronauten mit „Apollo 11“ den Mond erreichen. Ja, sie haben ihn erreicht. Und ich war Augenzeuge dieses einmaligen Ereignisses.

Ich glaube – und das weiß ich nun wirklich nicht mehr genau –, es war schon mehr als zwei Stunden nach Mitternacht, als NEIL ARMSTRONG als erster Mensch überhaupt seinen Fuß auf der Mondoberfläche aufsetzte und damals seinen legendären Ausspruch tat: „Es war ein kleiner Schritt für mich, aber ein Riesenschritt für die Menschheit!" Und ich durfte damals, obwohl im Osten ARD und ZDF kaum zu empfangen waren, Augenzeuge dieses einmaligen Spektakels sein. Das in Schmöckwitz, über zweihundert Kilometer von zu Hause entfernt, erleben zu dürfen, macht mich noch heute froh.

Die Tat Neil Armstrongs – der Neunundsechzigjährige lebt heute im US-Staat Ohio – ist nun schon dreißig Jahre her. Aber ich fange schon wieder an, mir meine Gedanken zu machen, was aus dieser einmaligen Leistung bewundernswerter Menschen geworden ist. Bleibt da nur der geschichtliche Fakt?

Soll der Leser sich doch sein Urteil bilden!

Übrigens: Albert Schweitzer hat den eingangs von mir zitierten Satz bereits vor mehr als fünfzig Jahren gesagt!

Hat ihn die Zeit schon überholt?

Ich glaube nicht.

Alltagsfreuden

Die Freude ist schüchtern und fühlt sich auf Festen nicht wohl.

ANATOLE FRANCE

Dass das einleitend Zitierte nicht immer stimmen muss, habe ich heute mehr als nur flüchtig erfahren dürfen. Das war sicherlich nicht nur für mich wohltuend, sondern für viele Balsam für die Seele, denn Freude, so glaube ich, ist ansteckend und wirkt beflügelnd.

Eine anstrengende Arbeitswoche lag hinter mir. Ausgerechnet heute sollte nun auch noch die Geburtstagsfeier sein. Mein ehemaliger Nachbar, zu dem ich immer noch einen freundschaftlichen Kontakt habe, hatte Geburtstag, und ich „musste" hin. (Verzeih mir, lieber Uli!) Manchmal hat man eben nicht einmal Lust aufs Feiern.

Ich dachte mit Schrecken daran, heute Abend nochmals aus dem Haus zu müssen. Erstens: Ich hatte ein richtig schlechtes Gewissen, denn ich hatte meine Zeugnisse noch immer nicht fertig. Zweitens: Auf Feiern hört man doch immer nur das Gleiche, nämlich von Problemen und Sorgen.

Diese zwei Dinge gingen mir durch den Kopf, als ich zu dieser Feier fuhr, auf der immer mindestens zwanzig Leute versammelt waren. So recht Lust zum Beisammensein – ein gemütliches war es ohnehin ja schon seit Jahren nicht mehr – hatte ich wirklich nicht.

Aber ich sollte mich gründlich getäuscht haben. Irgendwie war heute alles ganz anders, viel netter und schöner. Alle Geburtstagsgäste, allen voran der Gastgeber, waren schon beim Abendessen in bester Stimmung. Jeder hatte viel zu erzählen, war besonders ausgelassen, freundlich und in vorzüglicher Erzähllaune. Etliche Geburtstagsfeiergäste (eine schöne Wortschöpfung, nicht wahr?) hatten in der letzten Zeit allerhand erlebt und nun natürlich viel zu erzählen. Ja, der Gesprächsstoff wollte einigen nicht ausgehen.

So berichtete beispielsweise der Schwager des Geburtstagskindes von einem tollen Gebrauchtwagen, den er äußerst günstig zu einem fast sensationellen Preis bekommen hätte. Die Freude sah man ihm und seiner Frau förmlich an.

Irgendwie, ich sagte es ja schon, waren heute alle eigenartig und ganz anders. Heute, so hatte es jedenfalls den Anschein, wurde wohl niemand von Problemen und Sorgen gequält. Ich glaube, das ist in unserer heutigen Zeit doch schon bemerkenswert – stimmt's?

Ein weiterer Bekannter berichtete zur Freude der Hansa-Fans, dass es ihm gelungen sei, noch Karten für das zweite Spiel der Rückrunde zu bekommen, wenn Hansa auf die fast übermächtigen Bayern treffen würde. Nun kam noch mehr Freude auf.

Damit aber nicht genug. Das Geburtstagskind selbst berichtete von zwei wunderschönen Faschingsfeiern, die so toll gewesen seien wie in den allerbesten Zeiten. Mein alter Bekannter schwärmte in den höchsten Tönen von diesen gelungenen Veranstaltungen.

Eine mir fremde Frau, die zum ersten Mal in dieser Runde zu Besuch war, erzählte freudestrahlend, dass sie unlängst sehr günstig ein kleines, aber sehr gemütliches Wochenendgrundstück mit wunderschöner Laube erworben habe. Ihr Mann, man sah es ihm an, war darüber genauso glücklich wie sie.

So viel Freude und Zufriedenheit – das war ja mittlerweile beinahe schon beängstigend! ‚Manchmal', so dachte ich, ‚ist wirklich alles anders – und heute sogar noch schöner.'

Niemand hatte Grund, zu klagen oder missmutig zu sein. Die Freuden des Alltags, über die hier in so vielfältiger Weise berichtet wurde, ließen die seit Jahren vertraute Runde einmal wirklich gemütlich und nett zusammensitzen. So wurde die Geburtstagsfeier bei meinem einstigen Nachbarn wahrlich nicht zur Pflichtübung, sondern war nach langer Zeit mal wieder dazu angetan, nach getaner Arbeit Frohsinn aufkommen zu lassen.

Ja, das Leben in dieser Zeit muss nicht nur, wie es HERMANN HESSE einmal formulierte, wie preußisches Essen mit sächsischem Kaffee schmecken. Was ein wenig Freude doch alles bewirken kann, zumal sie mit vielen geteilt wurde!

Übrigens: Mit dem Schreiben der Zeugnisse wurde ich schneller fertig, als ich es gedacht hatte. Ob das an der Geburtstagsfeier, zu der ich erst überhaupt nicht wollte, gelegen hat?

Was ist heute denn noch selbstverständlich?

Einsichten zu erwerben heißt, viele und gründliche Erfahrungen über die Unzulänglichkeiten und Verhältnisse des Lebens zu gewinnen. Danach beharrt man entweder bei seinem Begehren, oder man erstrebt überhaupt nichts mehr.

STENDHAL

Es war in der hektischen Vorweihnachtszeit, in den späten Nachmittagsstunden eines recht kalten Dezembertages, als es gerade anfangen wollte, dunkel zu werden. An diesem Tag wollte wohl der Winter zum ersten Mal in jenem Jahr darauf verweisen, dass es ihn nicht nur kalendermäßig noch gibt.

Im warmen Kiosk auf dem Bahnhof der Kreisstadt aber war es angenehm und gut auszuhalten. Nachdem ich mich mit etlichen Zeitschriften versorgt hatte und sie nun an der Kasse bezahlen wollte, bemerkte ich, dass eine ältere Dame Schwierigkeiten hatte, die vielen eingekauften Dinge in ihrer dafür wohl zu kleinen Tasche unterzubringen.

Als ich ihr meine Hilfe anbot, sah sie mich freundlich an und sagte lächelnd: „Junger Mann, das ist aber sehr nett von Ihnen! So etwas habe ich ja schon lange nicht mehr erlebt."

Ich entgegnete nur, dass es doch selbstverständlich sei, ihr zu helfen.

Nun sah mich die Frau noch erstaunter an, und ein bezauberndes Lächeln huschte über ihr freundliches Gesicht. Dann meinte sie: „Sie irren sich gewaltig, mein Herr! Was ist in unserer verrückten Zeit denn noch selbstverständlich? Nichts. Aber auch wirklich rein gar nichts. Das können Sie mir glauben. Ich habe weiß Gott viel erlebt und erfahren müssen. – Ich danke Ihnen ganz herzlich. Und denken Sie an meine Worte!"

Die Dame wusste mit Sicherheit, wovon sie sprach. Bestimmt hatte sie ihre Erfahrungen.

Als ich schon im Zug saß und wieder nach Hause fuhr, musste ich immer noch an diese Episode denken. Diese einfachen Bemerkungen ließen mich wirklich nicht zur Ruhe kommen.

Eigentlich hatte ich bisher immer vieles, wenn nicht sogar alles, für selbstverständlich gehalten. Aber seit dieser Begebenheit denke ich anders darüber. So ist es heute überhaupt nicht mehr selbstverständlich, dass dir jemand hilft. Ohne Geld wird sicherlich fast überhaupt nichts mehr gemacht, für Geld aber alles. Ich denke, man kann ohne größere Übertreibung sagen, dass für die meisten Menschen leider nichts mehr selbstverständlich ist.

Ja, seit jener Episode im Bahnhofskiosk sehe ich das Selbstverständliche auch unter einem anderen Blickwinkel, glaube aber trotzdem, dass es noch Menschen gibt, denen die einfachen Dinge des Lebens, darunter nicht zuletzt die uneigennützige Hilfe, doch noch immer etwas bedeuten.

Nehmen und Geben

Meine Wünsche will ich mir erkämpfen,
keine Freude macht ein leichter Sieg.
PETRON

Es ist schon einige Jahre her. Aber mit überaus großer Freude erinnere ich mich auch an diese Zeit.

Bis zur Wende verbrachte ich jedes Jahr wunderschöne Sommerferien in Juliusruh auf der zauberhaften Insel Rügen. Die damalige Abteilung Volksbildung vom Rat des Kreises Greifswald hatte hier unmittelbar am Strand das Kinderferienlager „Klaus Störtebeker“. Weit über hundert Kinder verbrachten in diesem unbeschwert ihre Sommerferien. Als Mitglied des Betreuerstabes hatte ich hier immer reichlich zu tun, und wir waren eine wirklich tolle Truppe, die seit vielen Jahren in unveränderter Besetzung zusammenarbeitete. Jeder tat seine Arbeit gern, obwohl das Ferienlager schon unmittelbar nach dem anstrengenden Schuljahr öffnete. Die meisten der eingesetzten Kollegen waren Lehrer und hatten gerade auch freie Tage.

Wir organisierten ein abwechslungsreiches und oft äußerst interessantes Lagerleben, so dass der Aufenthalt für alle Ferienkinder stets ein nachhaltiges Erlebnis bleiben sollte. Eltern zufriedener Kinder bedankten sich bei uns Betreuern für die Arbeit. Ist das nicht der schönste Dank? Wo gibt es so etwas heute noch?

Nun möchte ich aber von einer echten Männerfreundschaft berichten, die auch die Jahre nach der Wende überstanden hat. 1981 begann diese Freundschaft. Im Sommer jenes Jahres hatten wir mit unserem Durchgang im Ferienlager großes Pech mit dem Wetter. Selten einmal war wirkliches Badewetter, und es regnete vierzehn Tage lang ununterbrochen.

In der „Ostsee-Zeitung“ las ich einen interessanten Artikel über MEINHARD NEHMER, den bekannten Bobsportler, der es durch Begabung und großen Trainingsfleiß schaffte, bei Olympischen Spielen drei (!) Goldmedaillen für die DDR zu erkämpfen. In dem Zeitungsartikel stand auch, dass der mehrfache Welt- und Europameister seinen Wohnsitz in der Nähe von Kap Arkona auf der Insel Rügen hatte.

Für die anderen Kollegen und mich war es gleich beschlossenes Sache, hinzufahren und den prominenten Sportler zu uns ins nahe gelegene Ferienlager zu einem Forum einzuladen. Der sympathische Mann sagte sofort zu. So nahm eine echte Tradition ihren Anfang, und mein Freund Meinhard weilte von nun an in jedem Sommer in unserem Lager.

Ein Kollege, der seinen fünfjährigen Enkelsohn mit im Ferienlager hatte, erzählte dem Jungen schon vor Eröffnung des Lagers, dass ein Herr Nehmer kommen und uns auch seine tollen Goldmedaillen zeigen würde. Ganz stolz sagte der Knirps zu mir: „Du, Onkel Karsten! Wann kommt eigentlich der Herr Geber und gibt uns seine Goldmedaillen?“

Nun sagte ich dem Kleinen erst einmal, dass der berühmte Mann doch Nehmer heiße und seine Goldmedaillen, die er mit äußerster sportlicher Disziplin und großer Anstrengungsbereitschaft hart erkämpft hatte, doch nicht einfach weggeben könne.

Aber der Name Geber für meinen langjährigen Freund Meinhard Nehmer ist eigentlich nicht schlecht, denn immer und überall hat er alles gegeben und so manchen bedeutenden Sieg herausgefahren. Ich bin stolz, dass er und seine Familie zu meinem Freundeskreis gehören.

Übrigens: Vor einigen Jahren habe ich ein kleines Büchlein über Albert Schweitzer geschrieben.

Schweitzer, den ich sehr verehre und von dem ich einen

handschriftlichen Brief bekam, als er sich 1965 bei mir für meine Glückwünsche zu seinem 90. Geburtstag bedankte, hat am 14. Januar Geburtstag. Das ist genau einen Tag nach dem Geburtstag des bei Stettin geborenen Bob-Olympiasiegers.

So werde ich beide Geburtstage wohl nie vergessen, und mein Freund Meinhard wird zu seinem Ehrentag immer mit einer netten Karte von mir rechnen können, zumal auch ich von ihm Kartengrüße aus aller Welt bekam und immer noch bekomme, wenn er heute als Bundestrainer unterwegs ist.

Sigrid Syrod

Wenn es ans Leben geht

Wie immer schaltete sich das Radiogerät ein. Bertold erwachte. Er war gerade im Begriff, sich zu rekeln und zu strecken, als sich der Schmerz wieder meldete. Erträglich zwar, aber beunruhigend. Schon seit einiger Zeit spürte er ihn: anfangs seltener, geringer; jetzt häufiger, eindeutiger. Bei jedem Einschlafen hoffte er auf sein Verschwinden; glaubte, die Ruhe der Nacht könne die Krankheit besiegen. Krankheit? Die Ärztin hatte untersucht, ihn beruhigt, ein Medikament verordnet. Doch es gab andere Anzeichen. Er mußte noch einmal in die Sprechstunde.

Jetzt begannen die Nachrichten, dasselbe wie immer. Entmutigt stand er auf. Als er die Leinwand sah, die Entwürfe und Skizzen, besserte sich seine Stimmung. Doch das Hochgefühl, das ihm die Arbeit sonst bescherte, stellte sich nicht ein. Den Arztbesuch hinausschieben, erst an die Staffelei, dort würde er alles andere vergessen. Aber im Bad drängte ihn der Gedanke, es hinter sich zu bringen: Klarheit, so bald als möglich! –

Überweisung zu einem Spezialisten, Termin in einer Woche; einige Anweisungen, die am Tag vor der Untersuchung zu beachten waren.

Er rief Vera an. Doch wie immer, wenn sie arbeitete, war der Anrufbeantworter geschaltet. Sie sprach in ihrem kleinen Tonstudio für Blinde Belletristik, Lyrik, Unterhaltungsliteratur auf Band und konnte so den größten Teil ihrer Tätigkeit zu Hause erledigen. Mit einigen ihrer Zuhörer pflegte sie Kontakt, traf sich zu Gesprächen, Konzerten und geeigneten Ausstellungen.

Bertold überlegte: Er würde einen Spaziergang machen, vielleicht Blumen besorgen, zu ihr gehen. Er hatte den Wohnungsschlüssel, konnte warten, bis sie ihre Arbeit erledigt hatte.

Mit wenigen Schritten hatte er den Park erreicht. Der Wind der vergangenen Tage hatte sich gelegt, Sonnenflecken huschten über den grünen Rasen. Ein Hund lief ihm bellend entgegen. „Er tut nichts", sagte entschuldigend seine Besitzerin und lächelte ihm zu. Bertolds Gedanken waren weit weg. Erst einige Zeit später begriff er, daß die Worte ihm gegolten hatten.

Er spürte wieder den aufkommenden Schmerz und suchte nach einer Bank. Durch das zitternde Laub über sich sah er den blauen Himmel. Blätter fielen zu Boden. Er atmete die milde Luft, die Stille. Oft hatte er sich gewünscht, die Jahreszeiten in der Natur zu erleben. Mit Skizzen hatte er vieles eingefangen, ausgearbeitet – benutzt –, aber wohl nie bewußt Werden und Vergehen beachtet und mitempfunden. Würde er dazu noch Gelegenheit haben? Noch hielten die Wipfel der Pappeln eine Handvoll Blätter fest, um im Herbstwind ein Lebewohl zu winken. Noch lebte in einzelnen Buchen das flammende Rot, das langsam zum sterbenden Braun wechselte. Auch Grün und Gelb büßten schon ihr Leuchten ein und waren zu fahlem, bleichem Welken verdammt.

Er riß sich los von diesem Anblick, der die Verkörperung seiner Gedanken zu sein schien, und schlug die Richtung zu Vera ein.

Sie öffnete nicht, der Summer war durch ein Lämpchen ersetzt. Leise schloß er auf, setzte sich ins Wohnzimmer und konnte von nebenan ihre Stimme hören: Verse von Mörike oder Rilke. Menschen ohne Augenlicht … ist es auch Blindgeborenen möglich, sich vorzustellen, was ein Baum ist, welche Farben das Laub, der Himmel haben? Er schloß die Augen. Vera sprechen zu hören war beruhigend, wohltuend; die Verse so lebendig, eindrücklich, schön.

Plötzlich stand sie vor ihm. „Ich mache Schluß für heute; gut, daß du da bist. Wir essen gemeinsam – oder hast du schon?"

Er schüttelte den Kopf, schaute sie an, als sähe er sie zum ersten Mal. Ihre Wangen waren gerötet, die dunklen Augen ein wenig heller als sonst: freudiger, wie ihm schien. Er schaute ihr nach, als sie mit leichten Schritten in die Küche ging, Vorbereitungen traf, den Tisch im Wohnzimmer deckte. Er wollte mithelfen und konnte doch keinen Blick lassen von ihrer Gestalt, von den geschickten schlanken Händen, die alles so sicher ordneten.

„Du bist so anders heute. Hast du gearbeitet, alles fertig für die Ausstellung? Ich muß dir was Tolles erzählen von Ralf, obwohl du immer abwehrst, wenn ich von ihm berichte."

Es stimmte. Ralf war ihr Sohn aus der Ehe mit ihrem verstorbenen Mann. Als Bertold sie kennenlernte, war Ralf schon in Amerika zur Ausbildung, und jetzt war er bereits fünf Jahre drüben. Ihre berechtigte stolze Freude über ihn weckte in Bertold stets so etwas wie Eifersucht. Er hätte diesen Stolz auch gern empfunden, aber es war der Sohn eines anderen. Warum ließ er ihr nicht die Freude, von ihm zu erzählen, von ihrer Liebe, mit der sie ihn großgezogen, für ihn gesorgt und gearbeitet hatte? Wie konnte er so egoistisch sein – die Blumen für sie hatte er auch vergessen –, sie mußte doch Sehnsucht empfinden, jetzt, wo er schon lange so weit von ihr entfernt war und ihre Freude allein darin bestand, von ihm zu sprechen. Nein, nun würde er zuhören, sich mitfreuen, sie in den Arm nehmen und um Entschuldigung bitten. Vielleicht – wenn es ihm noch möglich war – sollten sie gemeinsam nach New York reisen: für sie endlich ein Wiedersehen, für ihn ein Kennenlernen.

Sie hatte sich zu ihm gesetzt und schaute ihn besorgt an.

„Es ist nichts", sagte er, „ich denke an die Ausstellung. Wenn es ein Erfolg wird, fliegen wir zu Ralf. Wir müssen endlich mehr voneinander haben, das Leben leben, miteinander!"

Überrascht und erfreut streichelte sie seine Hand, die unter der liebevollen Berührung und seinen von Hoffnung und Bedrohung zerrissenen Gedanken kaum merklich zitterte. „Das wäre wunderbar, gerade der richtige Moment. Ralf hat angerufen und erzählt, daß er nun endlich die Zusage bekommen hat, im World Trade Center zu arbeiten. Seine Firma hat dort Räume und will sich noch vergrößern. Heute war er zum ersten Mal dort, er war ganz aus dem Häuschen. Allerdings hat er wieder Probleme mit den Zähnen, schiebt es immer wieder auf. Ich habe ihn gebeten, sich wenigstens einen Arzttermin geben zu lassen. Er hat es versprochen. Sein kleines Apartment wird er behalten, der Weg von dort ist noch günstiger. Ich freue mich ja so!“

„Du kannst stolz auf ihn sein, und ich möchte es auch ein wenig. Zeig mir nach dem Essen noch mal ein paar Fotos. Wir sollten es richtig feiern und genießen. Möchtest du irgendwohin gehen, ein bißchen festlich?“

„Nein, laß uns hier reden. Ich habe auch einen Film, den er vor einiger Zeit geschickt hat, das sind die neusten Aufnahmen von ihm. Du, ich freue mich so, auch über dich. Du bist so besonders lieb heute.“

Er sah verlegen auf eine Notiz, die auf dem Nebentisch lag.

„Ach, das habe ich vorhin abgeschrieben, weil die Bücher zurück müssen. Ich hatte noch gar keine Muße, die Worte zu überdenken. Lies doch mal vor.“

„Man sollte ans Leben gehen, bevor es ans Leben geht“, las er mit Bedacht. „Ja, das ist wahr, ganz bewußt und intensiv leben, solange noch Zeit ist.“

„Aber das hast du ja vorhin gesagt: das Miteinander erleben und dankbar annehmen.“

Sie nutzten die Herbsttage für Spaziergänge. Er nahm die Gegenwart seiner Gefährtin, die Gespräche mit ihr wahr als eine kostbare Zeit, die knapp bemessen sein konnte. Auch die bunten, lebhaften Farben der Natur schienen das Auskosten aller Möglichkeiten oder ein Aufbäumen gegen das Vergehen zu sein.

Vera sprach von der Eröffnung der Ausstellung und freute sich auf die Amerika-Reise. Er wollte diese Zuversicht nicht zerstören, klammerte sich selbst an Pläne und Hoffnungen.

Viel Zeit verbrachte er in der Galerie, bestimmte die Anordnung seiner Bilder, verwarf sie wieder und geriet mit dem Galeristen in Streit. Der wunderte sich über seine Reizbarkeit und Ungeduld.

Endlich schienen die Wogen geglättet, die Meinungen aufeinander abgestimmt, als durch die Umgruppierung ein kleiner Raum leer blieb. Es war eine vom großen Saal abgeteilte Fläche, wie geschaffen für eine besonders hervorstechende Arbeit. Neue Auseinandersetzungen folgten, auf keinen Vorschlag wollte sich Bertold einlassen, bis sein Gesprächspartner – nun ebenfalls ungehalten – verlangte, ein zusätzliches Exponat zu liefern. „Es ist mir egal, woher Sie es nehmen, und wenn Sie Tag und Nacht daran arbeiten. Hier muß ein Bild hängen, und zwar zum Eröffnungstermin!"

Bertold rannte voller Wut nach Hause, entschlossen, die Galerie nicht wieder zu betreten.

Mechanisch stellte er das Radio an. Die 17-Uhr-Nachrichten hatten begonnen: Von Extremsituation war die Rede, Sicherung von Regierungsgebäuden – es klang, als befände man sich im Krieg. Er wechselte zum Fernseher und sah und hörte, wie aus einem Horrorszenario, daß entführte Passagierflugzeuge, vermutlich von Terroristen gesteuert, innerhalb weniger Minuten in die beiden Türme des World Trade Centers in Manhattan gerast und diese brennend in sich zusammengestürzt waren. Fassungslos starrte er auf den Bildschirm. Er hörte die erregt Berichtenden, sah Feuerwehrleute und Passanten um ihr Leben rennen, Staub, Rauch, verwackelte Bilder der in Panik fortlaufenden Kameramänner.

‚Vera!' dachte er, stürzte aus der Wohnung, raste durch fast menschenleere Straßen, in die Wohnung, ins Wohnzimmer.

Vera hockte auf der Couch, die Fernbedienung in der Hand, und fragte kopfschüttelnd mit unsicherer, zitternder Stimme immer wieder: „Warum bringen denn alle Sender diesen grauenvollen Film?"

Bertold schaltete das Gerät ab, nahm ganz fest ihre Hände und sagte leise: „Es ist kein Film, es ist die Wirklichkeit."

„Ralf", las er von ihren Lippen und dann gellend, mit nicht mehr menschlicher Stimme, noch einmal diesen Namen.

Wimmernd fiel sie in sich zusammen. Er bettete sie auf die Liege, versuchte mit hilflos gestammelten Wortfetzen, sie zu beruhigen, und rief einen Arzt. Der Doktor gab eine Spritze und ein paar Ratschläge, vor allem: nicht allein lassen.

Bertold brachte sie ins Schlafzimmer, fürchtete um ihren Verstand. Nach dem verstorbenen Ehepartner jetzt den Tod des Sohnes am Bildschirm vorgeführt zu bekommen war unvorstellbare Marter. Grauenvoll – und doch heute zum Schicksal vieler geworden.

Veras blasses Gesicht war ohne Leben, abwesend und leer.

Er versuchte, Verbindung nach New York zu bekommen, aber die Leitungen waren überlastet oder zerstört. Dort war es neun Uhr vormittags, als der Anschlag geschah. Im Fernsehen wurden diese Bilder immer wieder gezeigt, man spekulierte über Täter und Opfer, Experten wurden gehört, Augenzeugenberichte eingeblendet.

Er schaute nach Vera, hielt ihre Hand. Wie lange war es her, daß sie gemeinsam Ralfs Video angeschaut hatten? Es mußte wohl in einer anderen Welt, in einem anderen Leben gewesen sein. Innerhalb weniger Minuten herausgerissen aus dem Alltag, dem Wichtigen und Unwichtigen, oder dem, was man dafür hielt.

Er hörte ein Geräusch, mußte wohl eingenickt sein, wollte sich auf die andere Seite drehen und fiel fast vom Stuhl, auf dem er neben dem Bett saß. Er suchte sich zurechtzufinden, torkelte ins Nebenzimmer, wo das Telefon surrte. Er riß den Hörer ans Ohr und meldete sich mit heiserer Stimme.

Es war Ralf, der ebenso wie Bertold wieder und wieder eine Verbindung gesucht hatte. Als am Arbeitsplatz durch den Terroranschlag seine Kollegen umgekommen waren, hatte er beim Zahnarzt gesessen.

Bertold schrie fast in den Apparat: „Ralf, Ralf, sag noch einmal, daß du lebst, daß alles in Ordnung ist! Ich kann es noch nicht glauben. Vera ist zusammengebrochen, als sie die Fernsehübertragung sah. Jetzt muß ich ihr die gute Nachricht ganz vorsichtig mitteilen, sonst bringt die Freude sie um. Ich schalte den Anrufbeantworter ein, sprich ein paar Worte für deine Mutter drauf und schreibe ihr, damit sie es schwarz auf weiß hat. Wir versuchen, dich wieder anzurufen. Ist deine Wohnung heil?“

Ralf bestätigte es. Dann folgten wenige Sätze, die eine Brücke schlugen zwischen den beiden Männern, die sich noch nie gesehen hatten.

Bertold rannte im Zimmer hin und her, sah nach Vera, bekam Hunger, Durst, eine unbändige Lust, laut zu schreien, hinauszurennen, mit Menschen zu reden. Aber es war weit nach Mitternacht, wenngleich gegenüber noch einige Fenster erleuchtet waren. Wie viele mochten voller Bangen um Angehörige und Freunde die Nachrichten verfolgen, Verbindungen suchen oder Trost und Hilfe?

Er öffnete den Kühlschrank, stopfte wahllos Eßbares in sich hinein und ging dann ins Bad. Sicher würde er lange nicht schlafen können. Wenn Vera nur erwachte, er wollte die Freude so bald als möglich mit ihr teilen. Doch wie sollte er es ihr sagen, damit sie nicht erneut einen Schock erlitt? Wieviel Aufregung – Trauer und Freude zugleich – konnte ein Mensch ertragen?

Wohl gegen Morgen schreckte er auf von gequältem Weinen. Beim Aufleuchten der Lampe zog Vera die Decke über den Kopf und jammerte leise.

„Vera", sagte er und strich sacht über ihr Kissen. „Ich muß dir etwas Gutes sagen. Bitte laß es dir erzählen." Er suchte ihre Hand, mit der sie sich verzweifelt festkrallte.

„Sag, daß ich einen furchtbaren Traum hatte, daß alles nicht wahr ist, bitte!"

„Vera, es ist wahr – aber Ralf ist am Leben! Er hat angerufen."

„Du willst mich bloß beruhigen, das macht doch alles nur noch schlimmer." Sie wollte sich wieder in die Decke verkriechen.

„Nein, Liebes, hör doch zu: Ralf war beim Zahnarzt, als das Unglück geschah; gleich früh von zu Hause aus. Er hat für dich auf Band gesprochen, damit du es glaubst; warst noch betäubt von der Spritze."

Sie sprang aus dem Bett, mußte sich aber stützen lassen, weil ihre Beine den Dienst versagten.

Immer wieder wollte sie Ralfs Stimme hören, streichelte den Apparat, lachte und weinte, bis ihr von neuem Zweifel kamen. Bertold mußte wiederholen, wann Ralf angerufen, was er gesagt hatte, ob seine Wohnung in Ordnung war und und und …

Sie wollte selbst mit ihm sprechen. Es gab keine Verbindung, und schon glaubte sie wieder an eine Täuschung, stürzte zum Fernseher und hätte sich erneut in das Horrorgeschehen hineingesteigert, wenn Bertold sie nicht daran gehindert hätte.

Sie fanden wenig Schlaf den Rest der Nacht.

Nach dem Frühstück wollte Bertold schnell in seine Wohnung, weil er sich kaum erinnern konnte, wie er sie verlassen hatte. Vera war einverstanden und beruhigte ihn: Sie würde einkaufen, eventuell zum Verlag, versuchen, wieder zu arbeiten. Aber er sollte zum Essen kommen und nachts dableiben.

Auf seinem Anrufbeantworter ersuchte die Ärztin um eine Rücksprache.

Dann meldete sich der Galerist. Er hatte eine Idee für den leeren Raum: die brennenden Türme von Manhattan. Bertold fragte, ob er verrückt sei, und warf den Hörer auf.

Er ordnete einige Dinge, suchte Papiere zusammen, legte Sachen bereit und ging ins Atelier. Eine neue Leinwand, eben auf dem Rahmen befestigt, riß er wieder herunter, griff nach einem anderen, stand mit abwesenden Gedanken davor und konnte nicht arbeiten. Er suchte nach Ablenkung, doch nicht in der Stille der Wohnung.

Dann blieb er sitzen vor dem Fernsehgerät. Erfuhr von dem Ausmaß der Katastrophe, den Tausenden von Toten, Feuerwehrleuten und Polizisten, die als Helfer selbst zu Opfern geworden waren. Interviews und Kommentare folgten, Mutmaßungen über Attentäter und deren Hintermänner; von Vergeltungsmaßnahmen, drohendem Krieg war die Rede.

Er fragte bei Vera an, ob sie Besorgungen für ihn hätte, nahm seinen Skizzenblock und fuhr zu ihr.

Sie hatte gerade eine Verbindung mit Ralf. Jetzt vermochte sie endlich zu begreifen, daß er am Leben war.

Ralf bemühte sich um Angehörige seiner Kollegen. Eine Mitarbeiterin sollte mit schweren Verbrennungen im Krankenhaus liegen. Familien, Freunde suchten nach Vermißten. Die Bergungsarbeiten waren schwierig und gefahrvoll. Bisher war niemand lebend gefunden worden.

Veras Freude wurde überschattet von Schmerz und Mitleid mit den Betroffenen, den Opfern und ihren Angehörigen.

Bertold litt ebenso unter diesem Zwiespalt und dem Gefühl eigener Bedrohung durch seine Krankheit. Angesichts des unendlichen Leids, das über so viele Menschen, eine ganze Stadt, eine Nation, gekommen war, wünschte er, es als bedeutungslos erfahren zu können.

Er erzählte von der Forderung des Galeristen nach einem zusätzlichen Bildwerk und dem vorgeschlagenen Thema. Ihn empörte diese Idee: „Wie kann ich etwas so Ungeheuerliches im Bild festhalten? Alles in mir sträubt sich dagegen."

„Nicht das Geschehen selbst. Diesen Moment der Zerstörung möchte ich – obwohl ich Ralf am Leben weiß – weder jetzt noch später jemals wiedersehen. Nein, du mußt eine Symbolik finden, die erschüttert und anklagt!"

„Ein kluger Rat, ich habe mich wieder so unbesonnen verhalten. Danke, deine Hilfe tut gut."

Der Griff zum Skizzenblock endete mit vielen zu Boden geworfenen Blättern.

„Du bist wirklich zu ungeduldig. Laß uns von etwas anderem reden. Alle Flüge nach den USA sollen ausgesetzt sein – hast du davon gehört?"

„Ja, auch Reiseveranstalter stornieren Buchungen. Aber ich hoffe, das wird sich wieder normalisieren. Du denkst an den Besuch bei Ralf?"

„Weniger, er muß ja erst mal sehen, wie alles wieder in Gang kommt. Auch mit seiner Arbeit, seiner Firma, wenn so viele nicht mehr am Leben sind."

„Hatten sie nicht ihren Hauptsitz anderswo?"

„Doch, ja, das stimmt. – Mein Gott, daß er lebt! Er will schreiben, oder der Brief ist schon unterwegs."

„Kann ich dich morgen wieder allein lassen?"

„Ja natürlich. Im Verlag bekam ich neues Material. Will versuchen, mein tägliches Arbeitspensum wieder aufzunehmen."

„Gut, dann bin ich wieder im Atelier. Ich glaube, da komme ich besser auf die richtigen Gedanken."

„Könntest du dir vorstellen, daß ich mit einer Gruppe Blinder deine Ausstellung besuche?"

„Wenn es sinnvoll für sie ist, sich nur aufgrund deiner Schilderungen ein Bild zu machen …"

„Na ja, wir waren mal in einer Skulpturensammlung, man konnte um jede Figur herumgehen und sie auch berühren. Einige haben mir gesagt, daß sie auf Ölgemälden die Pinselstriche erfühlen, ihre Anordnung nachvollziehen können. Wenn man ihnen die Farben nennt, das Motiv beschreibt, könnte es möglich sein. Es käme auf einen Versuch an, mit vier oder fünf Interessierten. Sie aufgrund des Katalogs vorher mit Einzelheiten vertraut zu machen und auf alle Fragen einzugehen, ist wichtig. Sie behalten auch Details lange im Gedächtnis."

„Sind es Menschen, die blind geboren wurden?"

„Nein, die wären hier sicher überfordert."

„Es wäre eine ganz neue Erfahrung für mich, ich bin gern dabei. Wenn es gelingt, würde ich mich freuen. Günstig vielleicht, wenn wenig Besucher da sind – möglicherweise kommen ohnehin keine!"

Bertold arbeitete jetzt lange im Atelier, er war von einer Idee gepackt. Er ließ es den Galeristen wissen, der wegen des Termins drängte. Doch der wußte auch, daß sich Kreativität nicht mit unnötigen Forderungen beschleunigen läßt, und vertraute auf Bertolds Besessenheit in der Umsetzung seiner Vorstellungen.

Auch Vera kannte diese Arbeitswut, die nicht gestört werden durfte, und freute sich deshalb besonders, wenn Bertold zu ungewöhnlicher Zeit auftauchte oder anrief. Wenn er nicht von selbst erzählte, hatte Nachfragen keinen Sinn. Aber seiner Haltung, seiner Miene merkte sie an, ob er mit dem Fortgang der Arbeit zufrieden war.

Von Ralf war Post gekommen. Vera weinte Freudentränen.

Der Sohn schrieb:

Du hast mir ein zweites Mal das Leben geschenkt, weil Du mich zum Zahnarzt gescheucht hast. Ich lade Euch beide ein, mich zu besuchen, sobald der Flugverkehr wieder aufgenommen wird und alles friedlich bleibt. Eine richtige Freundschaft mit Bertold wäre schön, für uns alle.

Vera wischte eine Träne ab und reichte Bertold den Brief.

Auch ihm verschwammen die Zeilen vor den Augen, plötzlich war seine dumme Eifersucht verschwunden.

Endlich erfolgte die Eröffnung der Ausstellung und fand nach anfänglichem Zögern doch reges Interesse.

Einige Tage später kam Vera mit ihrer Gruppe. Es war früher Nachmittag, und es waren nur wenige Besucher anwesend. Bertold begrüßte jeden einzelnen, und der Galerist hieß sie willkommen.

Vera erklärte beim Betreten jeden Raum, Größe, Art und Anzahl der Bilder, die ihre Schützlinge dann berühren konnten, während sie die Motive beschrieb, nicht interpretierte. Fragen machten deutlich, daß die Erblindeten sehr wohl in der Lage waren, sich eine Vorstellung zu machen, die mit Hilfe ihrer Phantasie auch bei den Abstraktionen eine Auslegung erfuhr. Wiederum für den Schöpfer ein Anlaß, die Gespräche weiterzuführen und seine Absichten und Anliegen auszusprechen, aber auch selbst zu überdenken.

Sie kamen zu dem umstrittenen Raum, für den der Künstler ein zusätzliches Bildwerk geschaffen hatte.

Vera war schon lange mit allen Ausstellungsstücken vertraut. Jetzt blieb sie, von den Blinden umringt, eine Weile wortlos stehen. Alle spürten die Spannung, die etwas Ungewöhnliches erwarten ließ.

In der Art eines Diptychons befanden sich auf der rostroten Wand zwei hohe ungerahmte Bildelemente. Links eine naturbelassene, unversehrte Leinwand; daneben, etwas tiefer hängend, eine an den Rändern verbrannte, zerfetzte, zum Teil vom Untergrund sich lösende schmutzig-graue Fläche, auf der ein blutfleckiger Trümmerberg in den von Rauch und Staub verdüsterten Himmel ragte. Das fahle Licht warf von der sich ausbreitenden Rauchsäule den flackernden Schatten eines Kreuzes auf die Erde.

Als Vera mit bewegter Stimme diese Betrachtung wiedergegeben hatte, versuchte einer der Blinden seine Deutung: *„Es ist die Stadt, die Welt oder auch unsere Seele – vor und nach dem Verbrechen –, aber das Kreuz als Mahnung und zugleich Hoffnung auf Frieden und Vergebung.“*

Einer der Besucher, der der Gruppe gefolgt war, sagte nachdenklich: „Die Blinden werden eher sehend als die Sehenden!“

Knapp einen Monat nach dem Anschlag, in der ersten Oktoberhälfte, hatte die amerikanische Regierung als Vergeltung den Krieg in Afghanistan befohlen, wo man die führenden Köpfe des Terrorismus vermutete. Diese antworteten mit einem Aufruf zum „Heiligen Krieg“.

Kurz zuvor hatten Vera und Bertold ihre Reise nach New York angetreten. Mutter und Sohn waren überglücklich, einander in die Arme schließen zu können, und wie selbstverständlich wurde Bertold in diesen Bund aufgenommen.

Vera weigerte sich, den Ort, wo Tausende den Tod gefunden hatten, auch nur aus der Ferne zu sehen. Sie konnte die traumatischen Stunden nicht vergessen, in denen sie den Sohn unter den Trümmern vermuten mußte.

Der Abschied kam schneller als gewünscht; man wußte nicht, wann man sich wiedersehen würde. Allerdings war Ralf in seinem Entschluß, in Amerika zu bleiben, schwankend geworden. Es gab Veränderungen, die ein Überdenken notwendig machten.

Der Abflug erfolgte verspätet, die ausführlichen strengen Kontrollen erforderten Zeit. Auch mußte die Maschine kurz vor dem Start noch einmal überprüft werden.

Als Vera und Bertold endlich ungestört nebeneinander saßen und die Weite des Atlantiks vor ihnen lag, verlor das Flugzeug plötzlich an Höhe, man spürte Brandgeruch.

Bertold nahm Veras Hand, ruhig sagte sie: „Du hast mir mit dieser Reise den größten Wunsch erfüllt.“

Im selben Moment zerriß eine Explosion den Flugkörper, brennend stürzten seine Trümmer ins Meer.

Siegtraut Tesdorff

Glauben und glauben

Die Begriffsspanne dieser beiden Wörter ist groß und gefächert. Man braucht nur ein Nachschlagewerk zum treffenden Ausdruck zur Hand zu nehmen, um sich hiervon zu überzeugen.

Das Wort „Glaube“ steht in engem Zusammenhang mit dem Glauben an den Schöpfer des Universums; dagegen findet das Wörtchen „glauben“ vor allem im täglichen Leben Verwendung; und wer im Umgang mit Menschen viel glaubt, erleidet viel Schiffbruch.

Mein französisches Nachschlagewerk philosophischer Begriffe von André Lalande, neunte Auflage, nehme ich gern zur Hand, denn es führt die Begriffe zusätzlich in Deutsch, Englisch und Italienisch auf, manchmal sogar in Latein und Griechisch.

Für den deutschen Begriff werden oft mehrere Wörter aufgeführt. Nur ein Beispiel: „PRIX: Preis, Marktpreis, Wert und Würde.“

Unter dem Wort „Croyance“ zitiert Lalande: „d. Glaube; e. Belief; i. Credenza“; und im erklärenden Text wird folgender Satz von Immanuel Kant in deutscher Sprache zitiert: „Ist das Fürwahrhalten nur subjektiv zureichend und wird zugleich für objektiv Unzureichend gehalten, so heisst das ‚Glauben‘.“

Kant schließt also beim Glauben den Zweifel aus; Glauben hat nichts mit Wissen gemein.

In diesem Zusammenhang ist mir schon manchmal aufgefallen, daß große Wissenschaftler am Ende ihres Lebens tief gläubige Menschen wurden und zu einer Religion übertraten.

Ich frage mich, ob diese Wissenschaftler die Schallmauer des

Wissens mittels „Glauben“ durchbrechen konnten und ob nicht der Glaube weitreichender ist als Wissen.

Seit Urzeiten hat der Mensch das Bedürfnis, an höhere Mächte zu glauben, sie zu verehren, ihnen Gehorsam zu leisten gemäß Dogmen, die er selbst erfand. Der Mensch schuf sich Götter oder einen Gott, um dieses sein Bedürfnis zu befriedigen.

Meine Gedanken habe ich schon oft in Zusammenhang mit diesem Bedürfnis schweifen lassen und auch Phantasiegebilde gesponnen wie das folgende: Der Mensch stammt von einem gefallenen, verstoßenen Gott ab und sehnt sich nach der Welt der Götter zurück.

Im Laufe der Zeit entstanden Religionen, die sich zu weltlichen Instrumenten bzw. Machthebeln entwickelten, manchmal sogar als „trojanisches Pferd“ Herrschern Dienste leisteten.

Eine dieser Religionen, die christliche, kann wohl die erfolgreichste Laufbahn vorweisen, eroberte sie doch ganz Europa und Südamerika. Unblutig und ohne Grausamkeiten verlief ihr Feldzug nicht, und bereichern tat sich die Kirche auch dabei.

Gegen die Heiden ging die christliche Kirche radikal vor. Unter dem römischen Kaiser Theodosius I. verbot sie 391/92 alle heidnischen Kulte, und 438 führte sie sogar ein Gesetz ein, daß die Todesstrafe für Heiden vorsah.

Erstaunlich finde ich, daß die Heiden sich unterwerfen ließen. Viel Widerstand leisteten sie im allgemeinen nicht, mit einigen Ausnahmen wie den Sachsen. Karl der Große benötigte dreißig Jahre, um diese zu bekehren, begleitet von fürchterlichen Massakern.

War die christliche Lehre für die Völker ein Segen?

Darüber ließe sich lange diskutieren. Tatsache ist, daß sie den Völkern deren eigene Religionen bzw. Ahnenkulte nahm.

Ahnen sind Urquell der seelischen Kraft eines Volkes; versiegt dieser Quell, so verdorren die Wurzeln eines Volkes, es verliert das Band der Zusammengehörigkeit, es geht unter.

Friedrich Nietzsche wollte die Abschaffung des Christentums und die Einführung einer neuen Zeitrechnung. Es war ihm sicher bewußt, daß, wer sich vom Glauben seiner Ahnen trennt, dem Untergang geweiht ist.

Was Zeitrechnungen anbetrifft, so sind mir folgende bekannt: Die Kelten schreiben heute das Jahr 4375, die Juden das Jahr 5762, und Mohammed führte im Jahre 622 eine neue Zeitrechnung ein. Ab diesem Zeitpunkt sprechen Araber ihr tägliches Gebet in Richtung Mekka und nicht mehr in Richtung Jerusalem.

Es gibt heute rund um den Erball auch Menschen, für die eine neue Zeitrechnung gilt; sie legten dieser das Geburtsjahr eines Mannes zugrunde und schreiben heute das Jahr 113. Möge der Leser selbst das Rätsel lösen …

Betrachtet man heute Europa und hält sich dabei den Amsterdamer Vertrag vor Augen, der 1999 den Maastrichter Vertrag von 1993 ersetzte und von dem das Gros des deutschen Volkes nicht die blasseste Ahnung hat, so scheint mir ein Kampf der Religionen nicht ausgeschlossen, entstehen doch immer mehr islamische und jüdische Gotteshäuser auf deutschem bzw. europäischem, christlich dominiertem Boden.

Welche dieser drei Weltreligionen wird sich wohl am stärksten behaupten können?

Irgendwie miteinander verflochten sind sie alle drei, erhoben doch Christen einen Juden zu ihrer zentralen Figur, und stammen gemäß Mohammed die Araber nicht von Ismael, dem Sohn Abrahams, ab?

Für Friedrich Nietzsche war das jüdische Volk das widerstandsfähigste, und hält man sich dessen Geschichte und seine heutige Rolle in der Welt- und Finanzpolitik vor Augen, so scheint er recht zu haben. Die Symbolsprache des UNO-Emblems scheint mir ein weiterer Beweis der Fähigkeit des jüdischen Volkes, sich durchzusetzen, zu sein.

Werden sich die Völker Europas auf die Religionen ihrer Ahnen besinnen? Tacitus berichtete, daß bei den Germanen[1], den Heiden, die guten Sitten mehr Gewicht besaßen als Gesetze.

Gute Sitten mehr Gewicht als Gesetze! Das könnte doch Personal bei Polizei und Justiz einsparen helfen, und dies gleich „global" in ganz Europa; global wird doch allmählich alles, sogar Konflikte.

Wohin dann aber mit den eingesparten Menschen?

Da sehe ich kein Problem: in eine Art von „Ferienlagern" mit vielen Fußballfeldern. Das könnte den eingesparten Menschen vielleicht sogar einen Börsengang ermöglichen …

[1] Indo-Europäer, deren Herkunft im dunklen liegt. Um 500 v.u.Z., als der größte Teil Deutschlands von Kelten besiedelt war, siedelten Germanen in kleinen Gruppen in Skandinavien, Dänemark und Schleswig-Holstein, an der Weser und an der Weichsel (Dictionnaire d'histoire universelle, Michel Mourre, 1968).

Jürgen Thielen

Aus meinen Sudelbüchern

Aphorismen – Binsenweisheiten – Sentenzen
(Auszüge)

1993

Mißachtet lebt es sich schon schwer,
völlig unbeachtet noch viel mehr.

Ich will nicht gefallen, sondern streitbar sein: aufregen,
anregen, erregen. Nichts ist schädlicher als Literatur,
die den Verstand einlullt.

Zwei gespreizte Schenkel im Bett haben mehr Kraft
als zwei Pferde vorm Pflug.

Vergebt den Huren und genießt die Lust,
die sie euch für Minuten bieten.
Auch ihr Dasein ist oft voller Frust –
und meistens schlafen sie mit Nieten.

1994

Leider kommt die Niedertracht nie ganz aus der Mode.

In einer glücklichen Ehe macht jeder, was sie will.

Erst die vielen kleinen Histörchen machen
die große Historie interessant.

Am lautesten werden Pädagogen, wenn sie „Ruhe“ brüllen.

Wer keinen rettenden Strohhalm mehr findet,
greift sogar dankbar nach dem Haar in der Suppe.

Beamte werden nicht von Bonn nach Berlin versetzt,
sie werden im Höchstfall umgebettet.

Das Arbeitsamt heißt nur so,
ansonsten ist es ein Amt wie jedes andere.

Wer die Wahrheit sucht, muß zuerst alles Etablierte bezweifeln.

Man sollte nicht unbedingt da noch recht haben wollen,
wo andere schon längst unrecht hatten.

Lächeln ist und bleibt die beste Methode,
dem Gegner die Zähne zu zeigen.

Jeder erfüllte Traum ist zugleich ein gestorbener.

1995

Nur Zeit, Zärtlichkeit und Zuwendung erziehen Kinder
zu Gewaltfreiheit und Toleranz.

Vielen fällt das Ausfüllen einer Steuererklärung schwerer
als das Programmieren eines Videorecorders.

Glück ist die Kunst, jeden Tag sinnvoll zu gestalten.

Wer nicht mit sich selbst umgehen kann,
ist auch kein angenehmer Partner für andere.

Alte Liebe rostet nicht, und nicht jede junge Liebe glänzt.

Die Disziplinen im internationalen Beamten-Dreikampf:
Knicken, Lochen, Abheften.

Echte Liebe braucht auch Distanz,
alles andere ist Besitzergreifung.

Demokratie ist das Pflaster, mit dem die Wunden,
die die Macht des Geldes reißt, zugeklebt werden.

Je älter man wird, desto mehr gerinnt das Leben zu Anekdoten.

Karl Valentin hatte recht: Die Zukunft ist auch nicht mehr das,
was sie mal war.

Reisefreiheit macht nur noch Spaß in Gegenden,
wo sich die Menschen weigern, die Segnungen
der Reisefreiheit anzunehmen.

Bücher sind verläßlicher als Menschen,
denn sie ändern ihre Meinung nicht mit dem Wind.

Es gibt Länder auf dieser Welt,
so hörte ich viele sagen,
dort behandelt der Mann sein Eheweib
noch besser als seinen Wagen …!

Es gibt Politiker, die lassen sich ihre Käuflichkeit
sehr hoch bezahlen.

Nicht alle, die unter demselben Himmel leben,
haben auch den gleichen Horizont.

1996

Optimisten kaufen für ihr letztes Geld ein Portemonnaie.

Es gibt nicht wenige Leute, für die Bücher
nur Möbel aus Papier sind.

Oft reden die Wissenden nicht und wissen die Redenden nichts.

Neid und Mißgunst haben mehr Augen
als eine fette Hühnerbrühe.

Masseure sind Männer, die dafür bezahlt werden,
wofür andere Männer gleich eins
auf die Finger bekommen würden.

Liebe mit Pille ist wie Monte Carlo ohne Roulette.

Früher wurden gekrönte Häupter gesalbt,
heute begnügt man sich damit, gewählte zu schmieren.

1997

Geht ’97 der Weizen nicht auf und die Bäuerin setzt an,
dann hat sich ’96 der Bauer mit seinem Samen vertan.

„Denen hab’ ich’s aber gegeben!“
murmelte der Steuerzahler grimmig,
als er das Finanzamt verließ …

Ob im Himmel alle Menschen gleich sind,
bleibt ein Geheimnis,
aber im Stau sind es alle Automarken.

Es ist noch kein Meister vom Himmel gefallen,
denn für gefährliche Arbeiten gibt es ja Azubis und Ausländer.

Nicht jeder ist sauber, der mit allen Wassern gewaschen ist.

Mancher hält sich für tierlieb, weil er jeden Morgen
einen Kater hat.

Pubertät ist, wenn die Eltern immer schwieriger werden.

Die einen erkennt man an ihren Taten,
die anderen an ihrem Getue.

1998

Jetzt sind wir die geworden, mit denen wir früher
nie spielen durften.

Der Kunde glaubt König zu sein. Nur die Verkäuferin weiß,
daß sie keine Prinzessin mehr ist.

Festgefahrene Standpunkte verhindern weitergehende
Schlußfolgerungen. Das Ergebnis nennt sich dann Reformstau.

Es gibt auch Vergnügen, auf die man
mit Vergnügen verzichten kann.

Trennkost ist nur etwas für Geschiedene.
Der Körper läßt sich nicht verarschen, er braucht sein Fett.

Spielfilme im Fernsehen sind Filmszenen,
die sich zwischen Werbebotschaften abspielen.

Um einen Schmetterling zu lieben,
müssen wir auch die Raupe in Kauf nehmen.

Wer sich dem Kaufrausch ergibt,
riskiert am Ende einen Konsumkater.

Manche Autofahrer rasen schneller,
als ihr Schutzengel fliegen kann.

Umweltsünder sind Täter und Opfer zugleich.

Wir begegnen vielen Menschen, aber wirklich getroffen
haben wir nur wenige.

Man kann nicht zweimal in demselben Fluß baden,
erst recht nicht bei der heutigen Umweltverschmutzung.

Politik und Vernunft verhalten sich selten wie Geschwister.

1999

Wer das Geld zu seinem Gott macht,
den wird es plagen wie der Teufel.

Moralapostel leben von der Unmoral ihrer Zeitgenossen.

Erfolg besteht aus etwas Sein, etwas Schein
und ganz viel Schwein.

Alles wird teurer, nur die Ausreden werden billiger.

Je mehr Wärme einer zeigt,
um so besser läßt er sich verheizen.

Auch zum Zögern muß man sich erst entschließen.

Zum Goethejahr: Je größer das Genie,
desto banaler läßt es sich vermarkten.

Wer zweimal lügt, dem glaubt man weiter. Leider.

Geschichte wird immer mit den Leuten gemacht,
die gerade da sind.

Deutsche haben die Zeit gepachtet, Italiener verschenken sie.

Die Amerikaner treiben es in der Welt immer „Dollar“.

Wir gehen mit der Welt um, als hätten wir
eine zweite auf Lager.

2000

Etappen der Ver-kohl-ung: legal – illegal – scheißegal.

In der Eitelkeit zeigt sich die Einfalt in ihrer ganzen Vielfalt.

Übrigens können einem auch die Hände gebunden sein,
weil eine Hand die andere wäscht.

Die Kobra wechselt zwar ihre Haut, aber nie ihre Giftzähne.

Jede Benzinpreiserhöhung erhöht auch den Wert
unserer Luftverschmutzung. Stimmt’s?

Manche Menschen verreisen nicht, um etwas zu erleben,
sondern um vor etwas zu fliehen.

2001

Begeisterte Programmierer glühen vor Datendrang.

Bildungsbürger mit Leitkultur: Wann hat Goethe eigentlich
den Faust gemalt ...?

Man sollte über alles reden können,
aber über manches bitte nicht länger als zwei Minuten.

Wenn wir nicht mehr wissen, was wir tun sollen,
sollten wir zuerst darüber nachdenken,
was wir unterlassen müssen.

Edelgard Thomas

Der Untergang der Ptolemäer-Dynastie

Romanhafte Erzählung

Philipp II., König von Makedonien, wurde 336 v. Chr. ermordet, sodass sein Sohn Alexander, später der Große genannt, sein Nachfolger wurde. Kaum zwanzigjährig kam dieser auf den Thron von Makedonien. Alexander war von dem großen Philosophen Aristoteles erzogen worden, doch trotz seiner humanitären Erziehung wurde er ein großer Kämpfer und Welteroberer. In seinem Testament bestimmte er: Falls er aus einer seiner vielen Schlachten nicht lebend zurückkehren sollte, sei seinem Freund und General, einem Ptolemäer, die Krone der Ägypter aufzusetzen. Ägypten war jenes Land, das Alexander nach dem Sieg über die Perser in der Schlacht bei Issos im Jahre 333 v. Chr. zugesprochen worden war.

Alexanders großer Traum war es, bis ans Ostmeer vorzudringen. Doch unweit des Punjab – heute geteilt in eine pakistanische Provinz und einen indischen Bundesstaat – verweigerten seine Truppen ihm den Weitermarsch. Er selbst wurde krank. Völlig entkräftet kehrte er um und starb im Jahre 323 v. Chr. in Babylon an Fleckfieber. Sein Wunsch war es gewesen, dass man ihn im Falle seines Todes in einem goldenen Sarg nach Alexandria, in die Stadt, die er 331 v. Chr. gegründet hatte, bringen würde, um ihn dort zu beerdigen. So geschah es auch.

Alexander, der das größte Reich in der Geschichte der Alten Welt hinterließ, hatte nicht gewusst, dass seine Frau Roxane, eine baktrische Prinzessin, zum Zeitpunkt seines Todes ein Kind erwartete. Doch die Diodochen bemächtigten sich nach seinem Tode seines großen Reiches und teilten es unter sich auf. Sie töteten nicht nur seine Frau und sein Kind, sondern sämtliche legitimen Erben. In weiser Voraussicht hatte Alexander der Große, wie bereits erwähnt, einen befreundeten Ptolemäer für den Thron Ägyptens bestimmt, falls er aus einem seiner Kriege nicht lebend zurückkehren sollte. Doch hatte er selbst angestrebt, die Krone der Pharaonen auf sein Haupt zu setzen.

Alexander war also von seinen zahlreichen Schlachten nicht lebend zurückgekehrt. Und so bestieg ein Ptolemäer den Thron von Ägypten. Die Ptolemäer-Dynastie sollte fast 300 Jahre bestehen.

Als Ptolemäus XII., König und Pharao von Ägypten, 51 v. Chr. starb, hinterließ er ein Testament mit Bestimmungen, die zu befolgen für die Nachkommen eigentlich eine Selbstverständlichkeit war. Seine Tochter Kleopatra VII. Philopator („die Vaterliebende") und ihr acht Jahre jüngerer Bruder Ptolemäus XIII. sollten heiraten und gemeinsam das Reich regieren. Doch die beiden Geschwister waren hoffnungslos zerstritten. Kleopatra war nicht gerade schön zu nennen, doch ihr Charme und ihre Klugheit waren unübertrefflich. Sie wollte ihren Bruder stürzen und sich die Krone der Pharaonen aufsetzen, wusste aber nicht, dass ihr Bruder das gleiche Ziel anstrebte. Sie wollten nicht zusammen regieren, wie es der Vater niedergeschrieben hatte. Und so entbrannte ein verheerender Krieg zwischen ihnen, der Alexandrinische Krieg.

Von beiden Seiten wurden gewaltige Heere mobilisiert, die gegeneinander kämpften, gerade zu dem Zeitpunkt, als der große Cäsar in Ägypten eintraf, um Pompeius zu verfolgen, den Gatten seiner Tochter, den er 48 v. Chr. in der Schlacht von Pharsalos in Thessalien geschlagen hatte. Außerdem wollte er seine zehn Millionen Denare von Kleopatras Vater zurückfordern, die er ihm ausgeliehen hatte, nicht wissend, dass Ptolemäus XII. bereits verstorben war.

Als Pompeius, der Schwiegersohn Cäsars, auf seiner Flucht schließlich von Kleopatras Bruder ermordet worden war, nahm Cäsar den leblosen Körper des Feindes und erwies ihm die letzte Ehre, indem er ihn würdevoll begraben ließ. Dann griff er, kampfeslustig wie er war, in den Krieg und die Thronwirren ein, obwohl er sich vorgenommen hatte, so schnell wie möglich nach Rom zurückzukehren. Andererseits wollte er seine Position in Ägypten festigen. Die Ägypter jedoch mochten ihn nicht.

Cäsar schlich in den königlichen Palast, aus dem Kleopatra im letzten Augenblick vor dem Heer ihres Bruders geflüchtet war. Als sie jedoch vernahm, dass Cäsar im Palast sei, ließ sie sich, in einen Bettsack gehüllt, wieder zum Palast zurückbringen.

Cäsar war von Kleopatras Mut und Charme begeistert, und die beiden verliebten sich ineinander. Trotz des Krieges verlebten sie eine leidenschaftliche Zeit.

Als der Palast völlig umstellt war, mischte sich Cäsar verkleidet unter das gegnerische Heer und zündete dessen Flotte an, nicht ahnend, dass er damit der Menschheit einen der größten kulturellen Schäden zufügen würde. Die weltberühmte Bibliothek von Alexandria fing Feuer, und etwa 400 000 Bücher fielen dem Brand zum Opfer. Das war umso tragischer, als sich darunter auch unwiederbringliche griechische Originale der alten Philosophen befanden – ein Verlust unschätzbaren Ausmaßes für die Nachwelt.

Cäsar konnte Ptolemäus XIII., Kleopatras Bruder-Gemahl, gefangen nehmen, trachtete ihm jedoch nicht nach dem Leben. Später ertrank dieser auf der Flucht.

Nach dem Krieg nahm sich Cäsar Zeit für Kleopatra. Sie unternahmen eine ausgedehnte Nilreise. Lange Zeit gab Cäsar keine Kunde nach Rom, was so gar nicht seiner Art entsprach. Kleopatra hatte ihn fasziniert, und er vergaß für einige Zeit alle kriegerischen Vorhaben. Im Jahre 47 v. Chr. verhalf er Kleopatra als Königin oder Pharaonin auf den Thron von Ägypten.

Nach ihrer Rückkehr nach Alexandria war Kleopatra schwanger. Doch noch ehe sie zur Niederkunft kam, musste Cäsar nach Syrien in den Kampf ziehen und seine Geliebte allein lassen. Kleopatra war traurig. Bei der Geburt ihres Kindes würde dessen Vater nicht dabei sein. Kleopatra gebar einen Sohn, den sie Cäsarion nannte, in Anlehnung an den Namen seines Vaters.

Als Cäsarion zwei Jahre alt war, segelte Kleopatra mit ihrem hübschen Sohn, der seinen Vater noch nicht gesehen hatte, nach Rom. Kleopatra und Cäsarion wurden von Cäsar in einem geschmückten Streitwagen am Hafen von Ostia empfangen. Obwohl die Römer gegen eine Verbindung Cäsars mit Kleopatra waren, jubelten sie ihnen emphatisch zu. Ihr Kommen wurde zu einem triumphalen Empfang. Immer wieder erscholl das „Vivat, vivat!“ der Menschenmenge.

Cäsar freute sich, dass er einen Sohn hatte, denn der römische Imperator war schon zweimal verheiratet gewesen, doch aus diesen Ehen war kein Sohn hervorgegangen. Er liebte Kleopatra umso mehr für dieses Geschenk. Nun hatte er einen Erben! Kleopatra war dankbar, dass Cäsar sie vom Bruder-Gemahl befreit hatte. Das Paar verlebte in Rom eine glückliche Zeit. Ihre Zukunft schien verheißungsvoll.

Man schrieb das Jahr 44 v. Chr. In Rom herrschten Unruhen. Das Volk und auch die Senatoren schienen vergessen zu haben, was Cäsar für das Römische Reich getan hatte. Noch ein Jahr zuvor, nach seiner siegreichen Schlacht von Munda in Spanien, hatte Cäsar höchste Ehrungen erhalten. Ein fünftägiges Dankfest wurde ihm bereitet, man gewährte ihm die Vererblichkeit des Imperator-Titels und das Recht, einen Lorbeerkranz zu tragen, und ernannte ihn zum Imperator auf Lebenszeit. Das alles waren Ehrungen, die selten einem Menschen zuteil wurden.

Cäsar schlug in Rom Neuerungen vor, die er für nötig erachtete. Doch viele der Senatoren waren damit nicht einverstanden. Auch herrschten unter ihnen Neid und Zwietracht. Die Auseinandersetzungen gingen so weit, dass man Cäsar nach dem Leben trachtete. Seine Freunde, vor allem Marcus Antonius, warnten ihn, doch er war ein mutiger Mann und schenkte ihnen kein Gehör. Gerade als er gegen die Parther in Persien in den Krieg ziehen wollte, wurde er von Meuchelmördern, angestachelt von Cassius und Brutus, in seiner letzten Senatssitzung durch einen Vorhang im Senatssaal erstochen. Die Menge schrie, als sie Cäsar zu Boden stürzen sah. Cäsar starb bald darauf, ohne viel Schmerzen erlitten zu haben. Es war an den Iden des Märzen im Jahre 44 v. Chr.

Als Kleopatra VII. vom Tod ihres Geliebten und des Vaters ihres Sohnes erfuhr, war sie zutiefst erschüttert. Was sollte sie nun noch in Rom? Lieber wollte sie mit Cäsarion in ihr geliebtes Ägypten zurückkehren und dort ein zufriedenes Dasein führen. Gute Freunde von Cäsar brachten sie und ihren Sohn zum Hafen. Von dort segelte sie nach Hause, nach Ägypten.

Auf ihrer langen Reise von Rom nach Alexandria hatte Kleopatra genügend Zeit, noch einmal über alles, was in den vergangenen Jahren geschehen war, nachzudenken. ‚Cäsar ist tot, desgleichen mein Bruder', sinnierte sie, ‚nur meine Schwester Arsinoe lebt noch im Schloss und verwaltet die Geschäfte. Ob sie sich freuen wird, wenn ich nach Alexandria zurückkehre?' Alexandria war jene Stadt, die Alexander der Große gegründet und in der die Ptolemäer-Dynastie ihren Anfang genommen hatte. Aber auch die Stadt, wo der große Brand während des Alexandrinischen Krieges die wunderbare Bibliothek, erbaut im Jahre 283 v. Chr. von Ptolemäus I., der auch den Kultbeinamen Soter („Heiland“ oder „Retter“) trug, mit ihren vielen wertvollen Büchern vernichtet hatte. Kleopatra war gebildet genug, um zu wissen, was dieser Verlust nicht nur für Ägypten, sondern für die ganze Menschheit bedeutete.

Der sanfte, milde Mittelmeerwind, der im Augenblick herrschte, umspielte ihr langes schwarzes Haar, das wie ein Trauerflor wehte, gleich einem Abschiedsgruß an Cäsar und Rom. Cäsarion saß zu ihren Füßen und spielte in einem kleinen Rinnsal, das das Meer ihnen zugespült hatte. Er war ein nachdenklicher Knabe und fand in allem sein Spiel. Kleopatra freute sich sehr auf ihr Zuhause. Sie war nun die Herrscherin von Ägypten. Cäsar hatte es ihr ermöglicht. Die dreihundertjährige Ptolemäer-Dynastie wollte sie erhalten, und sie würde alles tun, ihrem Volk eine gute Königin zu sein. Ihr Wille zur Macht war wieder präsent.

‚Das ist es, was ich mit Cäsar gemeinsam habe‘, kam es ihr in den Sinn. ‚So wie er es war, bin auch ich eine kämpferische Natur. Ich muss für den Erhalt dieses Landes und der Dynastie kämpfen. Ich werde zur Pharaonin aufsteigen, wie Hatschepsut. Wie sie werde ich in Oberägypten Basalt brechen, ihn zu Obelisken verarbeiten und diese in Karnak zum Ruhme der Götter aufstellen lassen. Ich werde, wie alle Herrscher vor mir, dem Gott Amun meine Ehrerbietung darbringen. Nach Luxor und Karnak werde ich nilaufwärts rudern und einen Tempel bauen, so groß wie keiner zuvor! Gewiss haben die Könige vor mir das ebenfalls gedacht, denn nur so kann dieses unglaubliche Labyrinth von Tempeln und Pylonen, von Statuen und Zitadellen, von Gängen und Durchgängen entstanden sein. In Kartuschen will ich mich verewigen, damit der Ruhm Ägyptens und der meines ptolemäischen Geschlechts nie vergehe!‘

Das alles nahm sie sich vor. Und ihre Hoffnungslosigkeit schien gewichen, während das Schiff ruhig seinen östlichen

Kurs hielt. Es schaukelte sanft in den Wellen und ließ sie, wie ein Kind in den wiegenden Armen seiner Mutter, in einen tröstlichen Schlaf fallen.

Lange musste sie geschlafen haben, als Cäsarion aufgeregt rief: „Ich sehe einen hohen Turm, Mutter!“

Sogleich war sie erschreckt aufgewacht. Sie suchte den Horizont nach diesem alles überragenden Turm ab. Dann antwortete sie ihrem Sohn: „Ja, mein Sohn, das ist der prächtige Leuchtturm von Pharos. Dahinter liegen Alexandria und unser geliebtes Heimatland, Ägypten!“

„Der ist aber hoch!“, staunte Cäsarion.

„Ja, Cäsarion, es ist der höchste Leuchtturm der Welt. Er gehört zu den sieben Weltwundern!“

„Weltwunder? Mutter, was ist das?“

Kleopatra musste lachten. Was wusste ein kaum Vierjähriger von einem Weltwunder? Deshalb erklärte sie ihm: „Weißt du, Cäsarion, alles, was einmalig oder außergewöhnlich ist auf dieser Welt, was die Menschen erbauten oder erfanden, das ist ein Wunder, ein Weltwunder.“

Cäsarion nickte und machte eine gewichtige Miene. Ihm schien die Antwort seiner Mutter zu reichen, obwohl er auch mit dieser gewiss nichts so recht anzufangen wusste.

‚Ägypten!‘, dachte Kleopatra, und Tränen standen in ihren Augen. Mit leeren Händen kehrte sie zurück. Denn als man Cäsar ermordet hatte, trachtete man auch ihr nach dem Leben. Sie war aus Rom geflohen. ‚Aber ich habe einen Sohn! Er wird später einmal die Dynastie weiterführen. Er ist nicht nur meine Hoffnung, sondern auch die Ägyptens.‘

Diese Gedanken beflügelten sie. Und sie erlegte sich weitere Schwüre auf: ‚Ich werde mit Cäsarion den Nil befahren! Den Nil! Den Urfluss allen Seins, die Lebensader unseres Landes. Ohne ihn wäre ein Leben hier nicht möglich. Seine Überschwemmungen bringen dem Land Fruchtbarkeit, wo sie sich an anderen Stellen der Erde katastrophal auswirken können. Hier bringen sie Segen. Die Götter werde ich um Regen bitten, damit das Land gedeihe!‘ Wie hatte Osiris, der Eingott, einst gesagt: ‚Hier ist der Anfang aller Zeiten! Hier wurde die Erde erdacht! Wasser und Erde haben sich getrennt! Auf den Hügeln am Ufer des Nils ist die Welt aus dem Urschlamm geworden! Hier vollzog sich der Anfang der Schöpfung!‘

Diese hehren Worte hatte Kleopatra nie vergessen. Ihr Vater, Ptolemäus XII., hatte sie einst feierlich gesprochen. Er hatte den Glauben an die Götter in sie gepflanzt. Diese Religiosität saß tief in ihrem Innern, und sie sah es als ihre heilige Pflicht an, sie an ihren Sohn weiterzugeben. Nur mit dieser immer währenden Überlieferung des Glaubens war Ägypten das Land geblieben, das es von Beginn an war: ‚Ein Land, das die Götter hoch verehrt und das sich stets mit dem Jenseits auseinandergesetzt hat. Nur so sind diese riesigen Bauwerke zu begreifen, die für die Götter und nicht für die Menschen erbaut wurden. – Wie anders ist es in Rom gewesen! Die Mächtigen der Vergangenheit haben für *sich* und nicht für die Götter Grabanlagen und Denkmäler bauen lassen! Rom am ruhig fließenden Tiber, auf sieben Hügeln erbaut, ist eine schöne Stadt, aber in ihr herrscht Sodom und Gomorrha. Die Römer sind auf der Suche nach einem neuen Gott und haben ihn noch nicht gefunden.‘ Kleopatra hatte viel Verächtliches, Lasterhaftes, gar Verruchtes gesehen und schwor sich, ein den Göttern wohlgefälliges Leben zu führen.

Während sie ihren Gedanken nachgegangen war, hatte sich Cäsarion auf ihren Schoß gesetzt und schaute sie fragend an. Hatte er ihre Gedanken erraten? Dann fragte er: „Warum ist Vater nicht mit uns gesegelt?“

Kleopatra brach es fast das Herz. Aber sie wollte ihrem kleinen Sohn noch nicht die Wahrheit sagen. Deshalb antwortete sie: „Dein Vater hat noch vieles in Rom zu erledigen. Bald wird er nachkommen zu uns!“

Cäsarion war damit zufrieden. Kleopatra streichelte seine Wange und strich über sein rotblondes, gelocktes Haar, das er vom Vater geerbt hatte.

Nun erreichten sie Alexandria. Kleopatra hatte während der langen Überfahrt von Rom nach Ägypten alles noch einmal durchlebt und ihre Hoffnungen und Gelöbnisse in ihrem Herzen festgeschrieben. So war die lange Schiffsfahrt wie in einem Atemzug vergangen.

Königin Kleopatra wurde herzlich von ihrer jüngeren Schwester Arsinoe begrüßt, die während ihrer Abwesenheit zusammen mit einem Minister die Amtsgeschäfte geführt hatte. Kleopatra regierte von nun an Ägypten und verlebte mit ihrem Sohn einige zufriedene Jahre.

Als im Jahre 41 v. Chr. Marcus Antonius aus Rom in Ägypten eintraf, ahnte Kleopatra nicht, welch schicksalhafte Wende ihr Leben nehmen würde. Kleopatra und er kannten sich von Rom. Er war ein Anhänger Cäsars gewesen. Obwohl sie viele Meinungsverschiedenheiten gehabt hatten, wollte er Cäsars Tod unbedingt rächen. Er wiegelte das Volk gegen die mutmaßlichen Mörder auf, die er ihrer gerechten Strafe zuführen wollte. Doch die Skrupellosigkeit in Rom war unübertrefflich, und letztlich konnte Marcus Antonius nichts erreichen.

Marcus Antonius hatte mit Lepidus und Octavian das zweite Triumvirat gegründet, um die Ordnung des Staates wiederherzustellen. Doch immer wieder kam es zwischen ihm und Octavian zu Auseinandersetzungen. Im Vertrag von Brundisium wurde das Land geteilt, und Marcus Antonius erhielt den östlichen Teil. Cäsar hatte seinen Großneffen Octavian adoptiert und ihn auf seinem Landsitz in Norditalien in seinem Testament zu seinem Nachfolger bestimmt. Marcus Antonius, ein

Kämpfer wie Cäsar, hatte zwar seinen Anteil bekommen, aber sein Ärger auf Oktavian bestand weiter. Zwischenzeitlich führte er erfolgreich den Krieg gegen die Parther und Armenier.

Nun aber war Marcus Antonius in Ägypten angekommen. Immer öfter besuchte er Königin Kleopatra. Diese war von seinem kämpferischen Geist und seiner Männlichkeit beeindruckt. Er war bereits einundvierzig Jahre alt und stand im Zenit seines Lebens.

Kleopatra und Marcus Antonius verliebten sich unsterblich ineinander, und bald heirateten sie. Cäsarion wurde von Marcus Antonius adoptiert. Kleopatra gebar ihrem Ehemann drei Kinder.

Marcus Antonius machte seiner geliebten Frau im Stil orientalischer Herrscher große Geschenke, indem er ihr ganze Provinzen übertrug. Nun aber mischte sich der römische Senat ein und erklärte Kleopatra den Krieg. Marcus Antonius, der seiner Frau zu Hilfe eilte, verlor die Schlacht in Aktium gegen Octavian. Er fühlte sich durch die Tatsache, ausgerechnet gegen Oktavian verloren zu haben, entwürdigt und schied entmutigt aus dem Leben.

Als Kleopatra vom Tod ihres geliebten Mannes erfuhr, entschloss auch sie sich, ihrem Leben ein Ende zu setzen. Ohne Marcus Antonius konnte und wollte sie nicht mehr leben. Durch einen giftigen Schlangenbiss beendete sie ihr Dasein.

Den Fortgang der Ptolemäer-Dynastie glaubte Kleopatra durch ihre Kinder gesichert zu haben. Doch hatte sie nicht mit dem Hass Oktavians gerechnet. Er, der spätere Kaiser Augustus, ließ ihre vier Kinder ein Jahr später umbringen!

Mit Kleopatras Tod war der Untergang der Ptolemäer-Dynastie besiegelt, die einst durch Alexander dem Großen begründet worden war und auf deren Thron zu sitzen ihm selbst durch seinen frühen Tod im Alter von erst dreiunddreißig Jahren verwehrt geblieben war.

Klemens Wiesner

Der wundersame Baum

Eine Fantasy-Erzählung

Es war später Sommer, und ich war gerade umgezogen. Die neue Wohnung hatte ich von meinem Freund Artur übernommen. Er machte mit seinem umgebauten Mercedes-Bus eine Weltreise.

Das Inventar hatte mir Artur überlassen. Sie können sich, verehrter Leser, sicher vorstellen, wie es ist, in einer eigenen, aber doch noch fremden Wohnung zu leben. Sie befindet sich im letzten, quer stehenden Haus einer Sackgasse. Auf der linken wie auch auf der rechten Seite stehen zweistöckige Neubauten mit Balkons zur Straße hin.

Von meinem Parterrefenster aus betrachtete ich gerade die Gegend. Etwa fünfzig Meter entfernt stand auf einer grünen Verkehrsinsel ein großer, schlanker Baum. Ich vermutete, es sei irgendeine Pappelart, stolz, einsam und hoch, dem Himmel nahe. Gedankenverloren starrte ich vor mich hin. Die Straße war menschenleer und ruhig.

Plötzlich geschah etwas Faszinierendes: Der Baum bewegte sich hin und her, immer heftiger, er schüttelte und regte sich, dann öffnete er sich wie eine Riesenblume im Sturm, immer größer werdend. Äußerlich war er normal grün, dann ging er in Violett und Rot über, und zur Mitte hin erschien ein strahlendes Gelb. Der Wind wurde zum Orkan und der Baum zu einer Riesenpeitsche!

Der peitschenartige Baum schlug gegen das Nachbarhaus, gegen dessen Balkon. Die auf Kippe stehende Balkontür knallte gegen die Zarge, und das Glas zersprang in tausend Scherben.

Ich traute meinen Augen nicht, doch bevor ich nachdenken konnte, peitschte der Baum auch gegen die anderen Häuser. Schließlich klatschte seine Spitze direkt vor meinem Fenster auf den Boden, um sogleich wieder zurückzuschnellen.

So wie der Spuk gekommen war, so verschwand er auch wieder, schnell und erbarmungslos. Der Wind legte sich, und die Wolken zogen davon. Die Sonne bahnte sich langsam ihren Weg. So als wäre nichts geschehen. Es war wie ein Traum. Der Sturm war vorbei, und der Baum stand ganz ruhig, in sich gekehrt da!

Ich rieb mir die Augen. War das alles wirklich passiert? Der Baum stand bestimmt dreißig Meter weit entfernt.

Nach und nach kam die Sonne stärker durch die Wolken, und ich beschloß, hinauszugehen und die Schritte von meinem Haus bis zu dem Baum zu zählen.

Der Bewohner des Nachbarhauses war auch schon draußen und schimpfte über die zerbrochene Tür seines Balkons. Kurz darauf verschwand er wieder in der Wohnung. Ich dachte bei mir: ‚Ein schmieriger, dickbäuchiger kleiner Spießer!'

Dann sah ich auch schon die Kinder, die vor und unter dem Baum spielten. Sie tanzten auf der Wiese und um den Baum herum. Schließlich nahmen sie ihn in ihre Mitte und hielten sich an den Händen. Als sie mich bemerkten, stellten sie sich in einer Reihe zwischen mich und den Baum.

„Ich bin ein Freund", erklärte ich. „Ihr braucht keine Angst zu haben. Mein Name ist Klaus Kirschbaum. Ich bin neu hier und wohne dort hinten." Mit der Hand wies ich in Richtung meiner Wohnung.

Die Kleinste grinste. „Kirschbaum, hihi!" Doch sofort wurde sie ernst, als die anderen sie strafend anschauten.

„Habt ihr gesehen, wie sich der Baum verwandelt hat?" fragte ich.

Keiner sagte etwas. Sie schauten auf den Boden. Nur der Größte und wohl auch Älteste von ihnen blickte mich prüfend an. Ich wartete geduldig.

Endlich antwortete der Älteste: „Ja, aber das ist unser Geheimnis. Bis jetzt hat noch kein Erwachsener dieses Wunder gesehen. Sie sind der erste, und Sie dürfen es auch niemandem sagen!“

Daraufhin nahm er die anderen Kinder beiseite, sie steckten die Köpfe zusammen und sprachen im Flüsterton miteinander.

Nach einer Weile kamen sie zurück, und der Älteste sprach: „Ich bin Peter, und das sind Fritz, Bernd, Anna sowie Lilli, meine kleine Schwester. Dieser Baum verwandelt sich manchmal in eine riesige Blume. Deshalb nennen wir ihn auch Blumenbaum! Er ist verzaubert, und wir beschützen ihn. Und das ist unser Geheimnis. Sie müssen uns versprechen, es niemandem zu verraten!“

„Nicht versprechen, sondern schwören!“ warf Bernd ein.

„Ja, schwören!“ riefen nun alle.

„Bitte, schwören Sie!“ sagte Peter etwas unsicher. „Herr Kirschbaum, Sie müssen wissen: Wenn unsere Eltern davon erfahren, werden sie den Baum sicher absägen.“

„Okay, ich schwöre bei Gott und allem, was mir heilig ist, daß ich euer Geheimnis hüten werde. Aber was ist mit den anderen Leuten, die hier wohnen? Sie werden es doch bestimmt auch bald sehen.“

„Nein, nur wir Kinder können diese Veränderung sehen. Sie sind der einzige Erwachsene, der das gesehen hat“, erklärte Peter. „Übrigens kann der Baum auch sprechen. Aber er spricht nur mit uns, denn er hat Angst vor den Erwachsenen, weil viele von ihnen so schlecht sind. Er ist schon über dreihundert Jahre alt und sehr traurig, weil ein böser Zauberer ihn in einen Baum verwandelt hat. Früher war er nämlich Holzfäller und hat viele Bäume abgesägt, ohne Grund. Und zur Strafe muß er jetzt hier stehen, viele Jahre."

„Mensch, Kinder, was für ein Geheimnis! Ich kann es gar nicht glauben!"

„Doch, doch", sprach Anna. „Sie müssen ein guter Mensch sein, sonst hätte Bluba – so nennen wir ihn – es nicht erlaubt, daß Sie ihn so sehen können. Er peitscht aber nur so rum, wenn er besonders ärgerlich oder unruhig ist. Dann schlägt er um sich. Das ist das einzige, was er tun kann."

„Das ist ja Magie!" sagte ich.

„Wir müssen jetzt gehen. Tschüs, Herr Kirschbaum!" riefen die Kinder und rannten davon.

Nachdenklich ging ich zurück in meine Wohnung. So etwas Mysteriöses hätte ich in der heutigen Zeit nicht mehr erwartet. Ich wollte mehr darüber erfahren. Aber wie? Und wer konnte mir Auskunft geben?

Vielleicht der Baum selber. Wenn er sogar sprechen konnte … Wieso hatte ich dieses Ereignis sehen können? War ich etwa auserwählt?

Im Geiste wollte ich natürlich immer jung bleiben. Der Körper wird ja alt, das ist nicht zu verhindern. Aber der Kopf beziehungsweise der Verstand sollte immer offen für alles Neue sein, ohne Vorurteile und ständig bereit, scharfsinnig und frisch, wie der Verstand eines klugen Kindes! Denn in den Kindern liegt die Zukunft, und meiner Meinung nach gewährt man ihnen zu wenig Respekt und zu wenig Macht.

Kinder sind meistens noch unschuldig und rein, unverdorben und gut! Doch mit zunehmendem Alter nehmen sie, infolge schlechter Erziehung, viel Negatives und Böses auf. So machen sie selbstverständlich Fehler und geraten unter Umständen sogar auf die schiefe Bahn.

Kinder an die Macht! Gebt ihnen mehr Verantwortung, und sie werden es uns später doppelt und dreifach danken. Kinder lernen schnell, besonders wenn man sie tolerant erzieht. Natürlich reicht die beste Erziehung nicht immer aus, denn jeder Mensch muß seine Erfahrungen selber machen. Doch ein guter Lehrer und Ratgeber kann ihnen den rechten Weg zeigen, so daß sie gut denken und gerecht und liebevoll handeln.

Leider sind viele Eltern voreingenommen oder zu streng religiös, manche sind sogar rassistisch und kriminell. Es ist klar, daß die Eltern das Beste für ihr Kind wollen – doch was ist das Beste? Das weiß eigentlich nur das Kind selbst.

Gerade in unserer Wohlstandsgesellschaft, wo die Leute satt sind, wird der Geist immer träger. Die meisten wissen gar nicht mehr, was Hunger ist, was es bedeutet, wenn man zum Beispiel stundenlang auf der Suche nach etwas Eßbarem ist, wie in Afrika oder anderen armen Regionen der Erde. Für uns ist Essen immer da, wir haben riesige Supermärkte, und alles ist selbstverständlich für uns. Doch die Älteren sollten sich daran erinnern, daß schon eine Handvoll Reis einen Menschen glücklich machen kann!

Jeder Mensch ist wertvoll und hat sein eigenes Schicksal. Und ein Kind ist vielleicht besonders wertvoll – nicht vielleicht, sondern sicher!

In meiner Jugend kam die Hippie-Zeit auf, später kam die Punk-Zeit mit Graffiti und Hip-Hop. Was wird in der Zukunft kommen? Das entscheiden die Kids von heute!

Wir Erwachsenen sollten bei alldem toleranter sein und nicht gleich alles verurteilen, auch wenn manches ziemlich verrückt erscheint – wie in unserer Jugend auch!

Meine damalige Freundin Maria hatte ich sechs Wochen lang nicht mehr gesehen. Wir hatten uns vorübergehend getrennt.

Ich war noch nicht bereit zu heiraten. Doch ich liebte sie, das war mir mittlerweile klargeworden. Sie war in Düsseldorf bei Hella, ihrer besten Freundin, zu Besuch.

Es war schon abends, als ich endlich die Wohnung von Hella fand. Ich klingelte, und nach einer Weile hörte ich den Summer. Die Haustür gab nur langsam nach, und die Holztreppe quietschte.

Hella öffnete verschlafen, wir umarmten uns, und ich küßte ihren Kopf, ihre Haare, ihren Hals. Sie schaute mich an und erwachte. Wir küßten uns leidenschaftlich. Sie schmeckte lekker. Dann gingen wir ins Schlafzimmer, und Hella machte das Licht an.

Maria wachte auf. Sie lächelte und breitete die Arme aus. „Du bist da! Endlich! Ich liebe dich!“

„Ich dich auch. Ich habe dich sehr vermißt.“

Unsere Umarmung löste sich, und einander an den Händen haltend schauten wir uns an. Hella brachte eine halbvolle Flasche Sekt. Sie reichte genau für drei Gläser.

„Schläfst du heute hier?“ fragte mich Maria.

„Ich weiß nicht ...“ Fragend schaute ich zu Hella.

„Aber sicher. Das Bett ist doch groß genug. Wir nehmen dich in die Mitte.“

‚O Gott‘, dachte ich, ‚mit zwei Frauen in einem Bett, das ist mir noch nie passiert!‘

Ich zog mich aus, und die Frauen fingen an, mich zu streicheln und zu verwöhnen. Es wurde eine tolle Nacht! Wie in einem Traum. Zuerst habe ich mich etwas geniert, doch dieses Gefühl verschwand schnell. Meine Liebe reichte für beide.

Genauso, glaube ich, könnte eine Frau, die gut drauf ist, zwei Männer lieben. Das gibt es auch immer öfter. Doch Eifersucht und Neid sind nicht leicht in den Griff zu kriegen, leider.

Nun gut, es gab viel zu erzählen, denn sechs Wochen können eine lange Zeit sein. Die beiden Frauen studierten fleißig, Maria Biologie. So kamen wir schnell auf die Geschichte mit dem mysteriösen Baum zu sprechen.

Maria schlug vor, ihren Professor zu kontakten, was er davon halte, doch ich wandte ein: „Ich habe den Kindern geschworen, ihnen und dem Baum Respekt zu zollen und ihr Vertrauen nicht zu mißbrauchen.“

„Und wenn wir den Prof zusammen aufsuchen und die ganze Sache seriös behandeln?“ fragte Maria. In zwei Tagen hatte sie wieder Vorlesung in Biologie, da konnte sie ein Treffen arrangieren.

Ja, so wollten wir es machen. Und am nächsten Tag wollten die beiden mich besuchen kommen. Ich würde dann etwas kochen, zur Einweihung meiner neuen Wohnung.

Ich war wieder allein in meiner Wohnung und dachte nach.

‚Puh, das hätte ich von Hella nicht erwartet! Ich hab’ sie eher als prüde eingeschätzt. O Mann, wie man sich täuschen kann! Hoffentlich habe ich mich nicht in sie verliebt! So wenig kennt man sich. – Wie lange werde ich noch darüber nachdenken müssen? Mann, sieh es doch positiv! Jetzt hast du zwei Frauen. Etwas Besseres kann einem doch nicht passieren. Genieße dein Leben, und sei glücklich! Yeah, super!‘

Ich kaufte ein und bereitete das Essen vor. Doch bis sie kommen würden, hatte ich noch viel Zeit. So nahm ich meine Tarotkarten und befragte sie nach dem Baum.

Ein herzensguter Mensch (Baum) zerstört alles Materielle.

Doch mit diesem Trance-Satz konnte ich momentan nicht viel anfangen.

Es gab jetzt mehrere Möglichkeiten. Die sinnvollste war wahrscheinlich, ihn in Ruhe zu lassen.

Aber einmal wenigstens wollte ich mit ihm Kontakt aufnehmen. Am besten sofort! Also packte ich eine Decke, ein Buch, Zigaretten und etwas zu trinken in eine Tasche und machte mich auf den Weg.

Als ich dann auf der Wiese vor dem Baum saß, überkam mich tiefe Traurigkeit. Ich stand auf und umarmte den Baum. Die Rinde fühlte sich hart an.

Ich fragte ihn, wer er sei und wie es ihm gehe. Doch er antwortete nicht. Ich kam mir etwas blöd vor.

Nun setzte ich mich auf meine Decke und meditierte über den Baum. Ich konzentrierte mein Denken nur auf den Baum. Alle anderen Gedanken verdrängte ich, sobald sie auftauchten.

Doch auch das brachte mich nicht weiter. Schließlich blieb mir nur eins: die Erkenntnis, daß Pflanzen Lebewesen sind und somit auch eine Seele haben. Und deshalb sollte man ihnen auch mit einem gewissen Respekt begegnen.

Ich wollte gerade gehen, da kamen die Kinder. „Guten Tag, Herr Kirschbaum!“ begrüßten sie mich.

„Hallo, Kinder!“ antwortete ich.

Es waren die gleichen Kinder wie bei der ersten Begegnung. Sie liefen um den Baum herum und spielten Fangen.

„Hallo, Peter“, rief ich, „kannst du mal kommen? Ich möchte dich etwas fragen.“

Er kam angerannt und setzte sich auf meine Decke.

„Also wie macht ihr das? Wie sprecht ihr mit dem Baum?“

„Wir machen gar nichts. Bluba spricht mit uns. Aber wo Sie jetzt da sind, wird er sicher nicht sprechen. Er ist sehr schüchtern, und vielleicht hat er sogar Angst. Und wenn er mal spricht, dann ganz leise. Also muß man dann nahe rangehen, um ihn zu verstehen.“

„Ich würde gern mal mit ihm sprechen. Meinst du, du könntest ein gutes Wort für mich einlegen?“

„Ich werde es versuchen, wenn Bluba wieder mit uns spricht. – War das alles? Dann kann ich jetzt weiterspielen."

„Ja, danke."

Peter rannte zu den anderen Kindern, und ich ging heim.

Später beim Essen diskutierten wir, ob ein Baum eine Seele hat oder nicht.

Hella glaubt es nicht. Sie meinte: „Wenn ein Baum eine Seele hätte, dann müßte ja auch jede andere Pflanze eine Seele haben. Sogar eine einfache Blume."

„Ja", erwiderte ich. „Wieso auch nicht? Wir Menschen wissen eh nicht viel über eine Seele, und wenn Menschen und Tiere eine Seele haben, wieso dann nicht auch Pflanzen?"

Maria stimmte mir zu. „Wir Menschen sind so unwissend und dumm. Was wissen wir eigentlich? Und unser Verstand? Damit geben wir an und regieren die Welt. Und über Geisteswissenschaft, die auch die Seele betrifft, gibt es nur Vermutungen und Behauptungen. Ich habe von einem Test in Amerika gehört, bei dem Ärzte versuchten, das Gewicht der Seele zu messen. Sie haben hundert Menschen, die schwer krank waren und nicht mehr lange zu leben hatten, beobachtet und ständig ihr Gewicht gemessen. Nach dem Tod wogen alle dreißig Gramm weniger … oder einunddreißig, ich weiß es nicht mehr genau."

Ja, ein schöner Test, aber im Prinzip sinnlos. Was nützt uns das Gewicht? Ein Zweimarkstück wiegt sieben Gramm, doch darum geht es nicht. Der Wert ist entscheidend – nur das ist wichtig!

Wie kann man eine unbekannte Sache ergründen? Mathematisch plus bekanntes Wissen plus Logik mal Phantasie? Wahrscheinlich haben sich schon viele Menschen den Kopf darüber zerbrochen, genau wie wir.

Doch unser Ergebnis war mehr als erbärmlich, leider. So

hofften wir, der Professor würde uns etwas mehr über den Baum erzählen können.

Dann schaute ich aus dem Fenster. Ich sah den Baum, zierlich, schlank und lang, das Geäst dicht am Stamm, gen Himmel zeigend. Ich hatte das Gefühl, er habe sich verändert. Langsam kam die Dämmerung. Wahrscheinlich hatte ich mich getäuscht.

„Laßt uns rausgehen", schlug Hella vor.

„Ja, gut", stimmten Maria und ich zu.

Wir gingen hinaus. Als wir an dem Baum anlangten, überkam mich ein starke Bedürfnis, ihn zu umarmen. Dies tat ich dann auch. Dabei flüsterte ich: „Ich mag dich!"

„Danke", antwortete er, und wie auf Kommando fielen mindestens zwanzig Blätter ganz langsam auf die Erde.

Maria versuchte, ein paar der herunterfallenden Blätter aufzufangen. Dann meinte sie: „Ich glaube, er weint."

„Warum weinst du?" fragte ich.

„Oh", flüsterte der Baum, „ich bin so glücklich. Du kannst mich erlösen. Ich habe jetzt schon über dreihundertfünfzig Jahre gewartet und gebüßt. Und nur ein Mensch, der mich liebhat und noch nie einen Baum gefällt hat, kann mich erlösen. Hast du mich auch wirklich lieb?"

„Ja, sicher", antwortete ich. „Aber wie kann ich dich erlösen?"

„Beim nächsten Vollmond, und zwar nach Mitternacht, mußt du mich absägen; der Stumpf darf aber nicht höher als einen Meter sein. Auf diese Weise kann ich wieder als Mensch geboren werden. Doch leider werde ich dann nichts mehr davon wissen, denn ich werde ein junggeborenes Baby sein, das noch nicht viel weiß und noch nicht sprechen kann. Aber das ist mir egal, habe ich doch so lange warten müssen, um endlich wieder ein Mensch sein zu dürfen!"

„Wann ist denn der nächste Vollmond?“ fragte ich.

„In drei oder vier Tagen“, meinte Hella.

„Dann werden wir dich erlösen!“ versprach ich dem Baum.

Ein wunderbares Gefühl der Zufriedenheit überkam mich. Mehr noch: Ich war glücklich! Ich hatte zwei tolle Freundinnen und war zudem noch auserwählt, diesem Baum zu helfen.

Wir gingen wieder in meine Wohnung. Dort tranken wir noch zwei Flaschen Wein, diskutierten vergnügt, machten einen Plan für die Vollmondnacht und liebten uns dann bis zum frühen Morgen.

Am nächsten Tag trafen wir Professor Weißenfels, einen älteren grauhaarigen Mann, äußerlich sehr korrekt gekleidet und mit selbstbewußtem Auftreten. Gegen vier Uhr nachmittags kamen wir an seinem kleinen, aber schönen Häuschen an. Seine Hausdame öffnete uns und versorgte uns sogleich mit Kaffee.

Nach kurzer Zeit trat der Professor ins Wohnzimmer. Er begrüßte uns freundlich und erkundigte sich: „Was kann ich für euch tun?“

Etwas durcheinander und aufgeregt erzählten wir ihm die ganze Geschichte.

Er hörte aufmerksam zu und sagte, nachdem wir alles berichtet hatten: „Das ist eine sehr merkwürdige Geschichte. Ein verzauberter Baum, der sprechen kann! Der eine Seele hat! Gut, dann tut es – aber laßt euch nicht dabei erwischen! Ihr wißt ja, es ist verboten, einen Baum einfach abzusägen. Ich wüßte auch gar nicht, wie ich euch dabei helfen könnte.“

„Wir wollten nur Ihr Interesse wecken. Mit dem Absägen kommen wir schon allein klar. Es sind noch drei Tage bis dahin“, erklärte ich.

„Ich danke euch, daß ihr damit zu mir gekommen seid. Für

mich als Biologen ist das äußerst interessant. Glaubt ihr, der Baum würde auch mit mir reden?"

„Warum nicht?" erwiderte ich. „Schließlich sind es seine letzten drei Tage. Den Kindern müssen wir natürlich auch noch sagen, was wir vorhaben. Der Baum wird ihnen später sicherlich fehlen."

„Das glaube ich nicht", meinte Maria. „Eher im Gegenteil: Sie werden sich mit uns freuen und wollen bestimmt auch dabeisein."

„Ja", sagte der Professor, „dann laßt uns aufbrechen. Ich möchte zu gern euren Wunderbaum sehen. Vielleicht spricht er auch mit mir, obwohl ... Ihr müßt wissen, letztes Jahr habe ich einen Baum gefällt, eine kleine Linde. Ich mußte sie für den Fischteich in meinem Garten opfern. Jetzt tut es mir natürlich besonders leid. Aber was geschehen ist, das ist geschehen."

Nachdenklich stand er auf und ging in die Küche. Wir hörten, wie er mit der Hausdame sprach.

Fertig angekleidet kam er zurück und rief unternehmungslustig: „Dann los!" Wir schnappten unsere Jacken, und schon waren wir draußen.

Unterwegs erkundigte sich der Professor: „Was habt ihr denn mit dem abgesägten Stamm vor?"

„Wir wollen ihn in Hellas Garten schaffen und dann im Winter zu Brennholz verarbeiten. Sie müssen wissen, Hella hat noch einen Holz- beziehungsweise Kohleofen."

„Jaja, gut, gut", sprach der Professor schnellen Schrittes vor sich hin.

Es war nicht weit. Als wir ankamen, spielten die Kinder mit dem Baum. Ich bemerkte, daß noch drei andere Kinder hinzugekommen waren.

Meine Gedanken flogen schnell dahin. Hoffentlich würden wir es seriös und geheim durchziehen können! Im Geiste sah ich schon einen riesigen Menschenauflauf, Reporter, Polizei und Feuerwehrleute. Oje, bloß das nicht! In drei Tagen kann viel passieren.

Die Kinder begrüßten uns. „Hallo, Herr Kirschbaum! Guten Tag!“ riefen sie mir zu.

„Hallo, Kinder! Das ist Professor Weißenfels, er ist ein Freund.“

Peter sprach zu uns: „Bluba hat gerade gesprochen. Er will, daß wir uns alle im Kreis um ihn setzen, ganz nahe, damit wir ihn auch gut hören können.“

Dies taten wir, während die Sonne sich langsam dem Horizont zuneigte.

Nun hörten wir eine leise, dunkle Stimme sprechen: „Ich grüße euch alle und freue mich, daß es noch so viele gute Menschen gibt. Mein Leben als Baum ist lang, und mein Wissen ist gewiß groß. Ich bin glücklich, denn bald werde ich erlöst werden. Eine Reinkarnation wird stattfinden, und ich werde als neugeborenes Baby auf die Welt kommen. Dafür danke ich besonders Herrn Kirschbaum, aber auch allen anderen, die ihm dabei helfen werden. Mein Ende ist nahe. Darüber freue ich mich sehr. Und ihr, liebe Kinder, seid nicht traurig, und behaltet mich in guter Erinnerung! – So, und denkt bitte daran: Es ist immer noch ein Geheimnis. Tut so, als ob ich nicht da wäre. Denn schaut, dort kommen eure Nachbarn.“

Alle schauten schweigend in die Richtung, aus der sich langsam mehrere Leute näherten.

„Was ist hier los?“ fragte kurz darauf einer von ihnen.

„Nichts Besonderes“, antwortete Professor Weißenfels. „Ich bin Professor an der hiesigen Uni. Mein Name ist Weißenfels, und ich lehre unter anderem Biologie. Wir sind auf der Suche nach dem Baum des Jahres. Und diese wunderbare Zypresse steht in der engeren Wahl. Nächste Woche werden wir uns entscheiden. – So, Herr Kirschbaum, lassen Sie uns gehen. Wir haben noch einiges zu besprechen. Tschüs, ihr lieben Kinder! Und auf Wiedersehen die Damen und Herren!“

Gut, wie er die Situation gerettet hatte. Wir machten uns auf den Weg zum Haus des Professors.

Da kam uns Peter hinterhergelaufen, um uns zu fragen: „Was heißt Reinkarnation? Was meint Bluba damit, daß sein Ende nahe ist?“

Ich erklärte Peter, was Reinkarnation bedeutet und was wir vorhatten.

„Oh, das ist ja super!“ rief der Junge. „Doch wenn er als Baby wieder auf die Welt kommt, dann weiß er ja von nichts mehr.“

„So ist es, Peter. Aber die Wiedergeburt ist im viel wichtiger. Denn als Mensch kann er viel mehr tun. Er kann auch seinen Glauben zu Gott finden, und das ist vielleicht sogar mit das Wichtigste auf der Welt. Irgendwann Gott zu erreichen bedeutet tausendmalige Glückseligkeit sowie ewiges Licht und Frieden – so wie im Paradies eben. Das ist vielleicht schwer zu verstehen, doch wenn du ein aufrichtiger Junge bist, dann bin ich mir sicher, du wirst es verstehen. Du mußt nur tief und fest an Gott glauben!“

Dann bereiteten wir alles für unser Vorhaben vor. Hella besorgte einen Pritschenwagen, Säge und Beil, eine Taschenlampe und eine Kordel – ja, das war’s. Nun warteten wir auf den Vollmond.

Als besagter Tag gekommen war, trafen wir uns alle an dem Baum, bei Bluba. Es waren noch mehr Kinder da als beim letzten Mal. Wir saßen still um Bluba herum.

Da sprach der Baum: „Wissen ist Macht. Und da ich schon so alt bin, weiß ich natürlich auch viel. Zwei wichtige Dinge möchte ich euch noch zum Abschluß sagen. Erstens: Der Sinn des Lebens sind Liebe und Gerechtigkeit, in zig Millionen Variationen. Denkt darüber nach und diskutiert es, und ihr werdet es irgendwann verstehen. Und zweitens: Ihr müßt lernen, glücklich zu sein, damit ihr keine Depressionen bekommt und nicht auf schlechte Gedanken kommt, wie etwa Selbstmord oder irgendwelche kriminellen Dinge. Also werdet gute Menschen, und bleibt auch so! Dies könnt ihr ruhig weitererzählen, denn gute Dinge sollte man verbreiten und immer und immer wieder anderen Menschen erzählen. – So, liebe Kinder und liebe Erwachsene, ich bitte euch, mich jetzt allein zu lassen. Ich wünsche euch alles, alles Gute in eurem weiteren Leben!“

Es war still geworden. Ich sah, daß Peter weinte. Er war nicht der einzige. Dann gingen nach und nach alle ihrer Wege.

Der Professor, Maria, Hella und ich warteten in meiner Wohnung bis Mitternacht. Als der Vollmond ganz hell leuchtete, gingen wir wieder hinaus. Wir sägten bestimmt eine halbe Stunde, bis wir es geschafft hatten. Wir legten Bluba auf den Pritschenwagen, verschnürten ihn mit der Kordel und brachten ihn in Hellas Garten. Niemand hatte uns gestört.

Anschließend saßen wir noch die ganze Nacht in Hellas Wohnung und tranken vergnügt und heiter vier Flaschen Wein. Als es draußen hell wurde, verabschiedete sich der Professor und ging nach Hause. Und wir gingen erschöpft zu Bett und hatten alle eigenartige, schöne Träume.

Doch davon möchte ich ein andermal erzählen.

Eduard Wirths

Aus: „Akte Friedemann. Intrigenspiel aus dem Zweiten Weltkrieg“

Der ehrenwerte Mann und sein heimlicher Feind

Auf der Heimfahrt musste Potraffke an das Gespräch mit seinen Eltern über Friedemann denken. So sehr er sich auch innerlich sträubte, er konnte nicht abschütteln, was er erfahren hatte. Das Ganze erschien ihm wie eine unglückliche Verkettung, wie der Schnittpunkt zweier Linien in einem Koordinatensystem. Nun hatte er sich aus seiner Stadt und ihrem Umkreis wegbeworben, war in dieses entlegene Schwanental gekommen, ein halbes Jahr dort und glaubte, sich hier eine feste Stellung aufbauen zu können, immer in der Annahme, dass hier niemand etwas von seiner Herkunft und der politischen Vergangenheit seines Vaters wissen könne. Diese war ja so gänzlich anders ausgerichtet, als es seine eigene Zukunft sein sollte. Und dabei musste ihm ausgerechnet dieser Friedemann, der Patriarch des ihm fremden holländischen Konsulats, über den Weg laufen, gerade hier, in dieser kleinen Stadt, in der er sich unbelastet von jedem Vorurteil wähnte, sich vor fremden Leuten für sicher und anonym hielt.

Bisher war es ihm gelungen, die kommunistische Vergangenheit seines Erzeugers zwar nicht böswillig zu verschweigen, aber doch unentdeckt zu lassen. Jedenfalls war sie ihm nicht zum Hindernis geworden. Umso mehr hasste er plötzlich diesen Friedemann, der ihn jederzeit bloßstellen, als Nachkommen eines ideologischen Feindes seiner eigenen Partei anschwärzen konnte. Was mochte dieser Mann, ein unvorhergesehener Widersacher, möglicherweise tun, welche Befugnisse würde er besitzen, ihm seine Tour nach Holland zu vermasseln, die Mission zu torpedieren, die ein Vertrauensbeweis für ihn war und von der noch anderes, Wichtiges, abhängen sollte? Nicht nur er, auch die Arbeit der Partei und seiner Dienststelle wären davon betroffen.

Es brodelte in Emil Potraffke, ein ungebändigter Zorn kam in ihm auf. Nichts gab es an diesem Abend, was seine stille Wut brechen konnte. Erst die zunehmende Dunkelheit verschaffte ihm etwas Erleichterung. Nach angemessener Wartezeit ging Potraffke zum Konsulat, diesmal, um seinen Pass mit dem Visum abzuholen. Das Betreten des Gebäudes und das erneute Zusammentreffen mit Friedemann standen jetzt unter anderen Vorzeichen als beim ersten Mal. Der Sturmscharführer hatte seine Situation überdacht und nicht seine Dienstuniform angelegt, wollte er doch den biederen Mann in fremden Diensten nicht unnötig reizen. Lediglich das Parteiabzeichen bekundete seine politische Zugehörigkeit.

Jetzt war er es, der innerlich nervös war, und das mit Grund: Wie sollte er sich verhalten, wenn Friedemann sein amtliches Gesicht für einen Moment fallen lassen und ihn fragen würde, ob ein Bekannter aus früheren Zeiten sein, des Besuchers, Vater sei? Dann säße er in der Zwickmühle. Seinen Vater zu verleugnen vertrug sich nicht mit seinen Ehrbegriffen. Zuzugeben, dass er der Sohn eines Kommunisten sei, war noch weniger mit seinen peniblen Vorstellungen von der Herkunft eines ausgewiesenen Nationalsozialisten in Einklang zu bringen.

Emil Potraffke musste es darauf ankommen lassen, ob er vor diese Situation gestellt würde, und wenn ja, möglichst ohne Gesichtsverlust damit fertig werden. Er mied denn auch den direkten Blickkontakt mit Friedemann, um gar nicht erst das geringste Einvernehmen aufkommen zu lassen, das den Übergang zu einer privaten Frage hergestellt hätte.

Beim Unterschreiben der Empfangsbestätigung zitterte diesmal für ein paar Sekunden Potraffkes Hand. Das war Friedemann nicht entgangen, der sich seine eigenen Gedanken über die Ursache machte, aber viel zu beherrscht war, den geraden Pfad der Korrektheit zu verlassen und auch nur einen Moment eine Frage oder Bemerkung fallen zu lassen, die nicht zur Sache gehörte. Keiner der beiden Männer hatte einen Satz, ein Wort geäußert, das er lieber zurückgenommen hätte, und doch hatten beide das unbestimmte Gefühl, dass zwischen ihnen etwas entstanden war, das mehr war als eine zufällige persönliche Abneigung, wie man sie im Laufe des Lebens erfährt. Es setzte sich auf beiden Seiten der Eindruck einer Gegnerschaft fest, die vermutlich nie offen ausgetragen würde.

Potraffke ahnte, dass Friedemann eine Information über ihn besaß, die für ihn von Nachteil werden könnte, die er diskret und verdeckt in dieser Stadt verbreiten würde, ohne dass er selbst etwas davon erfahren müsste. Umgekehrt erkannte Friedemann diesen Zusammenhang genau und ahnte, dass Potraffke ihn, der um sein Geheimnis wusste, deswegen hassen und bekämpfen könnte.

Zu dieser Annahme hatte Friedemann allen Grund, hatte er sich doch bei den Nazis schon unbeliebt genug gemacht. Für sie bot der Konsulatsbeamte eine breite Angriffsfront. Er fiel schon dadurch auf, dass er seinen Hut zum Gruße zog, wenn er an einer Kirche vorüberging, und er machte sich missliebig, indem er sich des Hitler-Grußes enthielt.

Schwerer noch wog, dass er sich auch nach Jahren der allgemeinen Umgewöhnung noch weigerte, an nationalen Feiertagen die Hakenkreuzfahne aufzuziehen, und bei der offiziell nicht mehr geltenden alten Beflaggung blieb. Auf diese im Straßenbild augenfällige Abweichung einmal angesprochen, meinte er, auf holländischer Seite würde man es ihm übel nehmen, wenn er die Hakenkreuzfahne zeige.

Er tat nichts, was gesetzlich verboten war, und juristisch war er nicht zu belangen. Dennoch konnte er seine Ablehnung des Regimes offener nicht zu erkennen geben. Das musste den Braunen ein Dorn im Auge sein.

Mit dem Verstecken hinter der Rücksichtnahme auf holländische Empfindlichkeiten wich Friedemann geschickt aus. Hier war er so schnell nicht zu packen. Andererseits war er sich darüber im Klaren, dass seine Rolle zwiespältig war. Als Person war er deutscher Staatsbürger, der sich als solcher zu verhalten hatte. Beruflich stand er in niederländischen Diensten, was ihn ebenfalls verpflichtete, wenn auch in ganz anderer Richtung, und ihm darüber hinaus den Schutzmantel eines diplomatischen Status umhängte und ihn vor dem direkten Zugriff der Nazis schützte.

Das war auch dem SD-Mann Potraffke längst bewusst geworden, der in der Zwischenzeit hier und da bei Parteigenossen und ihm sonst bekannten Bürgern oder Vertretern des offiziellen Lebens die Sprache auf Friedemann gebracht hatte, um herauszufinden, wie man über ihn dachte und was man von ihm wusste. Potraffke hatte bald erkannt, dass Friedemann kein leichter Gegner war, was den inneren Groll gegen seinen Intimfeind nur noch steigerte.

Friedemann vermied, wo es eben ging, eine direkte Konfrontation mit der Partei. Ließ es sich aber nicht vermeiden, seine Einstellung offen zu legen, tat er das. So wussten Schwanentaler Bürger von einem Vorfall zu berichten, der sich vor wenigen Jahren in einem Lokal bei allgemeinen Wahlen zugetragen hatte, als Wahlhelfer den Teilnehmern eine Anstecknadel mit dem Aufdruck „Ja“ an die Kleidung heften wollten, denn nur mit „Ja“ oder „Nein“ konnte man wählen. Andere politische Parteien als die eine gab es nicht mehr. Als die Reihe an Friedemann war, lehnte er ab, so dass es alle Umstehenden in der Schlange hören konnten: „Nein, danke!“

Sylvia Zimmermann

Schmerzliche Gedanken

Ich legte den Hörer auf, Tränen liefen über mein Gesicht. Meinem Vater, der an Lungenkrebs erkrankt war, ging es schlechter.

Ich kramte die Reisetasche hervor und bereitete alles für die morgige Fahrt vor. Unterdessen kam mein Mann Horst von der Arbeit nach Hause. Wir besprachen noch das Wesentliche für den morgigen Tag und informierten unsere Kinder Doreen, André und René.

Am nächsten Tag erreichten wir nach vierstündiger Fahrt, meistens auf der Autobahn, mein Elternhaus.

Unsere Mutter stand schon voller Unruhe an der Hoftür. Sie begrüßte uns herzlich. Dünn war sie geworden, und müde sah sie aus. Tag und Nacht verbrachte sie an Vaters Seite, was mächtig an ihr zehrte.

Wir gingen ins Haus. Mein Bruder Roland und Schwägerin Martina hießen uns ebenfalls willkommen. Sie wohnten über meinen Eltern.

In der Küche tranken wir Kaffee, und Mutter bereitete uns schonend auf Vaters Aussehen und Zustand vor. Im Moment schlief er. So konnten wir uns innerlich mit der Situation vertraut machen. Vater lag nicht im Bett, sondern in der kleinen Stube auf der ausgezogenen Schlafcouch.

Martina sah inzwischen nach ihm und informierte uns, dass er aufgewacht sei. Wir begrüßten und umarmten Vater liebevoll, und ein Lächeln huschte über das zusammengefallene Gesicht, in dem die Augen das Größte waren.

Nach einer Weile gingen Horst und die Kinder wieder hinaus. Ich setzte mich an Vaters rechte Seite und hielt seine Hand, streichelte sie.

Dankbar sah er mich an, zeigte auf seine Arme, die abgemagert waren, die Haut lag in Falten.

Ich nickte ihm zu und sagte: „Du musst mehr essen, damit du wieder zu Kräften kommst und gesund wirst."

Er schüttelte nur den Kopf. Er war geistig auf der Höhe.

Ich schämte mich für meine Lüge, kam mir so hilflos vor. Was war aus unserem lebensfrohen, geduldigen und hilfsbereiten Vater geworden!

Die unheimliche Stille durchbrach meine Schwägerin, die eine Suppentasse mit kräftiger Hühnerbrühe hereinbrachte. Sie deutete mir an, dass ich Vater zum Essen animieren solle. Ich nickte ihr zu.

Brav aß Vater die Suppentasse zur Hälfte aus, winkte dann ab. Sein Gesicht verzog sich vor Schmerzen. Ich drängte nicht weiter. Jede Bewegung war für ihn anstrengend.

Er wurde wieder müde und schlummerte vor sich hin. Lautlos verließ ich das Zimmer.

In der Küche saß Mutter mit Martina am Tisch, ihre Augen gerötet. Wortlos setzte ich mich zu ihnen, und wir ließen unseren Tränen freien Lauf.

Der Tod war bei uns schon immer ein Tabuthema gewesen. Vielleicht kam es daher, dass sie schon frühzeitig einen Sohn verloren haben und ich einen Bruder.

Am dritten Tag reisten wir wieder ab. Auf der Heimfahrt wurde mir klar, dass ich meinen Vater nicht lebend wiedersehen würde.

Ich war froh, dass meine Schwägerin Martina meine Mutter bei der Pflege meines Vaters tatkräftig unterstützte – bis zu seiner Erlösung am 9. Oktober 1999.

Unser Vater lebt zwar nicht mehr, aber er ist allgegenwärtig in unseren Gedanken, in unseren Herzen und in unseren Träumen.

Unerwartetes Wiedersehen

Andrea Weise, eine schlanke sechsundzwanzigjährige Frau, brachte die letzten Kartons vom Umzug auf den Boden. Dort sah sie eine ältere Dame wimmernd auf dem Fußboden sitzen.

Schnell stellte Andrea die Kartons ab und lief auf sie zu. „Was ist Ihnen denn passiert? Sind Sie gestürzt?“, fragte Andrea besorgt.

„Ich habe mir den Knöchel verletzt“, antwortete die Frau mit schmerzverzerrtem Gesicht.

Andrea stützte die Verletzte und ging mit ihr die nicht sehr steile Bodentreppe hinunter. Sie nahm sie mit in ihre Wohnung und legte das Bein hoch. Während sie den geschwollenen Knöchel kühlte, sagte sie: „Ich habe mich Ihnen noch nicht vorgestellt. Mein Name ist Andrea Weise. Ich bin hier vor einigen Tagen mit meinem Sohn David eingezogen.“

„Ich bin Loni Bach, Ihre Nachbarin. Im Haus nennen mich alle Oma Bach. Wenn Sie mal Hilfe brauchen, läuten Sie nur, denn ich bin den ganzen Tag zu Hause“, erklärte die Verletzte.

„Danke für Ihr Angebot! Ich werde Sie beim Wort nehmen“, erwiderte Andrea lächelnd.

Sie ging zum Telefon und rief im Ärztehaus an. Sie schilderte das Missgeschick von Loni Bach. Es wurde vereinbart, dass ein Krankenwagen die Patientin zum Röntgen abholt.

Kurz darauf erschienen die Sanitäter und nahmen Loni Bach mit. Indessen ging Andrea in die Küche und bereitete einen deftigen Gemüseeintopf vor.

Das Essen war gerade fertig, als die Pfleger mit der Nachbarin zurückkamen. Sie erklärten Andrea, dass der Knöchel geprellt sei und gekühlt werden müsse. Sie bedankte sich beim medizinischen Personal und wünschte ihnen einen stressfreien Tag.

Unterdessen humpelte Loni Bach zur Couch und legte das kranke Bein hoch. Andrea ging in die Küche und brachte den Eintopf. Es duftete vorzüglich.

Nachdem sie gegessen hatten, kühlte Andrea wieder das Bein ihrer Nachbarin.

„Sie haben so viel Mühe mit mir. Ich weiß gar nicht, wie ich Ihnen danken soll“, sagte Loni Bach.

„Sie hätten mir doch auch geholfen“, antwortete Andrea und räumte das Geschirr ab.

Als sie aus der Küche kam, schlief ihre Patientin. ‚Die Aufregung hat sie ermüdet‘, dachte Andrea.

Sie nahm die Tageszeitung und las in der Rubrik STELLENANGEBOTE. Sie wollte wieder eine Halbtagsbeschäftigung als Bauzeichnerin aufnehmen. Seit Jürgens Tod musste sie alles allein bewältigen.

Voller Wehmut dachte sie an die schöne Zeit mit Davids Vater, ihrem Ehemann. Ihr Blick fiel auf das kleine Foto von David, und ein Lächeln huschte über ihr Gesicht. Er war Jürgen so ähnlich, dass es manchmal schmerzte.

Loni Bach erwachte und streckte sich, so gut es ging.

„Haben Sie gut geschlafen?“, wollte Andrea wissen.

„O ja – bei Ihrer Pflege!“, erwiderte die Nachbarin lächelnd.

„Kann ich jemanden benachrichtigen?“, erkundigte sich Andrea.

„Nein, ich habe nur noch einen Neffen, Klaus. Er ist Architekt und viel unterwegs. Er besucht mich oft, und dann backe ich seinen Lieblingskuchen mit Rosinen. Den mag er sehr. – Wohnen Sie allein?“, fragte Loni Bach weiter.

„Nein, mit meinem vierjährigen Sohn David. Er ist zurzeit bei meiner Freundin Vera. Ich wollte ihm den ganzen Umzugsrummel ersparen. Mein Mann Jürgen ist vor zwei Jahren verunglückt“, berichtete Andrea mit trauriger Stimme.

„Das tut mir aber Leid“, erwiderte ihre Nachbarin voller Mitgefühl.

Eine Weile herrschte beklommene Stille.

„Ist schon gut“, seufzte Andrea dann und holte tief Luft. Um auf andere Gedanken zu kommen, schlug sie vor, einen Kaffee oder Tee zu trinken. Sie einigten sich auf Tee mit Keksen.

Danach wollte Oma Bach in ihre Wohnung.

Andrea half ihrer Patientin auf die Couch, die sich in der Stube befand. Die kleine Wohnung war sehr geschmackvoll eingerichtet. Andreas Augen waren von einer Glasvitrine, die eine Puppensammlung enthielt, gefesselt. Fasziniert blieb sie davor stehen.

Loni Bach bemerkte es. „Kurz nach dem Tod meines Mannes sah ich diese Puppen in einer Ausstellung. Eine Sammelleidenschaft entwickelte sich daraus, und ich kam auf andere Gedanken“, berichtete sie.

Andrea gab ihr ihre Telefonnummer, damit sie bei Bedarf anrufen konnte. Dann verabschiedeten sie sich voneinander.

Am nächsten Tag stand Andrea früh auf, aß eine Kleinigkeit, zog den Mantel über, schaute noch kurz zu Loni Bach und ging dann zum Busbahnhof. Sie wollte zu Vera fahren und ihren Sohn David abholen. Sie empfand große Sehnsucht nach ihm. Die Fahrt verlief ihr viel zu langsam.

Angekommen, drückte sie auf den Klingelknopf. Es näherten sich Schritte.

Vera öffnete die Tür und staunte nicht schlecht, als sie Andrea sah. „Du wolltest doch erst Samstag kommen“, sagte sie erstaunt.

„Ich habe es ohne David nicht länger ausgehalten“, gab Andrea zu, „und außerdem ist alles eingerichtet.“

Beide begaben sich leise in die Stube und sahen David beim

Spielen zu. Mühevoll versuchte dieser, die Holzstäbchen mit dem Kran vom Laster zu heben. Es wollte ihm nicht so recht gelingen.

„Hallo, mein Schatz!“, rief Andrea.

David sah auf und stürmte auf sie zu. „Hallo, Mami!“, rief er und zerrte sie zu dem Spielzeug. „Das hat mir Tante Vera gekauft, weil ich artig war“, gab er voller Stolz von sich.

Die Freundinnen tranken einen Espresso, David spielte weiter. Andrea erzählte Vera vom Missgeschick ihrer Nachbarin und vom Umzugsstress. Am Ende der Plauderei versprach Vera, die beiden bald einmal aufzusuchen.

Am späten Nachmittag ging es wieder mit dem Bus heimwärts. David schlief unterwegs.

Zu Hause angekommen, zeigte Andrea ihrem Sohn sein Kinderzimmer. Das Schaukelpferd stand zwischen der Spielbox und dem Feuerwehrauto. Als Überraschung hatte Andrea einen kleinen Plüschhund gekauft, der auf Druck sogar bellte. David entdeckte ihn sofort auf dem Bett und nahm ihn gleich in die Arme. Er gab ihm den Namen Schnuffi.

Nach dem Abendessen badete Andrea ihren Sohn, brachte ihn ins Bett, wo er gleich mit seinem Hund kuschelte.

Andrea spürte plötzlich ihre Knochen von der ungewohnten Arbeit. Sie ließ nun für sich selbst Wasser in die Wanne ein. Ein berauschender Fliederduft erfüllte das Bad. Sie genoss den Whirlpool in vollen Zügen.

Danach ging sie zu Bett. Eigentlich wollte sie noch lesen, aber die Augen waren schwer wie Blei. Sie löschte das Licht.

Am Samstagmorgen fühlte sich Andrea wie neugeboren. Schwungvoll stand sie auf, bereitete das Frühstück, sah nach David. Er lag wie ein kleiner Engel im Bett. Sein Anblick erfüllte ihr Herz mit Frohsinn.

Verwundert war sie über ihre Nachbarin. Sie hatte sich noch nicht wieder gemeldet. ‚Vielleicht schläft sie etwas länger', dachte Andrea.

Sie erledigte ihre Hausarbeit und nahm sich vor, nach dem Mittag nach ihr zu schauen. In diesem Moment läutete es an der Tür. Als sie öffnete, stand ein junger Mann mit roten Rosen und einem Präsentkorb vor ihr.

„Bitte?", fragte Andrea.

„Für Ihre Hilfsbereitschaft … Ihrer Nachbarin gegenüber", stammelte er, denn als er sie ansah, durchfuhr es ihn wie ein Blitz. Laut fragte er: „Andrea Rahn?"

„Ja, so hieß ich mit Mädchennamen. – Woher kennen wir uns?" Unsicherheit lag in ihrer Stimme.

„Wir waren im gleichen Zirkel ‚Zeichnen'. Ich bin Klaus Bach, der Neffe deiner Patientin. Ich war damals sogar in dich verliebt", gab er etwas verlegen zu.

Jetzt erinnerte sich Andrea vage. „Das kann es doch nicht geben!", rief sie erfreut und bat ihn herein.

In diesem Moment erschien David im Zimmer. Andrea stellte die beiden einander vor und sprach auch von Jürgen, vom Umzug und von ihrem Neuanfang in dieser Stadt.

„Wir sollten jetzt lieber zu meiner Tante gehen, denn sie wartet bereits mit dem Essen", riet Klaus Bach.

Zu dritt gingen sie rüber und erzählten Loni Bach die ganze Geschichte von damals.

„Das sind mir ja schöne Tatsachen!", gab Oma Bach lachend von sich, und in ihren Augen blitzte es vor Freude. Insgeheim wünschte sie den beiden Glück und für sich den süßen „Enkel".

Sie saßen noch lange gemütlich beisammen und hatten sich viel zu erzählen.

Mittlerweile war es höchste Zeit geworden, David ins Bett zu bringen. Klaus ließ es sich nicht nehmen mitzugehen.

Andrea versorgte David, danach brachten sie den Kleinen zu Bett.

Sie gingen ins Wohnzimmer zurück, und plötzlich ergriff Klaus ihre Hand. „Im Prinzip habe ich nicht aufgehört, dich zu lieben. Lass es uns versuchen, Andrea“, hauchte er ihr ins Ohr und gab ihr einen Kuss.

Sie erwiderte ihn voller Hingabe. „Lass mir etwas Zeit“, flüsterte sie.

Andrea wusste, dass es eine gemeinsame Zukunft geben konnte, und sie war Oma Bach dankbar dafür.

Autorenspiegel
&
Seitennachweis

Ahrens, Annemarie **Seite 5–18**
Die Autorin wurde 1917 auf der Ostsee-Insel Fehmarn geboren. Später kam sie zur Berufsausbildung nach Kiel und durch ihre Heirat nach Lübeck, wo sie auch heute lebt.
Annemarie Ahrens fand zur Schriftstellerei, als sie wegen einer MS-Erkrankung Frührentnerin wurde und dadurch überwiegend auf ihre vier Wände verwiesen war. Von ihr sind bereits zwei Bücher erschienen. Aus ihrem dritten literarischen Werk mit dem Titel „Gestern und Heute“, der Familiensaga um die Matthiesens, wurden bislang vier Kapitel in der Frieling-Anthologie „Prosa de Luxe. Anno 1998“ veröffentlicht. In vorliegendem Band werden nun die ersten Kapitel dieses epischen Panoramas aus dem 20. Jahrhundert präsentiert, beginnend im Jahre 1910, als Hinrich, der Gründer der Familie, erstmals fehmarnschen Boden betritt.

Barsch, Christian **Seite 19–23**
Der Autor wurde 1931 in Cottbus geboren, wo er auch seine Jugend verbrachte und eine Ausbildung als Handwerker absolvierte. Nach kurzer Lehrertätigkeit studierte er in Halle und Berlin Musik und war danach 35 Jahre lang als Lehrer am Konservatorium seiner Vaterstadt tätig.
Von Christian Barsch erschienen mehrere eigenständige literarische Werke – „Vier Streiflichter“, „Fremdes Gesicht“ und „Jahreszeitenbilder“ – sowie ausgewählte Arbeiten in verschiedenen Sammelbänden, darunter in 34 Frieling-Anthologien.
Im vorliegenden Band präsentiert der Autor die dritte Folge seines Werkes „Wege, Trostbilder, Betrachtungen“, dessen erster und zweiter Teil in den Ausgaben von 2000 und 2001 der Anthologie „Prosa de Luxe“ veröffentlicht wurden.

Constantin, Sigrid **Seite 24–32**
Die Autorin wurde am 5. September 1934 in Wuppertal geboren. Nach einer kaufmännischen Ausbildung arbeitete sie zehn Jahre in ihrem Beruf, bevor sie sich später ganz dem Familienleben und der Erziehung ihrer drei Töchter widmete.
Bei Frieling erschienen von Sigrid Constantin die Bücher „Single wider Willen“ (1999, ISBN 3-8280-0849-6), „Leben mit Tieren ist Liebe auf Zeit“ (1999, ISBN 3-8280-1042-3), „Als Oma ein kleines Mädchen war“ (1999, ISBN 3-8280-1058-X), „Wenn der Partner stirbt“ (2000, ISBN 3-8280-1157-8), „Anna und Frederik“ (2000, ISBN 3-8280-1290-6), „Von Kinderstreichen und Hasenabenteuern“ (2000, ISBN 3-8280-1291-4) und „Rajasthan – Traumland Indiens“ (2001, ISBN 3-8280-1473-9) sowie Texte in zehn Anthologien.
In ihren Texten des vorliegenden Bandes geht die Autorin den mitunter verschlungenen Wegen der Liebe nach.

Corsten, Willi **Seite 33–36**
Der Autor wurde 1939 in Jüchen geboren und lebt heute in Hülchrath, Kreis Neuss (Nordrhein-Westfalen).
Das vielseitige literarische Schaffen von Willi Corsten umfasst unter anderem Gedichte, Kurzgeschichten, Kriminalerzählungen, Satiren, Märchen und Fabeln. Werke aus seiner Feder wurden in Rundfunk und Presse sowie in bislang 22 Anthologien veröffentlicht, unter anderem im Rowohlt Verlag und in acht Editionen des Frieling-Verlages. Willi Corsten ist Mitherausgeber und -autor des Taschenbuches „Zwischen Heine und Altbier“ (1999, SeitenWind Verlag) sowie Dozent der VHS.
In vorliegender Anthologie ist der Autor mit einer Satire und zwei Humoresken vertreten.

Denzel, Hermann Alfred **Seite 37–49**
Dr. Hermann Alfred Denzel, 1927 in Mülheim an der Ruhr geboren, ist deutscher Facharzt für Neurologie und Psychiatrie und amerikanischer Facharzt für Psychiatrie. Seit 1968 wirkt er in Heilbronn mit eigener Praxis und Privatklinik.
Im Rahmen der „Edition Deutscher Schriftstellerärzte“ erschienen im Jahre 2000 im Verlag Haag+Herchen, Frankfurt/M., von Hermann Alfred Denzel die Bücher „Aus dem Leben, für das Leben. Aphorismen und Gedichte“ und „Ich will, ich kann, ich muß! Ansichten und Einsichten eines Nervenarztes um die Jahrtausendwende“. Im Frieling-Verlag wurden Texte aus seiner Feder bisher in der Anthologie „Ly-La-Lyrik“ (2001 und 2002) und im Jahrbuch „Auslese zum Jahreswechsel 2001/02“ veröffentlicht.
In vorliegender Anthologie präsentiert der Autor einen Essay über den großen deutschen Philosophen Immanuel Kant und dessen Bedeutung für uns in der heutigen Zeit.

Ebert, Hans **Seite 50–61**
Der Autor wurde am 5. November 1929 in Stettin geboren. Von Beruf Jurist, lebt er heute in Bad Salzdetfurth (Niedersachsen).
Neben Kurzgeschichten, die in Tageszeitungen publiziert wurden, erschienen von Hans Ebert „Zitatensammlungen zur Wirtschafts- und Gesellschaftspolitik“ (Hildesheim 1975, 1979, 1983 und 1987), „Betrachtungen eines Nichtpolitikers zur Wirtschafts- und Sozialpolitik“ (Köln 1976) sowie Aufsätze in Fachzeitschriften. Der Verlag Frieling & Partner veröffentlichte von ihm den Roman „Stettin, Kochstr. 6“ (1991) sowie Prosa und Lyrik in bislang zehn Anthologien.
In vorliegendem Band ist der Autor mit einer Erzählung vertreten.

Gottlieb, Brigitte **Seite 62–65**
Die Autorin wurde am 24. September 1942 in Wien geboren, wo sie auch heute lebt. Nach der Scheidung ihrer ersten Ehe kehrte sie als alleinerziehende Mutter von zwei Kindern ins Berufsleben zurück. Auf Grund ihrer Sprachkenntnisse arbeitete sie zuletzt als Empfangsdame in einer Spezialbank. Nach 13 Jahren ging sie in Frühpension, um ihrem zweiten Mann nach Ägypten zu folgen, doch wurden diese Pläne durch ein tragisches Schicksal durchkreuzt.
Seit einigen Jahren schreibt Brigitte Gottlieb ihre Erlebnisse als Romane nieder, mit denen sie jedermann das Gesetz des Karmas begreiflich machen möchte. Ihr erster, noch unveröffentlichter Roman „Ankh – Eine Liebe im Wandel der Jahrtausende“ handelt von der romantischen Begegnung einer Wienerin mit einem Ägypter, in dem sie eine Reinkarnation des legendären Pharaos Tut-Ankh-Amun vermutet. Aus diesem Werk wird in vorliegender Anthologie ein Auszug aus dem Kapitel „Sieben Stäbe“ vorgestellt.

Greye-Hofrichter, Martha **Seite 66–71**
Die Autorin wurde am 30. Oktober 1911 in Berlin geboren. Sie war 20 Jahre als kaufmännische Angestellte und danach zwei Jahrzehnte als Lehrerin im öffentlichen Schuldienst tätig.
Martha Greye-Hofrichter widmete sich neben der beruflichen Tätigkeit der Malerei, der Musik sowie dem Schreiben von Gedichten, Theaterstücken und Kurzprosa und unterhielt Kontakte zur literarischen Gruppe MUSA. Texte aus ihrer Feder wurden im „Nordberliner“, im „Mallorca-Magazin“ und in verschiedenen Anthologien veröffentlicht. Im Waldemar Hoffmann-Verlag Berlin erschien ihr Lyrikband „Unsere schöne Erde“. Bei Frieling wurden von ihr das Reisebuch „Sonneninsel Mallorca“ (1997, ISBN 3-8280-0436-9) sowie Texte in bislang sieben Anthologien ediert. – Im vorliegenden Band ist die Autorin mit zwei Kurzgeschichten vertreten.

Haag, Sonja **Seite 72–76**
Die Autorin wurde am 15. Januar 1953 in Dachau geboren, wo sie auch heute mit ihrer eigenen Familie lebt. Im Anschluss an das Abitur studierte sie an der Pädagogischen Hochschule in München Erziehungswissenschaften und arbeitete dann als Lehrerin. Nach einer längeren Beurlaubung, in der sie ihre freie Zeit nutzte, um zu schreiben und sich in Psychologie weiterzubilden, ist sie wieder im Schuldienst tätig.
Von Sonja Haag erschien im Frieling-Verlag bislang eine Kurzgeschichte in der Anthologie „Prosa de Luxe. Anno 1997“. In vorliegender Edition präsentiert die Autorin eine kleine Brieferzählung: einen nicht abgesandten, berührenden Brief einer Frau an eine Gleichnamige.

Heinzel, Meik R. **Seite 77–88**
Der am 23. November 1971 geborene Autor studierte in Hamburg Kunstgeschichte und Germanistik, bevor er sich im Kunst- und Antiquitätenhandel selbständig machte.
Im Verlag Frieling & Partner erscheint von Meik R. Heinzel der Roman „Maroc – Splitter eines Spiegelbildes“ (ISBN 3-8280-1751-7), zu dem der Autor durch Notizen und Tagebucheinträge während einer Marokko-Reise angeregt wurde.
In vorliegender Anthologie präsentiert Meik R. Heinzel eine Erzählung um Cosimo I. de’ Medici (1519–1574), Herzog von Florenz und Großherzog von Toskana.

Hendlinger, Hella **Seite 89–99**
Die am 20. Dezember 1936 in Reval (Tallinn) geborene Autorin ist gelernte Krankenschwester und Mutter von drei Kindern. Sie lebt heute in Mörfelden in der Nähe von Frankfurt am Main und ist in einem eigenen Büro als Personalkauffrau tätig.
Seit frühester Jugend schreibt Hella Hendlinger Gedichte und Erzählungen. Im Verlag Frieling & Partner erschienen von ihr bislang der Erzählband „Der Fotograf oder: Tee in Ephesus“ (1996), der Roman „Xenoternitas. Der Notar, die Stadt und die Sekte“ (1996, ISBN 3-8280-0172-6) sowie eine Erzählung in der „Anthologie Buchwelt 2001“. In vorliegendem Band präsentiert sie zwei Erzählungen.

Hoffmann, Karla **Seite 100–104**
Die Autorin war als ausgebildete Schauspielerin an verschiedenen Theatern engagiert – in Nordhausen, Zoppot sowie in Berlin am Schillertheater und an der Neue Bühne – und wirkte in mehreren DEFA-Filmen mit. 1952 wurde sie für zirka zehn Jahre Dozentin für Schauspiel an der Schauspielschule Berlin-Schöneweide. Danach arbeitete sie beim Fernsehen der DDR als Regisseurin.
Ihre Liebe zum Schreiben entwickelte sich, als Karla Hoffmann für ihren Enkelsohn Märchen zu erfinden begann, die auch im Kinderbuchverlag erschienen. Für den Fernsehfunk der DDR verfasste sie später zwei Szenarien, die jedoch aus ideologischen Gründen abgelehnt wurden. Seither schrieb sie ohne Auftrag zur eigenen Freude weiter, was ihre Phantasie ihr eingab. So entstanden unter anderem ein Roman und sechs „Frauengeschichten der anderen Art“, von denen eine in vorliegender Anthologie präsentiert wird.

Koch, Marion **Seite 105–114**
Die Autorin wurde am 13. August 1957 geboren und lebt in Duisburg.
Im Verlag Frieling & Partner sind von Marion Koch bislang der Lyrikband „Der letzte Engel wacht“ (2002, ISBN 3-8280-1734-7)

sowie einige Gedichte daraus in der Anthologie „Ly-La-Lyrik. Edition 2002" erschienen.
In vorliegender Anthologie ist die Autorin mit einer Kurzgeschichte vertreten, die von einem merkwürdigen Traum und den damit verbundenen Reflexionen handelt.

Kühl, Klaus **Seite 115–129**
Der am 25. September 1928 in Danzig geborene Autor arbeitete nach Tätigkeiten in verschiedenen Bereichen zwölf Jahre in Afrika in der Entwicklungshilfe.
Seit 1947 publiziert Klaus Kühl Kurzgeschichten, Erzählungen und Gedichte in Zeitungen und Zeitschriften, Anthologien und eigenen Büchern. Im Verlag Frieling & Partner erschienen von ihm die Gedichtbände „Wenn du auf Reisen gehst ..." (1994), „Pointe noire" (1995, ISBN 3-89009-862-2), „Unsterblich sind die Liebenden" (1995, ISBN 3-89009-994-7), „Verweht. Dämmerung der Vergangenheit" (1997, ISBN 3-8280-0374-5) und „Ich will nicht reisen ohne Ziel" (1998, ISBN 3-8280-0499-7), die Erzählbände „Aus dem Tagebuch eines hässlichen Mädchens" (1994), „Der gläserne Elefant" (1996, ISBN 3-8280-0045-2) und „Die Koffer meines Lebens" (1996, ISBN 3-8280-0166-1), der Gedicht- und Prosaband „Die Tragik der Nähe" (1999, ISBN 3-8280-0926-3), das Kamerun-Tagebuch „Weißer Tropfen in schwarzer Flut" (2001, ISBN 3-8280-1599-9) sowie Lyrik und Prosa in bislang 26 Anthologien.
In vorliegender Edition präsentiert der Autor zwei Erzählungen, die seinem Erzählband „Aus dem Tagebuch eines hässlichen Mädchens" entnommen sind.

Kunick, Klaus **Seite 130–136**
Der Autor wurde am 10. Dezember 1929 in Leipzig geboren. Er studierte in Halle (1949–1951) und Leipzig (1973–1980) Regie und Theaterwissenschaft und war nach vielen Jahren der Theaterarbeit zuletzt an der TU Dresden als Lehrer im Hochschuldienst und Leiter der Studentenbühne tätig. Seit 1994 lebt er in Meersburg am Bodensee und widmet sich ganz dem Schreiben.
Klaus Kunick hat mehrere Stücke für junge Leute geschrieben, die in Dresden und weiteren Städten zur Aufführung kamen. Des Weiteren arbeitet er an der Romantrilogie „Die 4. Geburt", deren erster Band unter dem Titel „Die 4. Geburt – das bin ich" bei den Frankfurter Oder Editionen erschienen ist.
Die in vorliegender Anthologie präsentierte Erzählung „Der Tontopf" ist dem noch unveröffentlichten dritten Band der Trilogie „Die 4. Geburt" entnommen.

Kusebauch, Martina **Seite 137–150**
Die Autorin wurde am 11. Januar 1967 in Ludwigsburg (Baden-Württemberg) geboren. Nach dem Hauptschulabschluss war sie im Alten- bzw. Privatpflegebereich sowie in einem Hotel tätig. Seit 1989 ist sie bei einem großen Sicherheitsunternehmen beschäftigt, wo sie zunächst als Wachfrau und ab 1995 als Werkschutzfachkraft arbeitete und seit dem Jahre 2000 als Objektleiterin in einem Chemie verarbeitenden Betrieb eingesetzt ist.
Neben anderen Hobbys widmet sich Martina Kusebauch dem Dichten für besondere Anlässe sowie dem Schreiben von Prosawerken. Nach Fertigstellung ihres noch unveröffentlichten Kriminalromans „Schatten des Zweifels" arbeitet sie an dessen Anschlussroman.
In vorliegender Anthologie präsentiert die Autorin ein Kapitel aus genanntem Kriminalroman, in dessen Mittelpunkt eine junge Frau steht, die als Führungskraft eines Sicherheitsdienstes arbeitet und sich mit Versuchen konfrontiert sieht, ihr Leben zu zerstören.

Lindner, Stefan **Seite 151–156**
Der Autor wurde am 30. September 1982 in Berlin geboren und besucht zurzeit ein Gymnasium in Brandenburg.
Stefan Lindner beschäftigt sich bereits seit längerer Zeit mit dem Verfassen von Prosatexten und Gedichten. In vorliegender Anthologie präsentiert er als seine Erstveröffentlichung eine Kurzgeschichte, in der sich in Traumgestalt Fragen nach Wesen und Vergänglichkeit der Liebe und nach der Entfremdung im Zusammenleben von Menschen spiegeln.

Lorenzen, Ingrid **Seite 157–164**
Die Autorin wurde am 26. März 1927 in Marienwerder (Westpreußen) geboren und kam nach der Flucht nach Wuppertal-Elberfeld. Im Anschluss an ein Volontariat bei der „Neuen Zeitung" in München arbeitete sie ab 1952 als Reporterin beim NDR-Hörfunk im Studio Flensburg. Später war sie als Moderatorin und Redakteurin beim NDR-Fernsehen in Hamburg tätig.
Von Ingrid Lorenzen erschienen im Verlag Frieling & Partner bisher der Reisebericht „Stille Wüsten – brodelnde Städte" (1997, ISBN 3-8280-0492-X), die Erinnerungsbände „Journalistentage" (1998, ISBN 3-8280-0628-0) und „An der Weichsel zu Haus" (1999, ISBN 3-8280-0908-5), die Erzählbände „Tee mit Herrn von Goethe und andere seltsame Geschichten" (2000, ISBN 3-8280-1228-0) und „Chopin war nicht an Bord" (2001, ISBN 3-8280-1638-3) sowie Texte drei Anthologien.
In vorliegender Edition präsentiert die Autorin die Titelgeschichte ihres Erzählbandes „Tee mit Herrn von Goethe ...".

Molzen, Jürgen **Seite 165–169**
Der Autor wurde am 1. November 1943 in Berlin-Wedding geboren. Er ist gelernter Betriebsschlosser und schloss ein Fachschulstudium mit Erfolg ab. Heute ist er bei der Kriminalpolizei tätig.
Im Frieling-Verlag war Jürgen Molzen mit eigenen Texten bislang in 37 Anthologien präsent. Im selben Verlag erschien 1991 sein Buch „Geständnisse und Irrtümer. Von der ersten Mode bis zur ‚Zeitfrage'. Aphorismen & Gedichte" (ISBN 3-89009-260-8).
Hieraus eine Kostprobe: „M u t m a ß u n g / Jeder Mensch hat seine Schwäche. / Doch wenn ich darüber spreche, / stelle ich mich bloß. / Legt doch selber los!"
In vorliegendem Band präsentiert Jürgen Molzen Aphorismen und kleine Prosastücke aus der jüngsten Zeit.

Paulsen, Klaus **Seite 170–189**
Der in Berlin lebende Autor wurde am 17. August 1936 im thüringischen Weißenborn geboren. Er absolvierte ein Ingenieurstudium für Wasserwirtschaft und bildete sich später zum Diplom-Ingenieur fort. Er bekleidete in seiner beruflichen Laufbahn verschiedene leitende Funktionen und wurde 1979 SED-Parteisekretär in einem Betrieb des Berliner Tiefbau-Kombinates. Die Beerdigung der DDR wollte er nicht erleben, er ging zur Wende als Polier in die Ukraine.
Im Verlag Frieling & Partner erschien von Klaus Paulsen im Jahre 2002 das Buch „Schlitzohr mit Heiligenschein. Porträt und Erfahrungsbericht eines ehemaligen Parteisekretärs der SED" (ISBN 3-8280-1684-7). Nachdem aus diesem in der Frieling-Anthologie „Damals war's. Ausgabe 2002" bereits einige Auszüge vorgestellt wurden, präsentiert der Autor in vorliegender Edition aus demselben Buch das „Neuzeit-Märchen".

Pekarsky, Anke **Seite 190–197**
Die in Nürnberg lebende Autorin wurde am 12. Januar 1974 geboren. Sie absolvierte nach Abschluss der mittleren Reife eine Lehre als Bürokauffrau und arbeitet seit 1993 in einer Bank.
Neben dem Schreiben beschäftigt sich Anke Pekarsky mit weiteren kreativen Hobbys, unter anderem mit dem Komponieren und Texten von Liedern, dem Keybordspielen und dem Seidenmalen. Sie schreibt am liebsten Kurzgeschichten im Bereich des Phantastisch-Übernatürlichen, aber auch Gedichte und arbeitet zurzeit an einem phantastischen Roman. Zwei ihrer Gedichte erschienen in der „Nationalbibliothek des deutschsprachigen Gedichtes".
In vorliegender Anthologie präsentiert die Autorin eine phantastische Kurzgeschichte.

Peter, Gabian **Seite 198–201**
Der 1937 in Meiningen geborene Autor ging in Cottbus zur Schule und studierte in Heidelberg. Dann wurde er Journalist in Berlin.
Der Umgang mit Sprache ist für Gabian Peter nicht nur Beruf, sondern auch Hobby, wobei er sich auf Horaz beruft: Dichter wollen entweder nützen oder erfreuen. Peter meint, Erfreuen kann sehr nützlich sein ...
Im Verlag Frieling & Partner erschien von Gabian Peter unter dem Titel „Neues Opfer zu verbuchen. Dreißig ziemlich kriminelle Fälle“ (1998, ISBN 3-8280-0560-8) eine Sammlung hintergründig-humorvoller Kurzkrimis. In vorliegender Anthologie präsentiert der Autor zwei neue Texte dieses Genres.

Rupp, Christine **Seite 202–206**
Die 1938 geborene, in Oberbayern lebende Autorin heiratete 1957 und bekam zwei Söhne, von denen der ältere mit 13 Jahren tödlich verunglückte. Zwei Jahre später engagierte sich die gelernte Verkäuferin in der Jugend- und Heimerziehung. Sie ließ sich zur examinierten Erzieherin umschulen. Nach der Trennung von der Familie 1988 und der Scheidung 1994 widmete sie sich schwerst- und mehrfachbehinderten Erwachsenen.
1997 erkrankte Christine Rupp an Krebs. Seither schrieb sie drei Märchen, in denen sie ihre eigenen leidvollen Erfahrungen verarbeitete. Sie kam zu der Erkenntnis, dass der, der den Mut aufbringt, Dinge zu verändern, auch die Kraft finden wird, sich mit bedrohlichen Situationen auseinanderzusetzen, um dem Leben einen neuen Sinn zu geben.
Eines dieser Märchen präsentiert die Autorin in vorliegender Anthologie als ihre Erstveröffentlichung.

Schmidl, Markus **Seite 207–214**
Der Autor wurde am 21. April 1971 geboren und lebt im bayerischen Burglengenfeld an der Naab. Er ist in einem mittelständischen Unternehmen als Mineralölkaufmann tätig.
Markus Schmidl ist seit einigen Jahren begeisterter Hobby-Schriftsteller. Bislang erschienen von ihm im Bastei-Verlag drei Kurzgeschichten, im Fouqué Literaturverlag der Roman „Voodoo im Schullandheim“ sowie im Verlag Frieling & Partner Prosatexte in den Anthologien „Prosa de Luxe. Anno 2001“, „Anthologie Buchwelt 2001“ und „Auslese zum Jahreswechsel 2001/02“.
In vorliegendem Band ist der Autor mit einer aktionsreichen Kurzgeschichte vertreten.

Schröder, Gisela **Seite 215–222**
Die Autorin wurde 1924 in Wilsdruff bei Dresden geboren und lebt heute in Leipzig und Friedrichsbrunn. Ab 1946 war sie zunächst als Lehrerin an Schulen und später als Lektorin und wissenschaftliche Oberassistentin für Germanistik an den Universitäten in Jena und Leipzig tätig. 1968 promovierte sie an der Universität Jena zum Thema „Modalität und Kausalität in der deutschen Sprache der Gegenwart“. Seit 1987 befindet sie sich im Ruhestand.
Gisela Schröder kann auf eine Vielzahl von Veröffentlichungen verweisen. Sie schrieb unter anderem Beiträge für Kindersendungen des Mitteldeutschen Rundfunks Leipzig und für die Zeitschriften „Rund um die Welt“ und „Wochenpost“, wirkte bei der Erarbeitung von Lehrmaterialien für den Fremdsprachenunterricht mit und veröffentlichte Beiträge in der Zeitschrift „Deutsch als Fremdsprache“ sowie in mehreren Anthologien. In vorliegender Anthologie präsentiert die Autorin eine gleichnishafte Geschichte.

Schuckar, Hans **Seite 223–236**
Der Autor wurde am 24. November 1925 in Berlin geboren. Er erlernte den Beruf des Feinmechanikers im Fach Nachrichtentechnik, wurde aber nach dem Krieg allzu früh Invalidenrentner. Später arbeitete er freiberuflich beim Fernsehen der DDR und bei der DEFA im Bereich Fernsehfilme.
Hans Schuckar schreibt vorwiegend Kindergeschichten, Essays und autobiographische Erinnerungen. Im Verlag Frieling & Partner erschienen Texte aus seiner Feder bisher in zwei Ausgaben der Anthologie „Prosa de Luxe“ (1995 und 1998) sowie in den Jahrbüchern „Im Regenbogenland. Fünfte Reise“ (1995) und „Reise, reise! Ausgabe 1995“.
In vorliegendem Band präsentiert der Autor zwei Kurzgeschichten und ein Märchen.

Schweizer, Hans **Seite 237–240**
Der Autor, Jahrgang 1926, war ein halbes Jahrhundert lang Journalist. Er arbeitete für in- und ausländische Tageszeitungen, Rundfunk und Fernsehen. Zuletzt war er Direktor eines Fernsehstudios.
Hans Schweizer trat neben seiner journalistischen Tätigkeit immer wieder auch als Buchautor hervor. Im Frieling-Verlag erschienen von ihm folgende Bücher: „Dallas ist überall“ (unter dem Pseudonym Benjamin Berg, 1998, ISBN 3-8280-0750-3), „Wie werde ich Politiker? Wie werde ich Journalist?“ (1998, ISBN 3-8280-0786-4), „Erinnerungen aus einem Journalistenleben“ (1999, ISBN 3-8280-0901-8), „Hinter die Ohren geschrieben“ (1999, ISBN 3-8280-1080-6), „Rückkehr in die Vergangenheit“ (2000, ISBN 3-8280-1149-7), „Daphne und Greg“ (2000, ISBN 3-8280-

1279-5) und „Die Beichte eines Priesters" (2000, ISBN 3-8280-1321-X). Des Weiteren veröffentlichte der Autor in Frielings „Anthologie Buchwelt 2001" eine Berliner Geschichte.
In vorliegendem Band präsentiert Hans Schweizer zwei kritisch-ironische Texte aus seinem Buch „Hinter die Ohren geschrieben".

Steckling, Karsten **Seite 241–251**
Der Autor wurde am 24. April 1950 in Greifswald geboren, wuchs in Oldenburg auf und lebt heute in Züssow, Landkreis Ostvorpommern. Er studierte am Lehrerbildungsinstitut in Putbus auf Rügen und war anschließend 26 Jahre lang als Lehrer in Lühmannsdorf tätig. Derzeit unterrichtet er an der Grundschule in Karlsburg.
Karsten Steckling, Liebhaber des Niederdeutschen, ist Mitglied der Fritz-Reuter-Gesellschaft und des Landesheimatverbandes Mecklenburg-Vorpommern. Er kann auf eine Vielzahl von Buchveröffentlichungen verweisen, deren Texte größtenteils in Plattdeutsch verfasst wurden und die u.a. im Oehmke Verlag, Gützkow, erschienen. Im Verlag Frieling & Partner wurden literarische Arbeiten aus seiner Feder in bislang neun Anthologien veröffentlicht.
In vorliegendem Band präsentiert der Autor vier Alltagsgeschichten aus seinem Erzählzyklus „Sonnenblumen verlängern den Sommer".

Syrod, Sigrid **Seite 252–265**
Die Autorin wurde am 30. Juni 1939 in Berlin geboren, wo sie auch heute lebt. Nach Abschluss der Schulausbildung mit der mittleren Reife erlernte sie den Beruf des Industriekaufmanns. 1993 ging sie wegen Erwerbsunfähigkeit vorzeitig in Rente.
Sigrid Syrod, die Mitte der neunziger Jahre einen Fernkurs für Schreibende absolvierte, schreibt sowohl Gedichte als auch Prosatexte. Bislang erschienen von ihr Gedichte in zwei Ausgaben der „Nationalbibliothek des deutschsprachigen Gedichtes" (2000 und 2001) sowie vier Kurzgeschichten in der Frieling-Anthologie „Prosa de Luxe. Anno 2001".
In vorliegendem Band präsentiert die Autorin eine in jüngster Zeit entstandene Erzählung, deren Handlung eng mit den Terroranschlägen in den USA vom 11. September 2001 verknüpft ist.

Tesdorff, Siegtraut **Seite 266–269**
Die Autorin wurde am 31. Oktober 1926 in Bad Doberan geboren. In den dreißiger Jahren kam sie mit ihren Eltern nach Südamerika. 1963 kehrte sie nach Europa zurück und verdiente sich ihren Lebensunterhalt mit ihren Sprachkenntnissen.
1961 wurde Siegtraut Tesdorff für ihren Roman „Confidencias a una botella" durch den uruguayischen Staat mit einem Literaturpreis

ausgezeichnet; die deutsche Ausgabe wurde 1968 im Hohenstaufen Verlag veröffentlicht. Im Frieling-Verlag erschienen von ihr die Romane „Aus der Fremde in die Fremde“ (1994, ISBN 3-89009-589-5) und „Geständnisse an eine Flasche“ (1994, ISBN 3-89009-778-2), der Gedicht- und Erzählband „Texte voller Flöhe“ (1998, ISBN 3-8280-0535-7) sowie Texte in bislang 50 Anthologien.
In ihrem Beitrag des vorliegenden Bandes reflektiert die Autorin über den und das Glauben.

Thielen, Jürgen **Seite 270–278**
Der Autor wurde am 13. August 1944 in Rudolstadt geboren, wo er auch heute lebt. Nach einem Studium der Geschichte und der Gesellschaftswissenschaften an der Karl-Marx-Universität Leipzig war er zunächst als Lehrer für Geschichte und Marxismus-Leninismus und später als Mitarbeiter in verschiedenen Partei- und gesellschaftlichen Institutionen tätig. Von 1990 bis 1999 arbeitete er als Stellwerksmeister bei der Deutschen Bahn AG.
Seit Eintritt in den Vorruhestand beschäftigt sich Jürgen Thielen, der frühzeitig vielfältigen geistig-kulturellen Interessen nachging, intensiv mit Goethe und philosophischen Fragen und unternahm viele Reisen in den Mittelmeerraum. Aphorismen und „Binsenweisheiten“ sowie erotische Kurzgeschichten von ihm erschienen bereits in verschiedenen Zeitschriften und in der Regionalpresse.
In vorliegender Anthologie präsentiert der Autor eine Sammlung ausgewählter Aphorismen und Sentenzen.

Thomas, Edelgard **Seite 279–288**
Die Autorin wurde am 11. Juni 1931 in Wuppertal geboren, wo sie auch heute lebt. Sie erlernte den Beruf der Kauffrau und studierte später, als ihre drei Kinder zum Studium aufbrachen, Philosophie, Sprachwissenschaften und Literatur.
Edelgard Thomas, die sich bereits als Kind für das Schreiben interessierte, nahm mit Erfolg an mehreren Literaturwettbewerben teil. Im Verlag Frieling & Partner erschienen von ihr bisher der Erzählband „Wo ist Silvia Adames? Drei Frauenschicksale“ (2000, ISBN 3-8280-1273-6) sowie Beiträge in zwei Ausgaben der Anthologie „Damals war’s“ (2001 und 2002). Unlängst vollendete sie das Manuskript ihres ersten Romans.
In vorliegender Anthologie präsentiert die Autorin eine romanhafte Erzählung über den Untergang der Ptolemäer-Dynastie.

Wiesner, Klemens **Seite 289–303**
Der Autor wurde am 1. Oktober 1955 im ostpreußischen Christburg geboren und wuchs in Troisdorf bei Köln auf. Nach Abschluss einer kaufmännischen Lehre war er als Sachbearbeiter tätig. Später ent-

deckte er die Malerei für sich. Heute lebt der Autor in Köln, wo er sich neben dem Schreiben und Malen mit Wahrsagerei befasst.
Im Verlag Frieling & Partner erschienen von Klemens Wiesner die Buchtitel „Die Göttin des Lichts. Geschichte einer geheimnisvollen afrikanischen Insel“ (2000, ISBN 3-8280-1331-7) und „Ein chinesischer Traum. Yong-Tas Abenteuer als Krieger“ (2001, ISBN 3-8280-1537-9) sowie eine Fantasy-Erzählung in der „Anthologie Buchwelt 2001“.
In vorliegendem Band präsentiert der Autor eine phantasievolle Geschichte, die sich gleichermaßen an jüngere wie ältere Leser wendet.

Wirths, Eduard **Seite 304–307**
Der Autor wurde 1927 im niederrheinischen Kleve geboren. Nach dreijähriger kaufmännischer Lehre trat er in das Familienunternehmen, ein regional bekanntes Wäsche- und Bettengeschäft, ein, das er bis zu seiner Pensionierung führte.
Eduard Wirths widmet sich seit über zwei Jahrzehnten auch dem Schreiben und ist bereits vielfach mit kulturellen oder regional bezogenen Themen an die literarische Öffentlichkeit getreten. Im Verlag Frieling & Partner erschien im Jahre 2002 sein Roman „Mit 77 Jahren ... Szenen aus dem Altersheim“ (ISBN 3-8280-1735-5).
In vorliegender Anthologie präsentiert der Autor aus seiner Erzählung „Akte Friedemann. Intrigenspiel aus dem Zweiten Weltkrieg“, die im Jahre 2000 im Verlag für Kultur und Technik Norbert Lützenkirchen Kleve erschienen ist, einen Auszug, in dem der Grundkonflikt der beiden Protagonisten dargestellt wird.

Zimmermann, Sylvia **Seite 308–315**
Die am 7. November 1950 in Latdorf (Sachsen-Anhalt) geborene Autorin erlernte den Beruf der Steno-Phonotypistin, war dann an der Medizinischen Fachschule Bernburg tätig und qualifizierte sich später zur Handelskauffrau. 1981 kam sie durch ihre Heirat nach Mönkebude (Mecklenburg-Vorpommern), wo sie unter anderem in einer Apotheke, als Bürokraft und Verkäuferin sowie an einer Möbelbörse arbeitete. Heute ist die Mutter zweier Kinder Hausfrau.
Sylvia Zimmermann absolvierte in den Jahren 1997 bis 1999 ein Belletristik-Fernstudium an der Axel Andersson Akademie Hamburg. Texte aus ihrer Feder erschienen im Verlag Frieling & Partner in den Anthologien „Prosa de Luxe. Anno 2001“ und „Reise, reise! Ausgabe 2001“.
In vorliegendem Band ist die Autorin mit zwei Kurzgeschichten vertreten.